게임으로 배우는

발 행 일	2019년 05월 30일 (1판 1쇄)
개 정 일	2022년 09월 01일 (1판 5쇄)
I S B N	978-89-8455-965-3(13000)
정 가	12,000원
집 필	KIE기획연구실
진 행	김동주
본문디자인	디자인앨리스
발 행 처	㈜아카데미소프트
발 행 인	유성천
주 소	경기도 파주시 정문로 588번길 24
홈 페 이 지	www.aso.co.kr / www.asotup.co.kr

※ 이 책은 저작권법에 따라 보호를 받는 저작물이므로 무단 전재와 무단 복제를 금지하며, 이 책 내용의 전부 또는 일부를 이용하려면 반드시 ㈜아카데미소프트의 서면동의를 받아야 합니다.

이런 내용으로 구성되어 있어요!

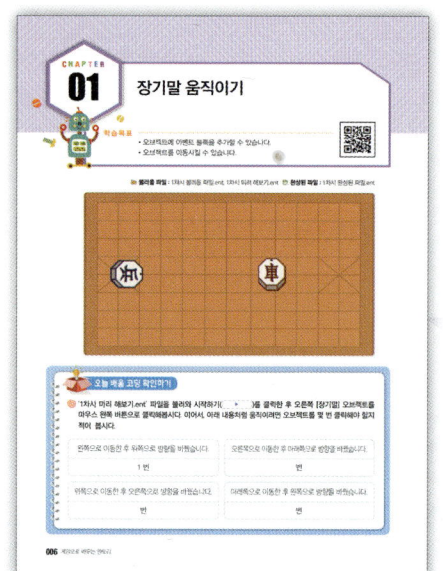

오늘 배울 코딩 확인하기

본문을 학습하기 전에 미리 해보기 파일을 불러와 실행한 후 간단한 문제를 해결하여 어떤 기능을 코딩하는지 확인할 수 있습니다.

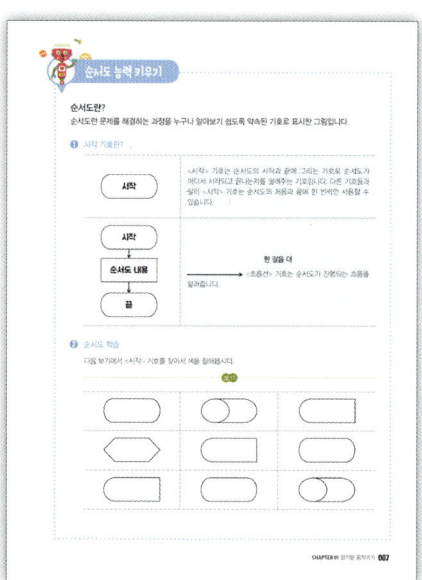
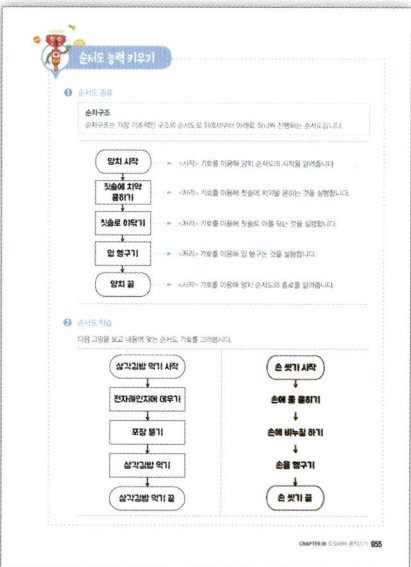
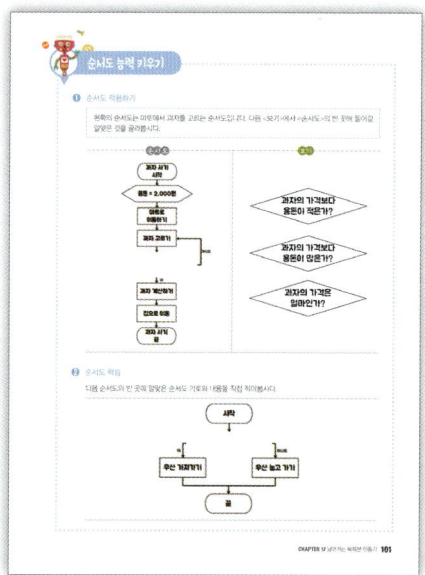

순서도 능력 키우기

1~8차시는 순서도 기호에 대해, 9~16차시는 순서도 구조에 대해 학습할 수 있습니다.
17~24차시는 지금까지 배운 순서도를 생활 속 문제에 적용하는 방법을 학습할 수 있습니다.

※ 교재에서 사용되는 엔트리(Entry) 프로그램의 버전은 2.0.5입니다.

본문 학습하기

각 차시에 포함되어 있는 주요 기능들을 쉽고 간단하게 따라 하며 코딩 방법을 학습할 수 있습니다.

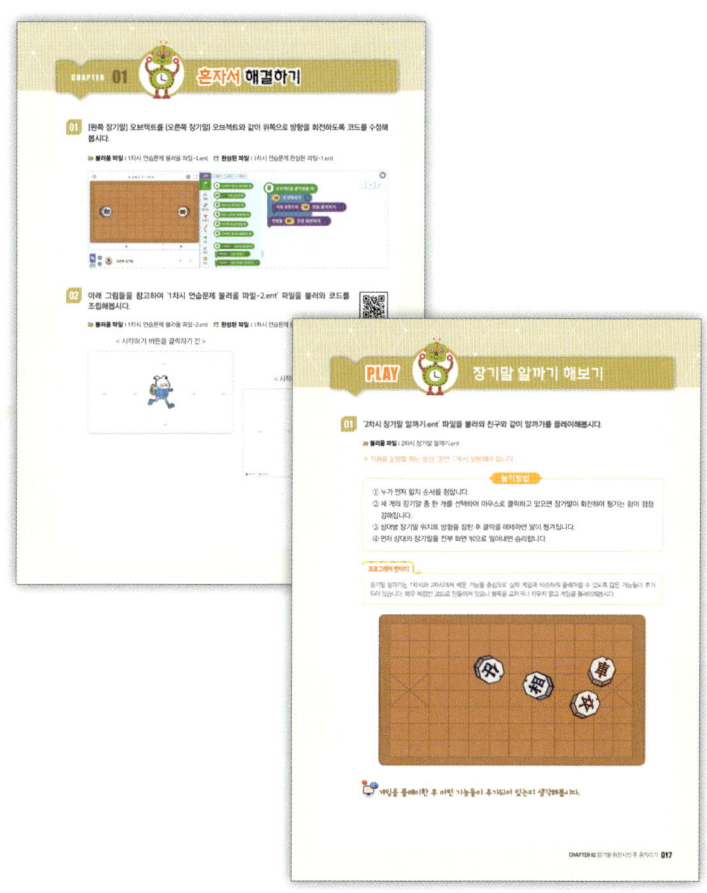

혼자서 해결하기

본문에서 학습한 내용을 바탕으로 코드를 수정하거나 조립해 볼 수 있습니다.

PLAY 해보기

본문에서 배운 코드가 어떻게 게임에서 사용되는지 직접 플레이하며 확인할 수 있습니다.

구성 **003**

목차 CONTENTS

CHAPTER 01	장기말 움직이기	• 006
CHAPTER 02	장기말 회전시킨 후 움직이기	• 012
CHAPTER 03	룰렛 회전하기	• 018
CHAPTER 04	룰렛 당첨 판단하기	• 024
CHAPTER 05	윷 던지기	• 032
CHAPTER 06	말 움직이기	• 040
CHAPTER 07	현재 기온 알아보기	• 046
CHAPTER 08	단원 종합 평가 문제	• 052
CHAPTER 09	오토바이 움직이기	• 054
CHAPTER 10	철가방 퀴즈	• 060
CHAPTER 11	오브젝트 클릭하기	• 066
CHAPTER 12	오브젝트의 복제본 만들기	• 072

CHAPTER 13	주사위 굴리기	• 078
CHAPTER 14	오브젝트를 따라다니는 글상자	• 086
CHAPTER 15	한글을 입력하면 영어로 번역하기	• 092
CHAPTER 16	단원 종합 평가 문제	• 098
CHAPTER 17	날아가는 복제본 만들기	• 100
CHAPTER 18	같은 카드인지 확인해보기	• 106
CHAPTER 19	신호를 이용해 오브젝트 움직이기	• 114
CHAPTER 20	리스트를 이용해 무작위 명령 출력하기	• 122
CHAPTER 21	입력한 값을 변수에 저장하기	• 130
CHAPTER 22	물건과 닿았을 때 리스트에 항목 추가하기	• 138
CHAPTER 23	화상에 대한 응급처치 알아보기	• 146
CHAPTER 24	단원 종합 평가 문제	• 154

장기말 움직이기

학습목표
• 오브젝트에 이벤트 블록을 추가할 수 있습니다.
• 오브젝트를 이동시킬 수 있습니다.

📁 **불러올 파일** : 1차시 불러올 파일.ent, 1차시 미리 해보기.ent   📄 **완성된 파일** : 1차시 완성된 파일.ent

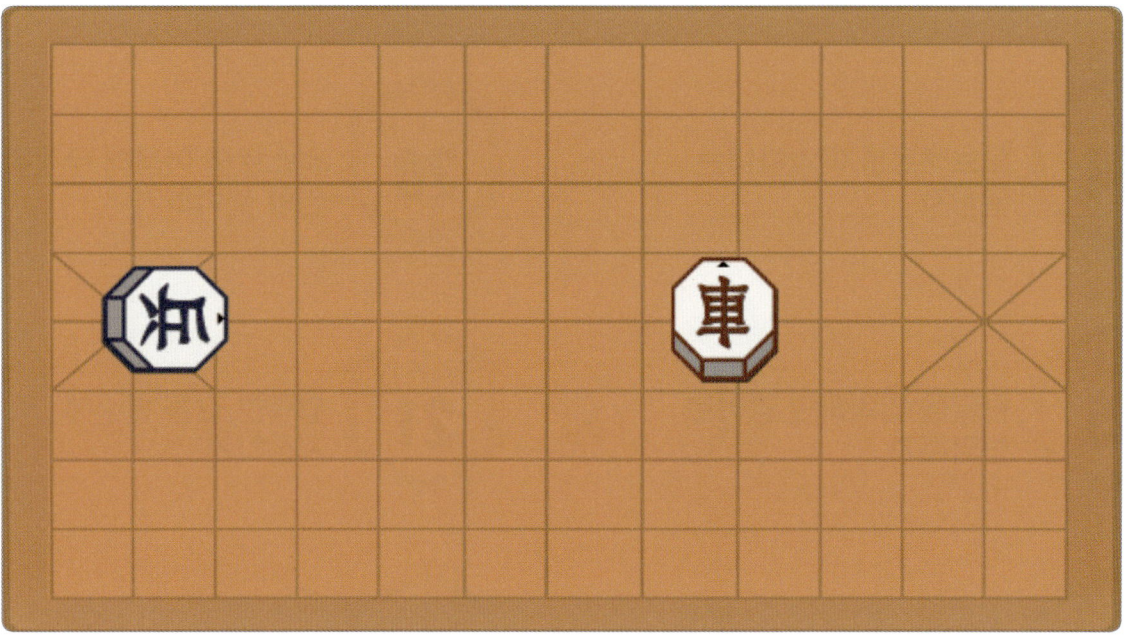

오늘 배울 코딩 확인하기

◎ '1차시 미리 해보기.ent' 파일을 불러와 시작하기(▶)를 클릭한 후 오른쪽 [장기말] 오브젝트를 마우스 왼쪽 버튼으로 클릭해봅시다. 이어서, 아래 내용처럼 움직이려면 오브젝트를 몇 번 클릭해야 할지 적어봅시다.

왼쪽으로 이동한 후 위쪽으로 방향을 바꿨습니다.	오른쪽으로 이동한 후 아래쪽으로 방향을 바꿨습니다.
1 번	번
위쪽으로 이동한 후 오른쪽으로 방향을 바꿨습니다.	아래쪽으로 이동한 후 왼쪽으로 방향을 바꿨습니다.
번	번

006 게임으로 배우는 엔트리

순서도 능력 키우기

순서도란?
순서도란 문제를 해결하는 과정을 누구나 알아보기 쉽도록 약속된 기호로 표시한 그림입니다.

❶ 시작 기호란?

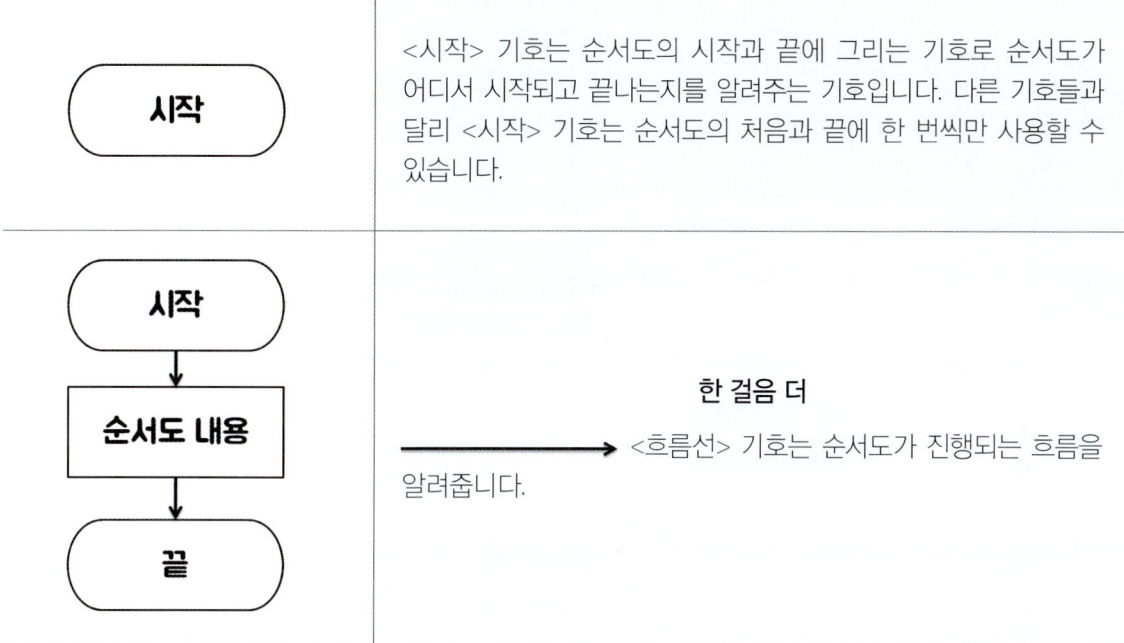

❷ 순서도 학습

다음 보기에서 <시작> 기호를 찾아서 색을 칠해봅시다.

보기

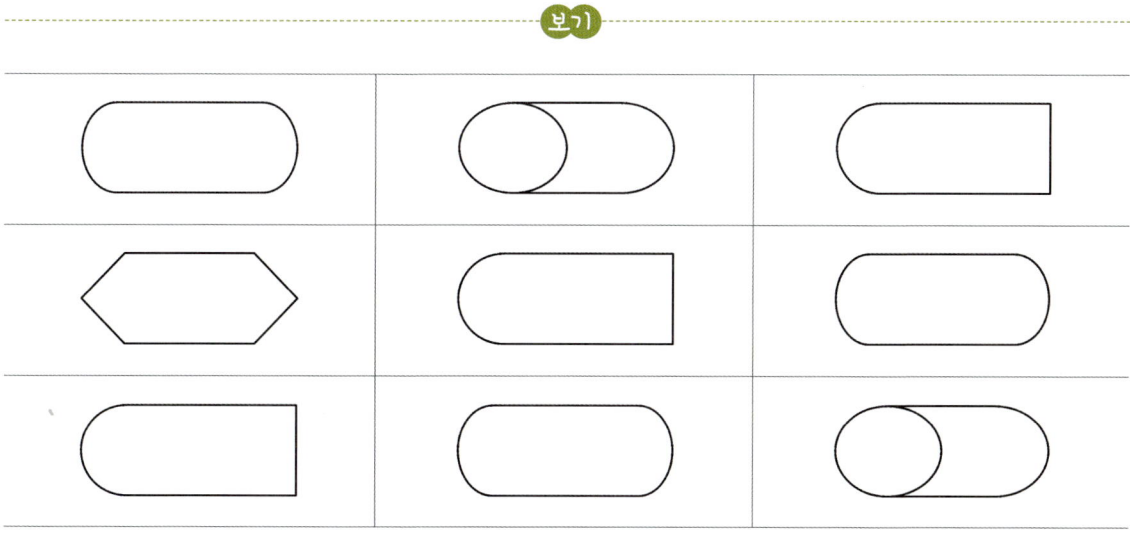

01 [오른쪽 장기말] 오브젝트를 마우스로 클릭하면 이동시키기

① '1차시 불러올 파일.ent' 파일을 불러온 후 시작 블록꾸러미에서 오브젝트를 클릭했을 때 를 [블록 조립소]로 가져다 놓습니다.

※ [오브젝트 목록]에서 [오른쪽 장기말] 오브젝트가 선택되어 있는지 확인합니다.

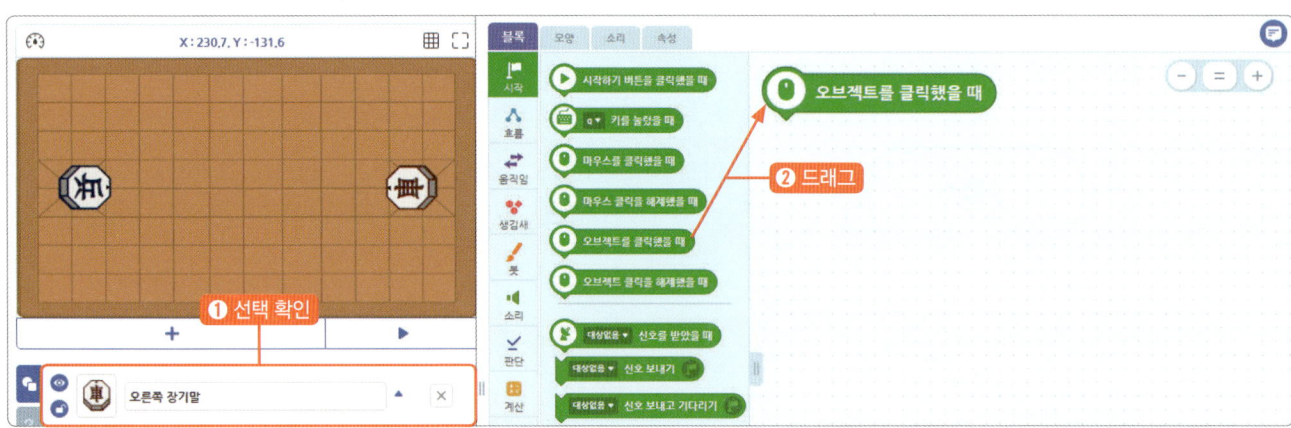

② 흐름 블록꾸러미에서 10번 반복하기 를 아래쪽에 연결합니다.

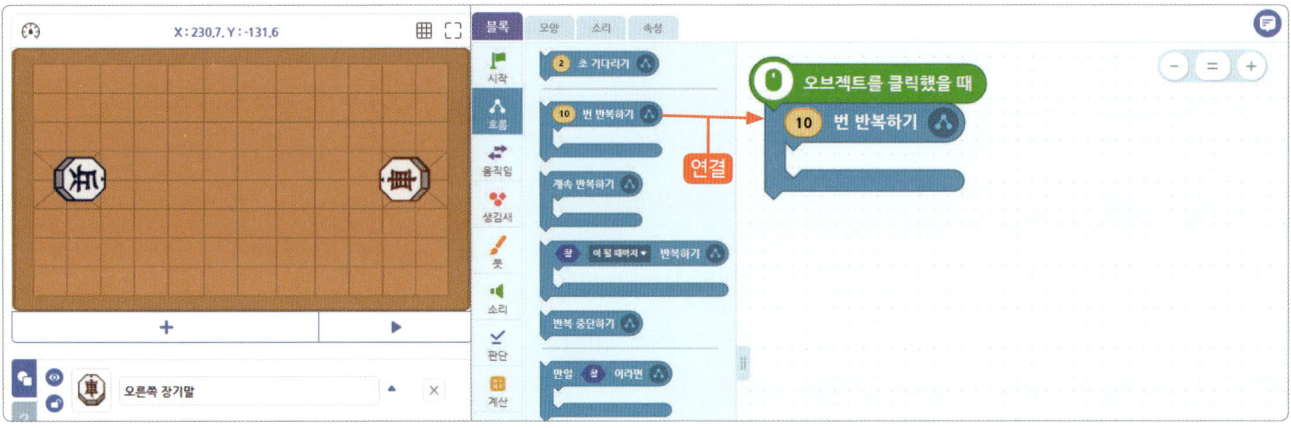

③ 움직임 블록꾸러미에서 이동 방향으로 10만큼 움직이기 를 안쪽에 연결합니다.

④ 움직임 블록꾸러미에서 [방향을 90° 만큼 회전하기]를 아래쪽에 연결합니다.

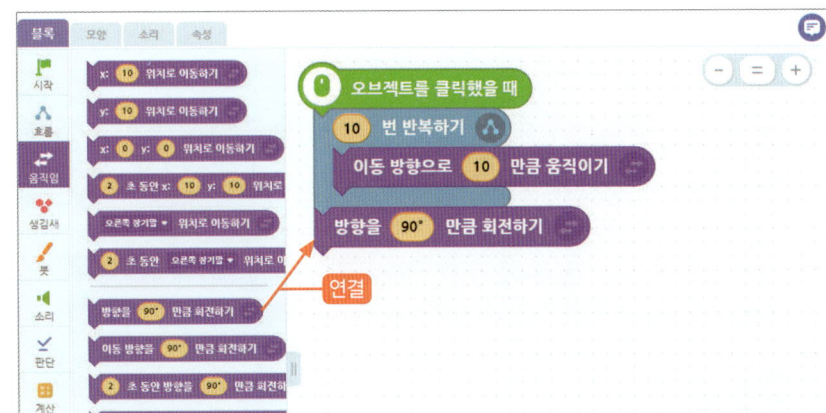

코딩풀이
[오른쪽 장기말] 오브젝트를 클릭하면 이동 방향으로 '10' 만큼 '10'번(이동 방향으로 '100' 만큼) 이동한 후 방향을 회전합니다.

02 [왼쪽 장기말] 오브젝트를 마우스로 클릭하면 이동시키기

① [오브젝트 목록]에서 [왼쪽 장기말] 오브젝트를 선택합니다.

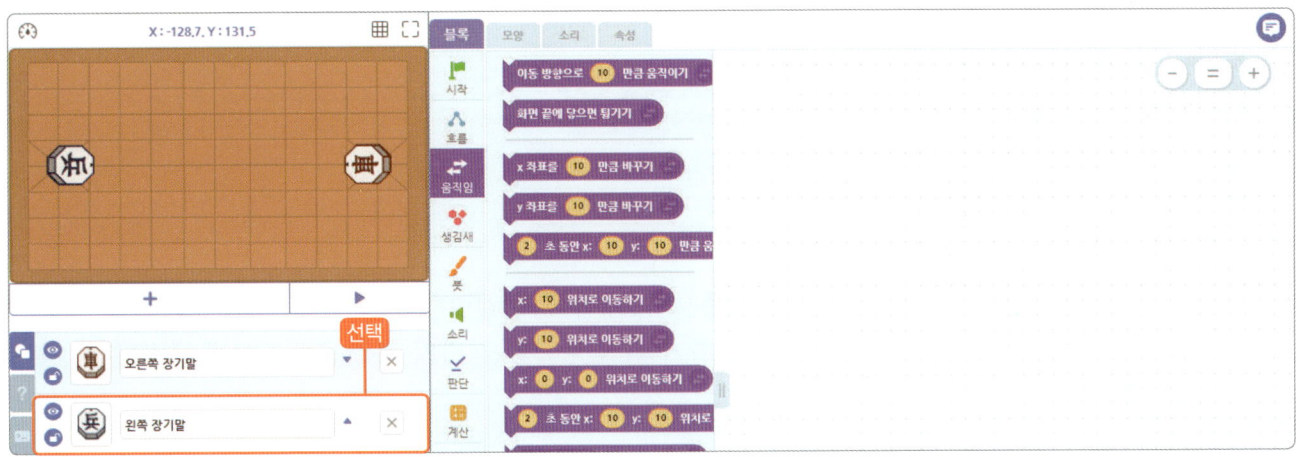

② 시작 블록꾸러미에서 [오브젝트를 클릭했을 때]를 [블록 조립소]로 가져다 놓습니다.

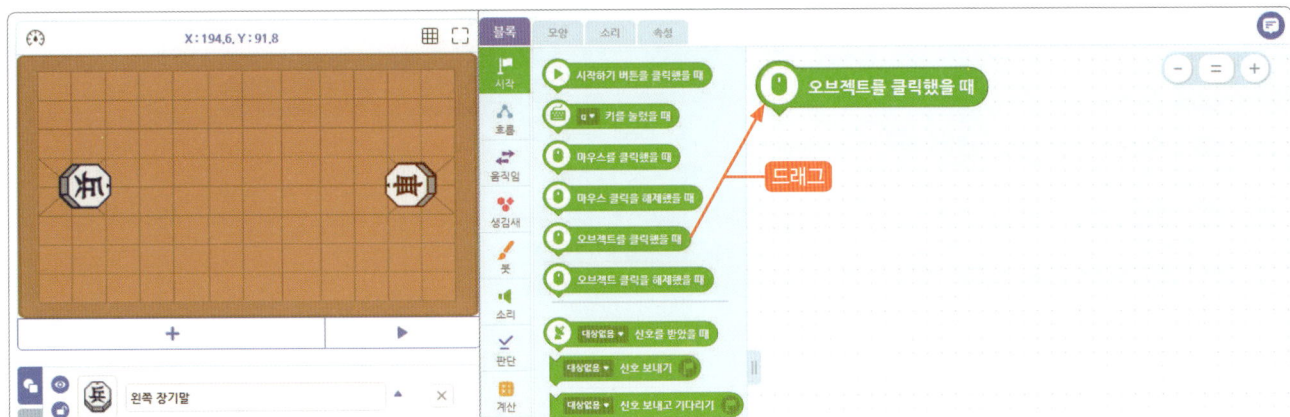

CHAPTER 01 장기말 움직이기 **009**

❸ 흐름 블록꾸러미에서 ![10번 반복하기] 를 아래쪽에 연결합니다.

❹ 움직임 블록꾸러미에서 ![이동 방향으로 10 만큼 움직이기] 를 안쪽에 연결합니다.

❺ 움직임 블록꾸러미에서 ![방향을 90° 만큼 회전하기] 를 아래쪽에 연결합니다. 시작하기(▶)를 클릭해 작품을 실행한 후 [오른쪽 장기말], [왼쪽 장기말] 오브젝트를 각각 클릭하여 어떻게 움직이는지 확인해 봅시다.

[오른쪽 장기말] 오브젝트와 [왼쪽 장기말] 오브젝트가 똑같이 방향을 '90°' 회전했지만 처음 시작할 때 바라보는 방향이 달라 ([오른쪽 장기말] : 270°, [왼쪽 장기말] : 90°) 서로 다른 방향으로 회전합니다.

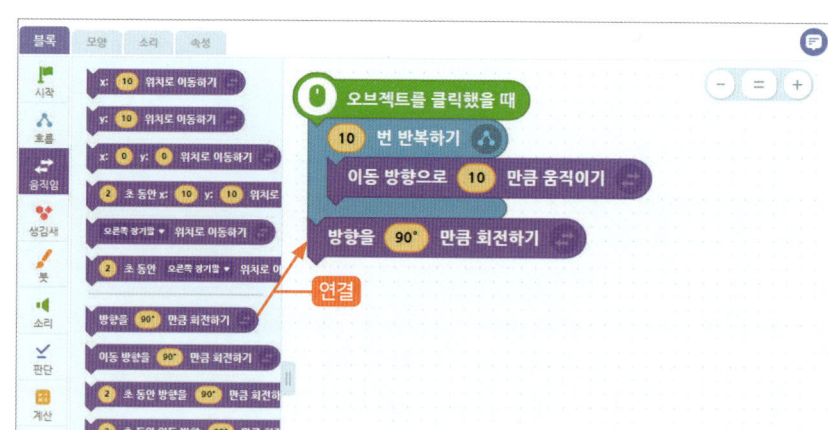

010 게임으로 배우는 엔트리

CHAPTER 01  혼자서 해결하기

01 [왼쪽 장기말] 오브젝트를 [오른쪽 장기말] 오브젝트와 같이 위쪽으로 방향을 회전하도록 코드를 수정해 봅시다.

📂 **불러올 파일** : 1차시 연습문제 불러올 파일-1.ent   📗 **완성된 파일** : 1차시 연습문제 완성된 파일-1.ent

02 아래 그림들을 참고하여 '1차시 연습문제 불러올 파일-2.ent' 파일을 불러와 코드를 조립해봅시다.

📂 **불러올 파일** : 1차시 연습문제 불러올 파일-2.ent   📗 **완성된 파일** : 1차시 연습문제 완성된 파일-2.ent

< 시작하기 버튼을 클릭하기 전 >

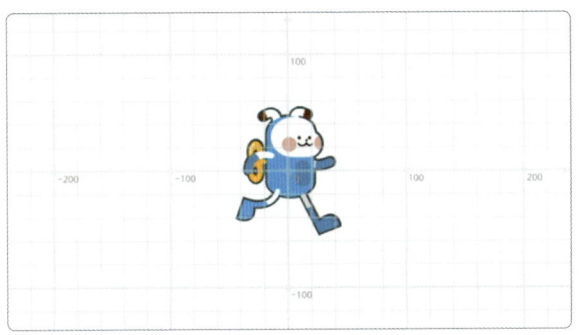

< 시작하기 버튼을 클릭한 후 >

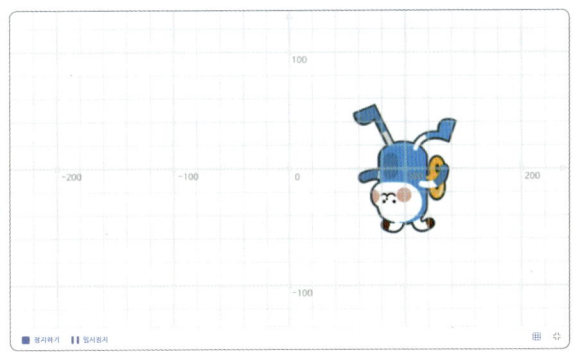

장기말 회전시킨 후 움직이기

CHAPTER 02

- 오브젝트를 마우스로 클릭하고 있는 동안 회전시킬 수 있습니다.
- 마우스의 클릭을 해제했을 때 오브젝트를 이동시킬 수 있습니다.

📂 **불러올 파일** : 2차시 불러올 파일.ent, 2차시 미리 해보기.ent   📄 **완성된 파일** : 2차시 완성된 파일.ent

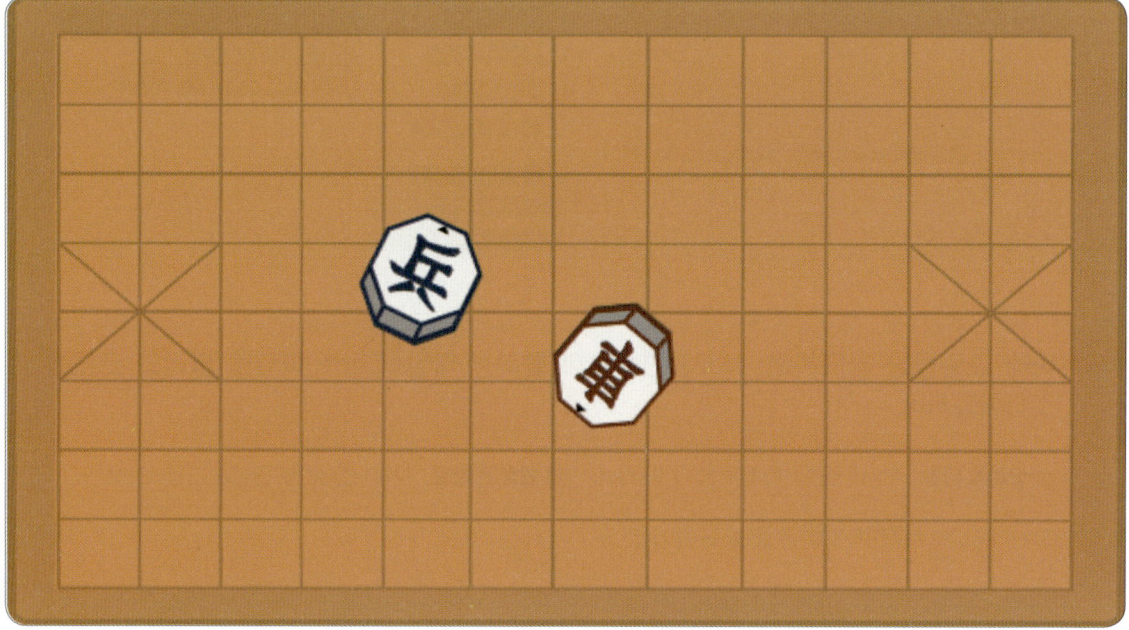

오늘 배울 코딩 확인하기

◎ '2차시 미리 해보기.ent' 파일을 불러와 시작하기(▶)를 클릭한 후 [장기말] 오브젝트를 마우스로 클릭하고 있다가 클릭을 해제했을 때 오브젝트가 실행되는 순서를 괄호 안에 적어봅시다.

(   ) 회전을 멈춘 방향으로 이동합니다.

(   ) 오브젝트가 회전합니다.

(01) 오브젝트를 마우스로 클릭합니다.

(   ) 마우스 클릭을 해제하면 회전을 멈춥니다.

순서도 능력 키우기

▶ **순서도를 그릴 때는 다음과 같은 규칙이 있습니다.**

첫 번째, 약속된 기호를 사용하여 누구나 알기 쉽게 그립니다.

두 번째, 위에서 아래로, 왼쪽에서 오른쪽 순서로 순서도를 그립니다.

세 번째, 흐름선은 서로 교차해도 상관없으며 여러 개가 모여 하나로 합쳐질 수 있습니다.

❶ 준비 기호란?

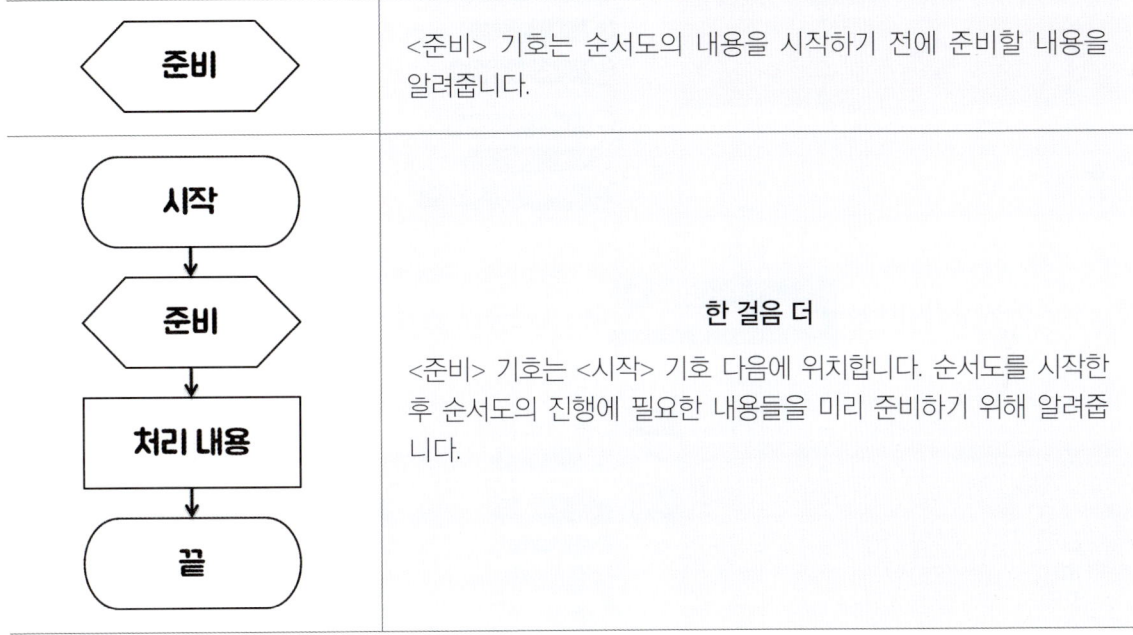

❷ 순서도 학습

다음 보기에서 <준비> 기호를 찾아서 색을 칠해봅시다.

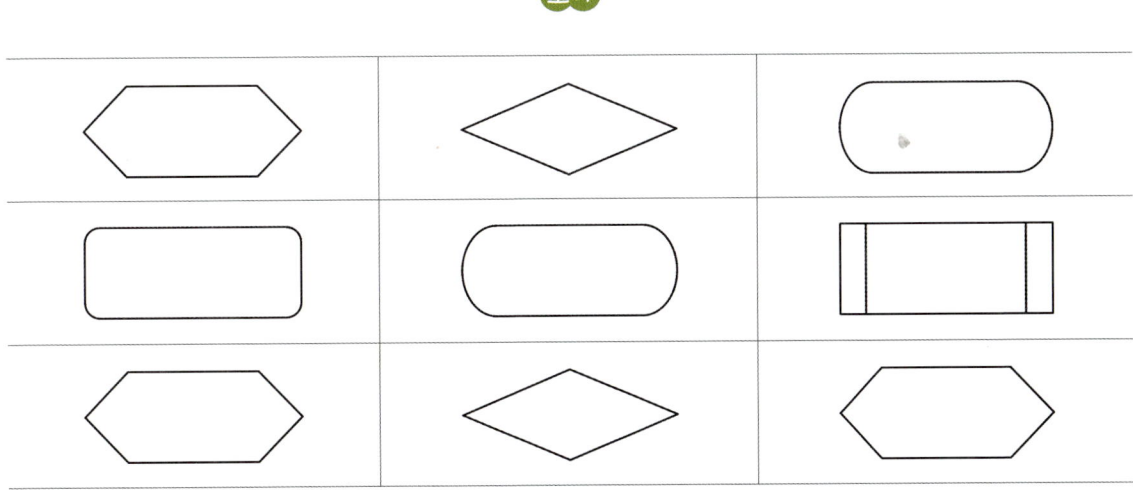

01 [오른쪽 장기말] 오브젝트를 마우스로 클릭하면 오브젝트 회전시키기

❶ '2차시 불러올 파일.ent' 파일을 불러온 후 시작 블록꾸러미에서 `오브젝트를 클릭했을 때` 를 [블록 조립소]로 가져다 놓습니다.

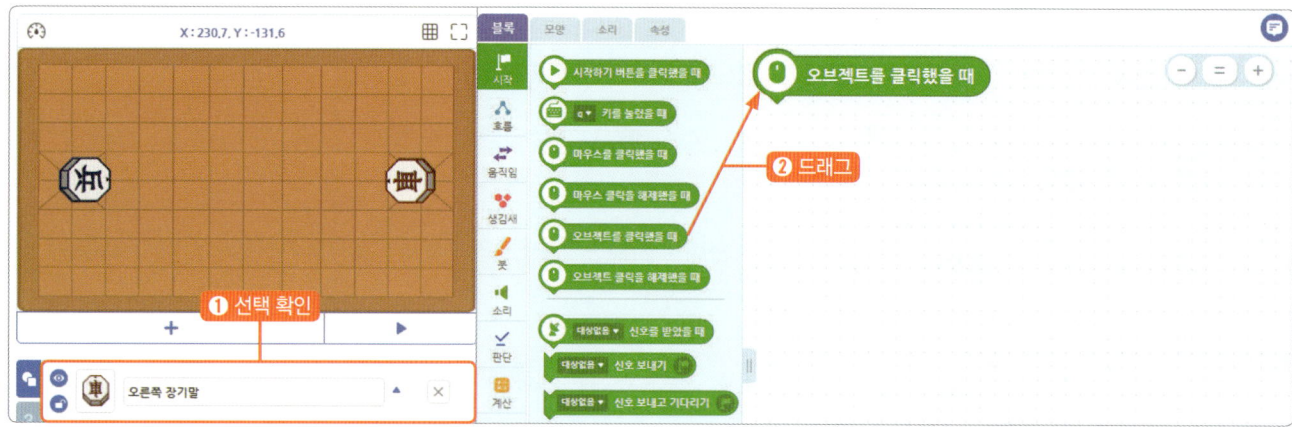

❷ 흐름 블록꾸러미에서 `참 이 될 때까지 반복하기` 를 아래쪽에 연결한 후 '이 될 때까지'를 '인 동안'으로 변경합니다.

❸ 판단 블록꾸러미에서 `마우스를 클릭했는가?` 를 '참'의 위치에 끼워 넣습니다.

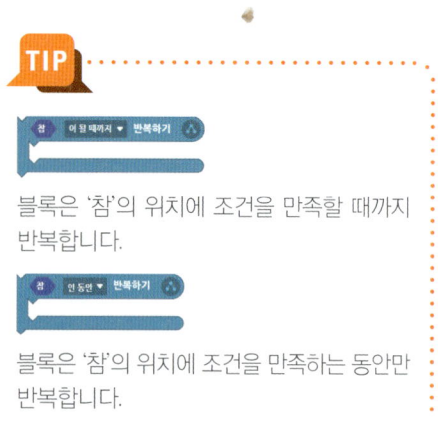

TIP

`참 이 될 때까지 반복하기`
블록은 '참'의 위치에 조건을 만족할 때까지 반복합니다.

`참 인 동안 반복하기`
블록은 '참'의 위치에 조건을 만족하는 동안만 반복합니다.

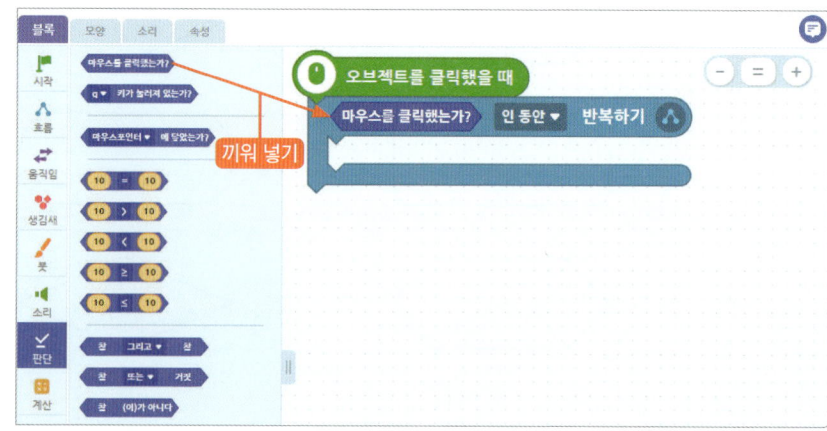

④ 움직임 블록꾸러미에서 [방향을 90° 만큼 회전하기] 를 안쪽에 연결한 후 '90°'를 '1°'로 수정합니다.

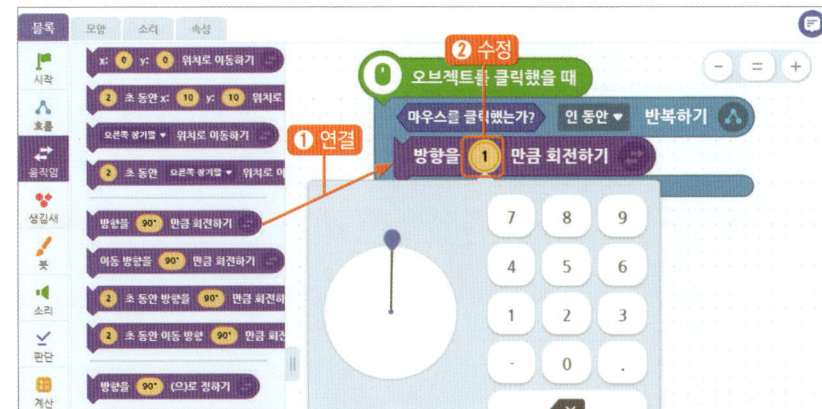

코딩풀이

[오른쪽 장기말] 오브젝트를 마우스로 클릭했을 때 [오브젝트를 클릭했을 때] 블록 아래쪽에 연결된 블록들이 실행되어 마우스를 클릭하고 있는 동안에 오브젝트의 방향을 회전합니다.

02 마우스의 클릭을 해제하면 오브젝트 이동시키기

① 흐름 블록꾸러미에서 [10 번 반복하기] 를 아래쪽에 연결합니다.

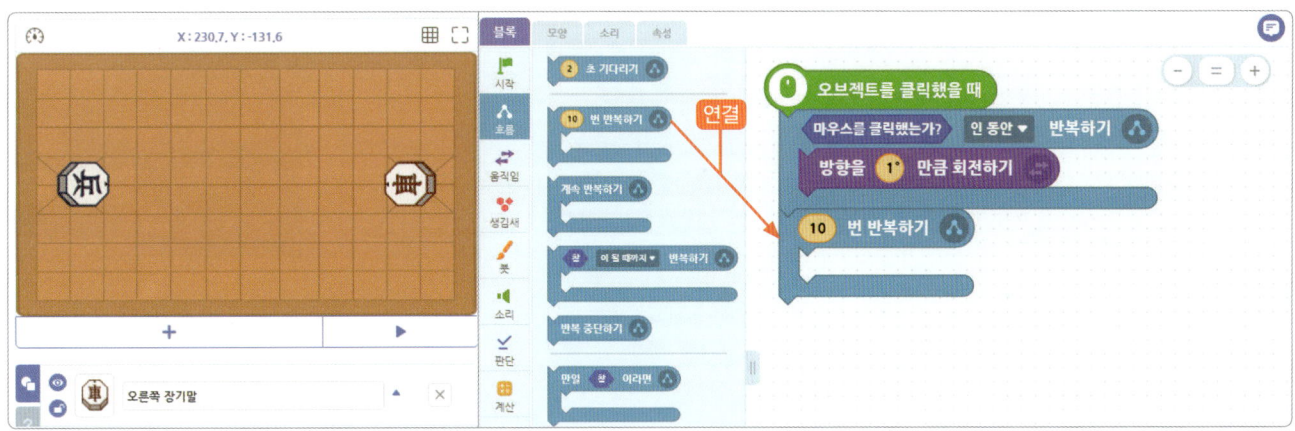

② 움직임 블록꾸러미에서 [이동 방향으로 10 만큼 움직이기] 를 안쪽에 연결합니다.

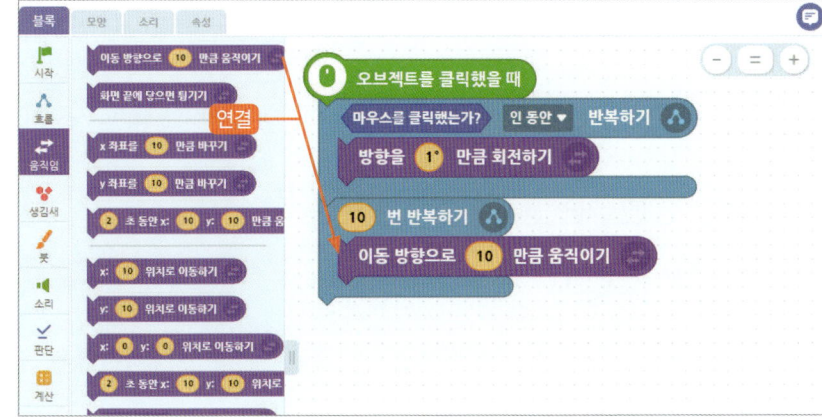

코딩풀이

마우스를 클릭하고 있는 동안 오브젝트의 방향을 회전하다가 클릭을 해제하면 아래 연결된 반복하기 블록을 실행하여 '100' 만큼 이동합니다.

03 완성된 코드를 복사하여 [왼쪽 장기말]에 붙여넣기

❶ `오브젝트를 클릭했을 때` 위에서 마우스 오른쪽 버튼을 클릭한 후 [코드 복사]를 선택합니다.

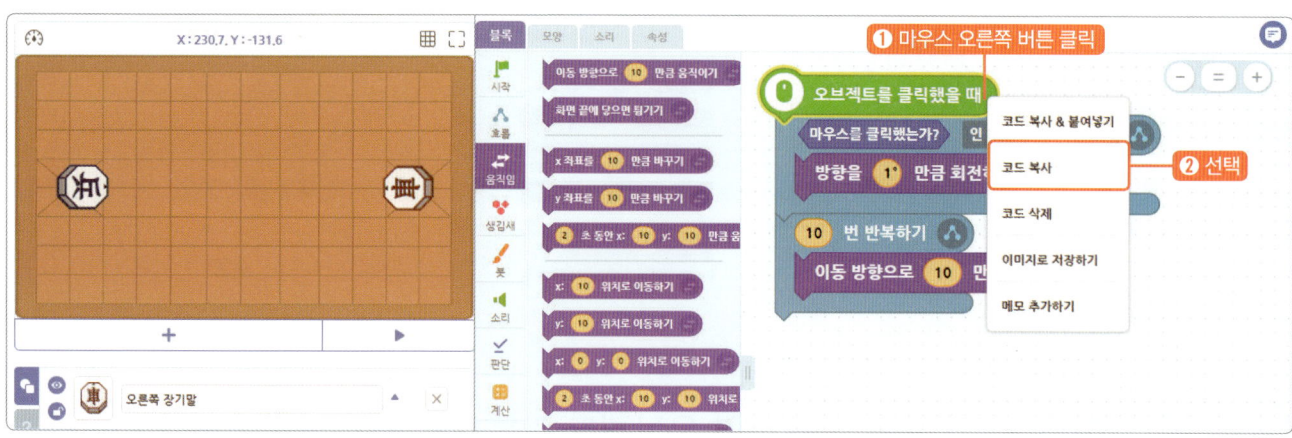

❷ [오브젝트 목록]에서 [왼쪽 장기말]을 클릭합니다. 이어서, [블록 조립소]의 빈 곳에서 마우스 오른쪽 버튼을 클릭한 후 [붙여넣기]를 선택합니다.

❸ 시작하기(▶)를 클릭하여 작품을 실행한 후 각각의 장기말 오브젝트를 클릭하고 있다가 해제했을 때 어떻게 움직이는지 확인해봅시다.

PLAY 장기말 알까기 해보기

01 '2차시 장기말 알까기.ent' 파일을 불러와 친구와 같이 알까기를 플레이해봅시다.

📁 **불러올 파일** : 2차시 장기말 알까기.ent

※ 작품을 실행할 때는 항상 '장면 1'에서 실행해야 합니다.

놀이방법

① 누가 먼저 할지 순서를 정합니다.
② 세 개의 장기말 중 한 개를 선택하여 마우스로 클릭하고 있으면 장기말이 회전하며 튕기는 힘이 점점 강해집니다.
③ 상대방 장기말 위치로 방향을 정한 후 클릭을 해제하면 말이 튕겨집니다.
④ 먼저 상대의 장기말을 전부 화면 밖으로 밀어내면 승리합니다.

프로그래머 한마디

장기말 알까기는 1차시와 2차시에서 배운 기능을 중심으로 실제 게임과 비슷하게 플레이할 수 있도록 많은 기능들이 추가되어 있습니다. 매우 복잡한 코드로 만들어져 있으니 블록을 고치거나 지우지 말고 게임을 플레이해봅시다.

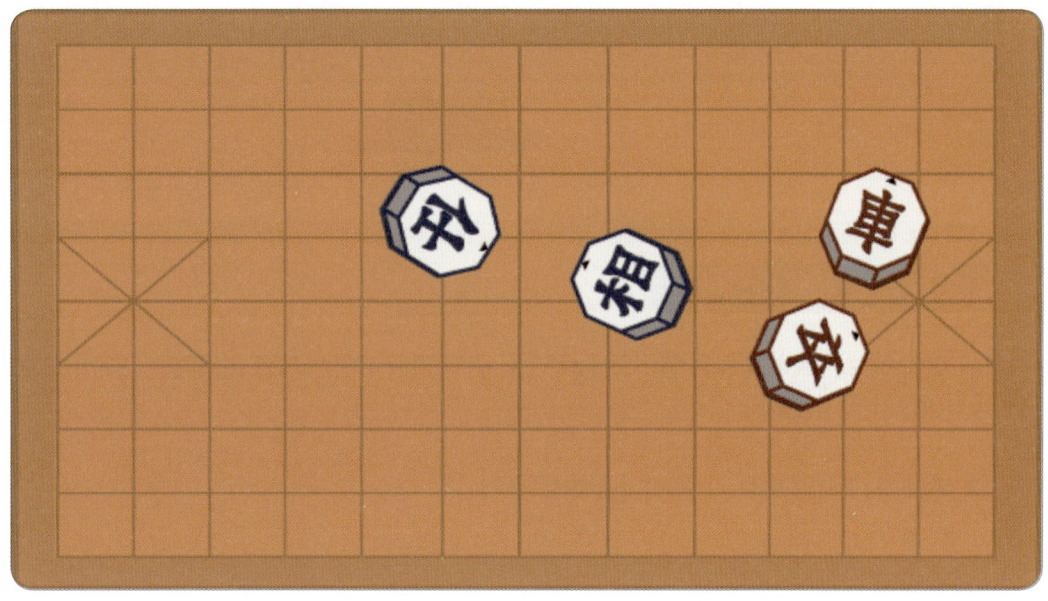

게임을 플레이한 후 어떤 기능들이 추가되어 있는지 생각해봅시다.

룰렛 회전하기

학습목표
- 키보드의 숫자 키를 누르면 오브젝트를 회전시킬 수 있습니다.
-  키를 누르면 오브젝트의 회전을 멈출 수 있습니다.

📁 **불러올 파일 :** 3차시 불러올 파일.ent, 3차시 미리 해보기.ent   💾 **완성된 파일 :** 3차시 완성된 파일.ent

오늘 배울 코딩 확인하기

 '3차시 미리 해보기.ent' 파일을 불러와 ②~⑤ 숫자 키와 [Space Bar] 키를 이용하여 [룰렛] 오브젝트가 어떻게 움직이는지 적어봅시다.

②부터 ⑤까지의 숫자 키 중 하나를 눌렀을 때
- ② 키
- ③ 키
- ④ 키
- ⑤ 키

[Space Bar] 키를 눌렀을 때
-

순서도 능력 키우기

❶ 처리 기호란?

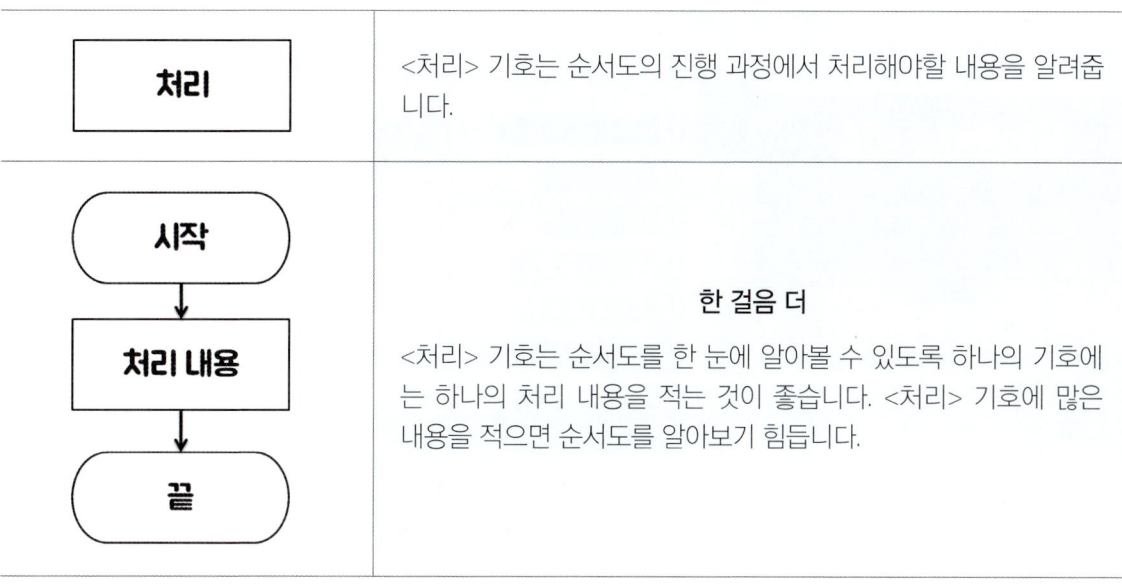

<처리> 기호는 순서도의 진행 과정에서 처리해야할 내용을 알려줍니다.

한 걸음 더

<처리> 기호는 순서도를 한 눈에 알아볼 수 있도록 하나의 기호에는 하나의 처리 내용을 적는 것이 좋습니다. <처리> 기호에 많은 내용을 적으면 순서도를 알아보기 힘듭니다.

❷ 순서도 학습

다음 보기에서 <처리> 기호를 찾아 색을 칠해봅시다.

〈보기〉

 ## 숫자 키를 눌렀을 때 모양을 바꾸고 회전시키기

❶ '3차시 불러올 파일.ent' 파일을 불러온 후 [오브젝트 목록]에서 [룰렛] 오브젝트를 클릭합니다. 이어서, 시작 블록꾸러미에서 [q▼ 키를 눌렀을 때] 를 [블록 조립소]로 가져온 다음 'q'를 '2'로 변경합니다.

❷ 생김새 블록꾸러미에서 [2명 모양으로 바꾸기] 를 아래쪽에 연결합니다.

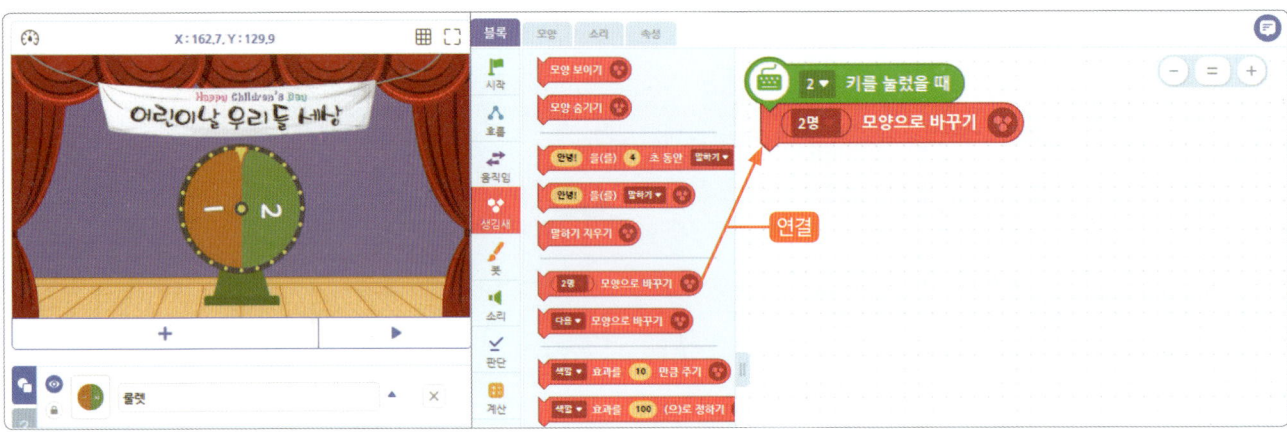

❸ 흐름 블록꾸러미에서 [2 초 기다리기] 를 아래쪽에 연결한 후 '2'를 '1'로 수정합니다.
  ※ [룰렛] 오브젝트의 모양은 '2명, 3명, 4명, 5명'으로 총 4개의 모양이 있습니다.

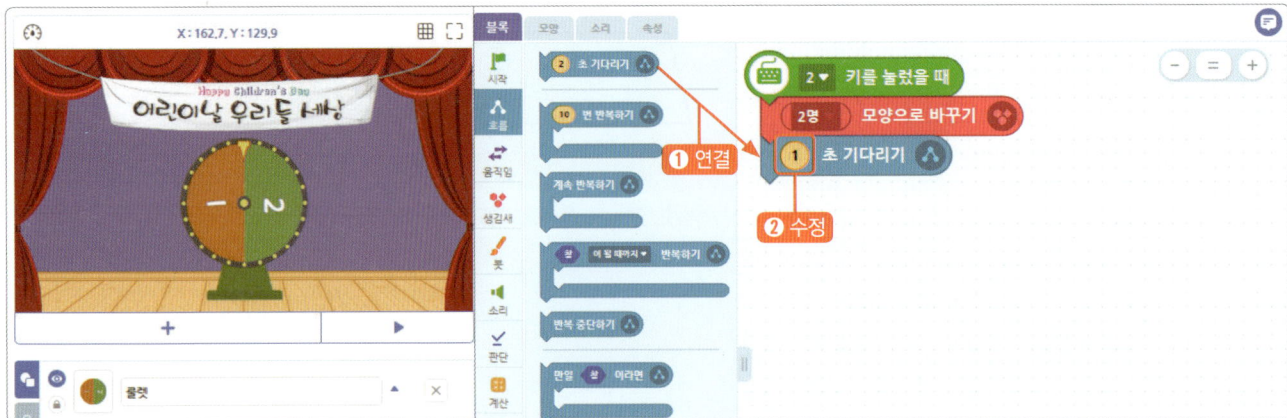

④ 흐름 블록꾸러미에서 [계속 반복하기]를 아래쪽에 연결합니다.

⑤ 움직임 블록꾸러미에서 [방향을 90° 만큼 회전하기]를 안쪽에 연결한 후 '90°'를 '10°'로 수정합니다.

코딩풀이

[2] 키를 눌렀을 때 두 개로 나누어진 룰렛판 모양으로 바꾸고 모양을 확인할 수 있도록 '1'초 기다립니다. 이어서, 방향을 '10°' 만큼 계속 회전하여 룰렛이 돌아가는 것을 보여줍니다.

02 Space Bar 키를 눌러 회전을 정지시키기

① 시작 블록꾸러미에서 [q 키를 눌렀을 때]를 [블록 조립소]로 가져다 놓은 후 'q'를 '스페이스'로 변경합니다.

※ 이전에 만들었던 코드는 맨 위에 있는 [2 키를 눌렀을 때]를 드래그하여 아래쪽으로 이동시킵니다.

CHAPTER 03 룰렛 회전하기 **021**

❷ 흐름 블록꾸러미에서 [모든▼ 코드 멈추기] 를 아래쪽에 연결합니다.

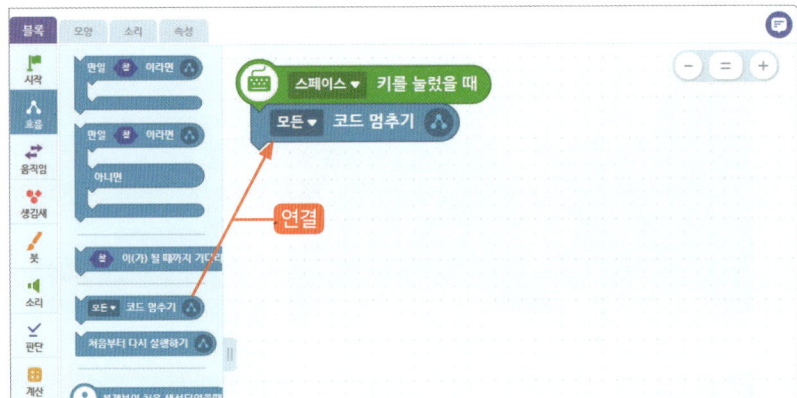

코딩풀이
[Space Bar] 키를 눌렀을 때 모든 코드를 멈춰 [룰렛] 오브젝트의 회전을 멈춥니다.

03 ③, ④, ⑤ 키를 눌렀을 때 모양이 바뀌고 회전시키기

❶ 이전에 만들었던 코드 [2▼ 키를 눌렀을 때] 위에서 마우스 오른쪽 버튼을 클릭한 후 [코드 복사 & 붙여 넣기]를 선택하여 코드를 복사합니다.

❷ 복사된 코드에서 '2'를 '3'으로, '2명'을 '3'명으로 각각 변경합니다.

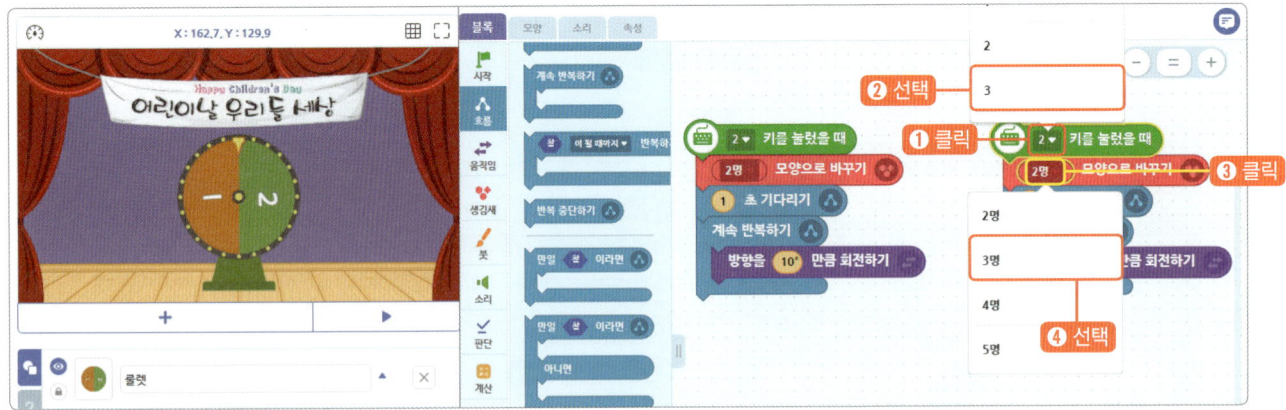

❸ 위 작업을 두 번 더 반복하여 ④, ⑤ 키를 눌렀을 때 각각의 모양으로 바뀌고 회전하도록 코드를 완성합니다. 이어서, 시작하기(▶)를 눌러 작품을 실행시켜봅시다.

CHAPTER 03  혼자서 해결하기

01 [룰렛] 오브젝트가 ２ ~ ５ 키를 눌렀을 때 더 빠르게 회전하도록 값을 수정해봅시다.

불러올 파일 : 3차시 연습문제 불러올 파일-1.ent   **완성된 파일** : 3차시 연습문제 완성된 파일-1.ent

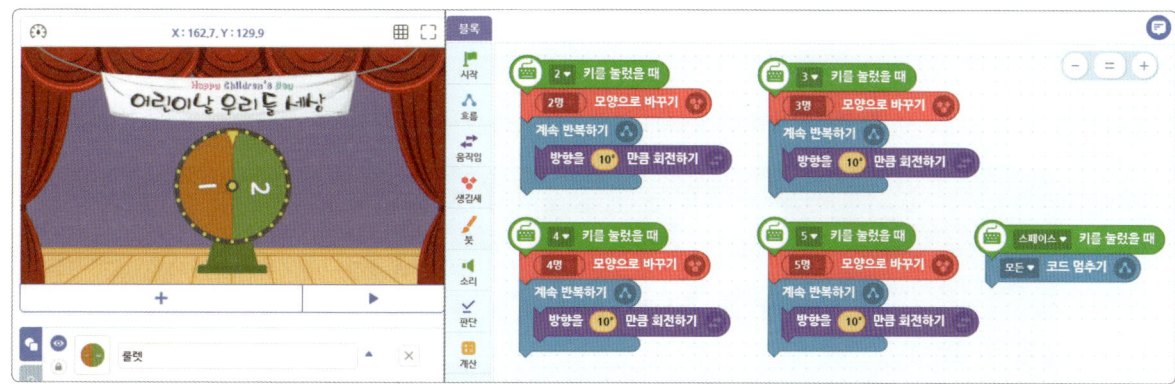

02 아래 그림들을 참고하여 '3차시 연습문제 불러올 파일-2.ent' 파일을 불러와 코드를 조립해봅시다.

불러올 파일 : 3차시 연습문제 불러올 파일-2.ent   **완성된 파일** : 3차시 연습문제 완성된 파일-2.ent

< Space Bar 키를 눌렀을 때 >

①

②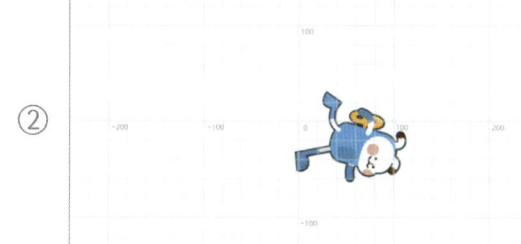

③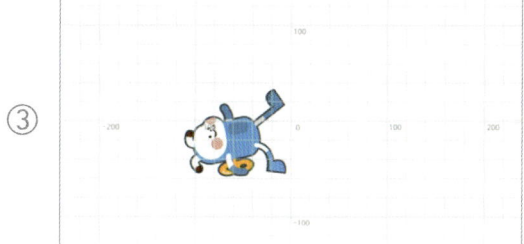

④

CHAPTER 04 룰렛 당첨 판단하기

학습목표
- 오브젝트의 방향을 확인할 수 있습니다.
- 만일 블록을 이용해 당첨을 판단할 수 있습니다.

📂 **불러올 파일 :** 4차시 불러올 파일.ent, 4차시 미리 해보기.ent   📄 **완성된 파일 :** 4차시 완성된 파일.ent

오늘 배울 코딩 확인하기

◎ '4차시 미리 해보기.ent' 파일을 불러와 시작하기(▶)를 클릭한 후 Space Bar 키를 눌렀을 때 오브젝트의 실행 순서를 적어봅시다.

( ) 룰렛의 화살표가 당첨을 가리키면 [룰렛] 오브젝트가 '당첨'이라고 말합니다.

( ) 시작하기(▶)를 클릭하면 [룰렛] 오브젝트가 회전합니다.

( ) Space Bar 키를 누르면 회전을 멈춥니다.

순서도 능력 키우기

❶ 선택 기호란?

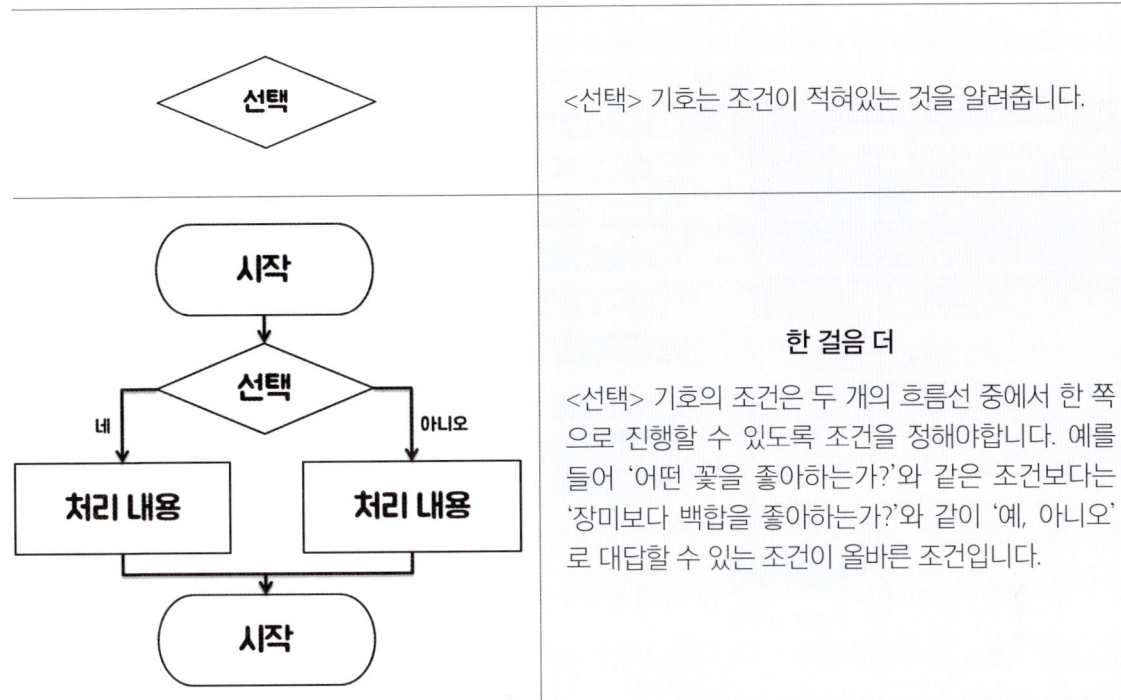

(선택 기호 다이아몬드)	<선택> 기호는 조건이 적혀있는 것을 알려줍니다.
(시작→선택→네/아니오→처리 내용→시작 순서도)	**한 걸음 더** <선택> 기호의 조건은 두 개의 흐름선 중에서 한 쪽으로 진행할 수 있도록 조건을 정해야합니다. 예를 들어 '어떤 꽃을 좋아하는가?'와 같은 조건보다는 '장미보다 백합을 좋아하는가?'와 같이 '예, 아니오'로 대답할 수 있는 조건이 올바른 조건입니다.

❷ 순서도 학습

다음 <선택> 기호 중에서 올바른 조건이 적힌 것을 찾아 동그라미로 표시해봅시다.

어떤 음식을 좋아하는가?	짜장면을 좋아하는가?	친구는 몇 명인가?
학원을 다니는가?	가족은 몇 명인가?	아빠보다 엄마가 좋은가?
집에 차를 타고 가는가?	우리 반은 몇 명인가?	짝과 친한가?

 **시작하기 버튼을 클릭했을 때 [룰렛] 오브젝트 회전시키기**

❶ '4차시 불러올 파일.ent' 파일을 불러온 후 [오브젝트 목록]에서 [룰렛] 오브젝트를 클릭합니다. 이어서, 시작 블록꾸러미에서 `시작하기 버튼을 클릭했을 때` 를 [블록 조립소]로 가져다 놓습니다.

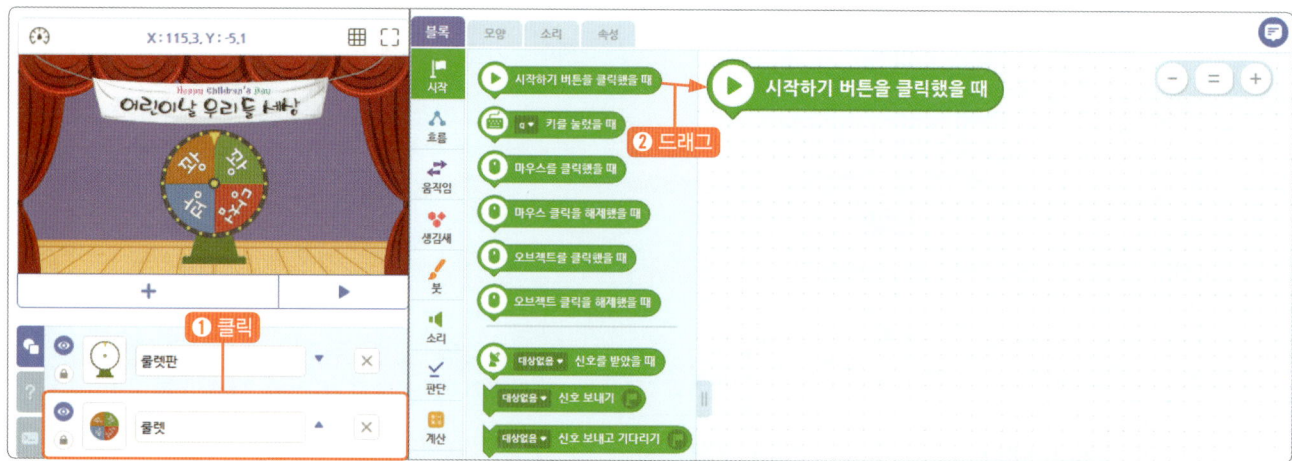

❷ 흐름 블록꾸러미에서 `계속 반복하기` 를 아래쪽에 연결합니다.

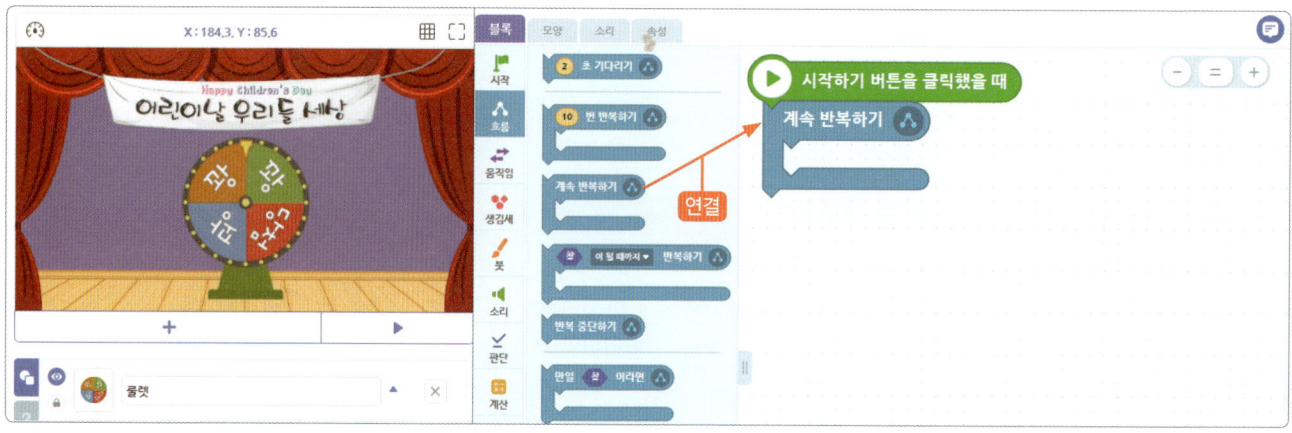

❸ 움직임 블록꾸러미에서 `방향을 90° 만큼 회전하기` 를 안쪽에 연결한 후 '90°'를 '10°'로 수정합니다.

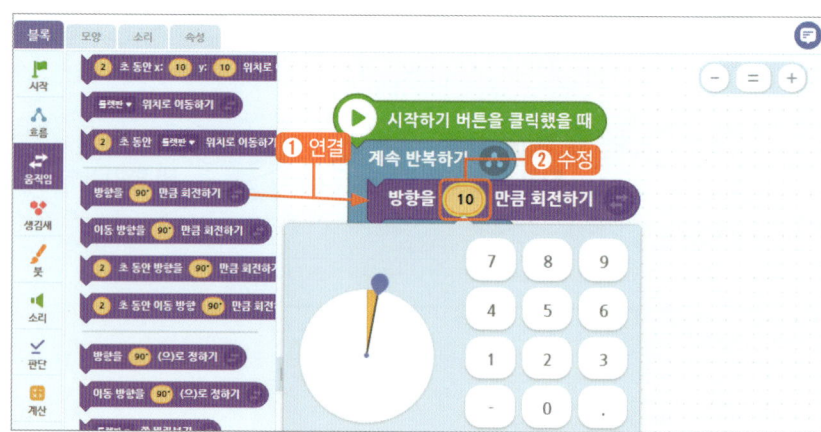

💡 **코딩풀이**
작품을 시작하면 [룰렛] 오브젝트가 '10°' 만큼 계속 회전합니다.

02 Space Bar 키를 눌렀을 때 회전을 멈추고 당첨인지 확인하기

❶ 시작 블록꾸러미에서 [q▼ 키를 눌렀을 때]를 [블록 조립소]로 가져다 놓은 후 'q'를 '스페이스'로 변경합니다.
※ 이전에 만들었던 코드는 맨 위에 있는 [시작하기 버튼을 클릭했을 때]를 드래그하여 아래쪽으로 이동시킵니다.

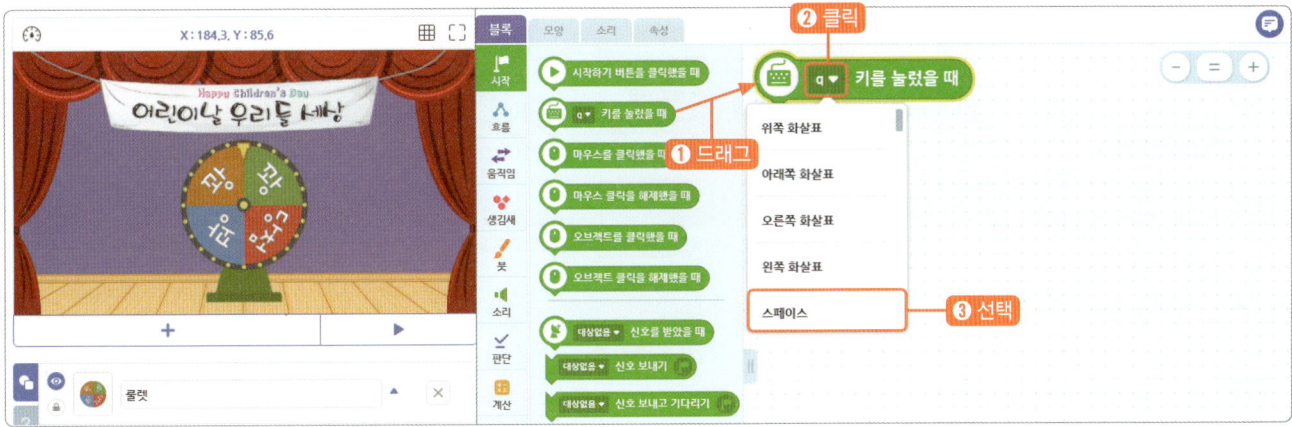

❷ 흐름 블록꾸러미에서 [만일 참 이라면]을 아래쪽에 연결합니다.

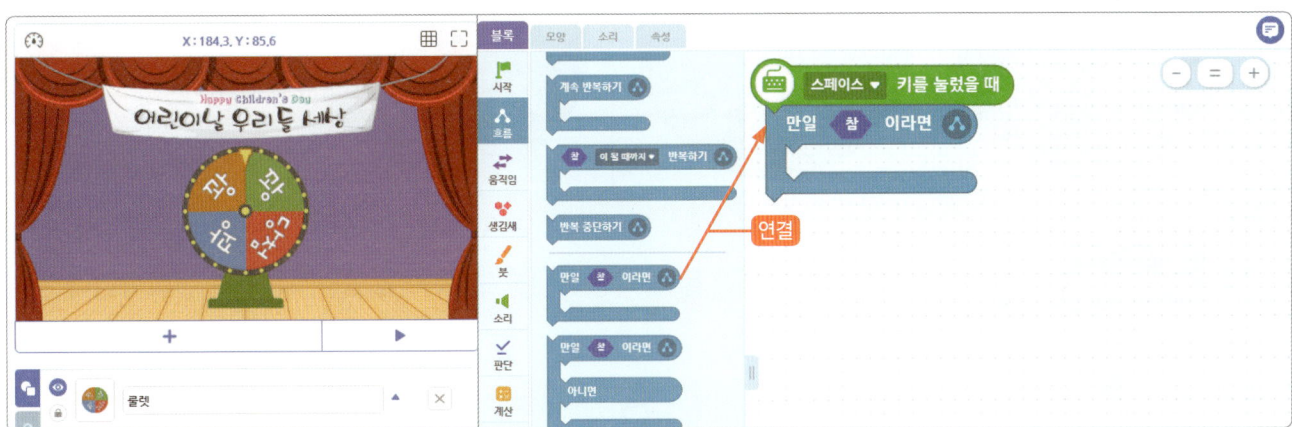

❸ 판단 블록꾸러미에서 [10 < 10]을 '참'의 위치에 끼워 넣습니다.

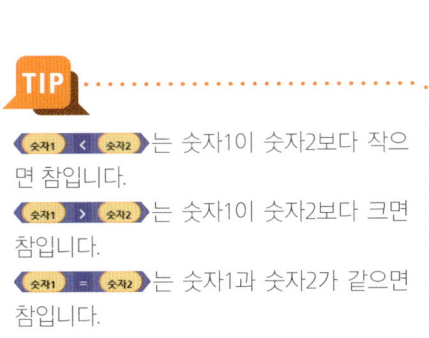

TIP
(숫자1 < 숫자2)는 숫자1이 숫자2보다 작으면 참입니다.
(숫자1 > 숫자2)는 숫자1이 숫자2보다 크면 참입니다.
(숫자1 = 숫자2)는 숫자1과 숫자2가 같으면 참입니다.

❹ 첫 번째 '10'을 '180'으로 수정합니다.

❺ 계산 블록꾸러미에서 `룰렛판▼ 의 x좌푯값▼`을 두 번째 '10'의 위치에 끼워 넣습니다. 이어서, '룰렛판'을 '룰렛'으로, 'x 좌푯값'을 '방향'으로 각각 변경합니다.

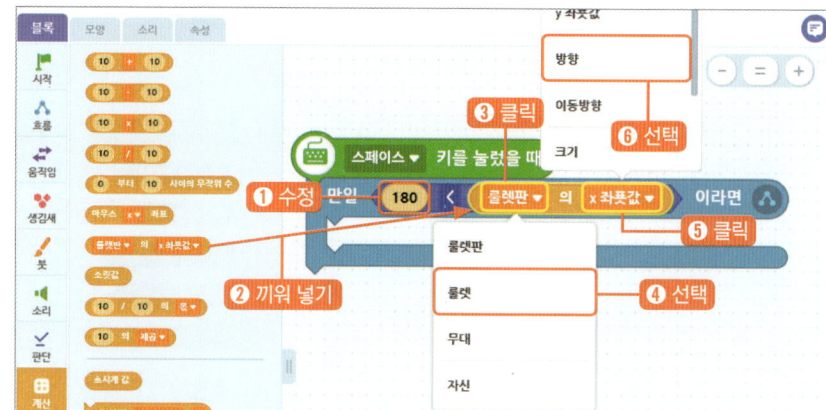

코딩풀이
[룰렛] 오브젝트가 얼마나 회전해야 룰렛의 당첨 칸이 화살표에 닿는지 아래 표를 참고하여 살펴보면 '180°'부터 '270°'사이의 값만큼 회전했을 때 화살표가 당첨을 가리키게 됩니다.

90° 회전 했을 때	180° 회전 했을 때	270° 회전 했을 때	360° 회전 했을 때

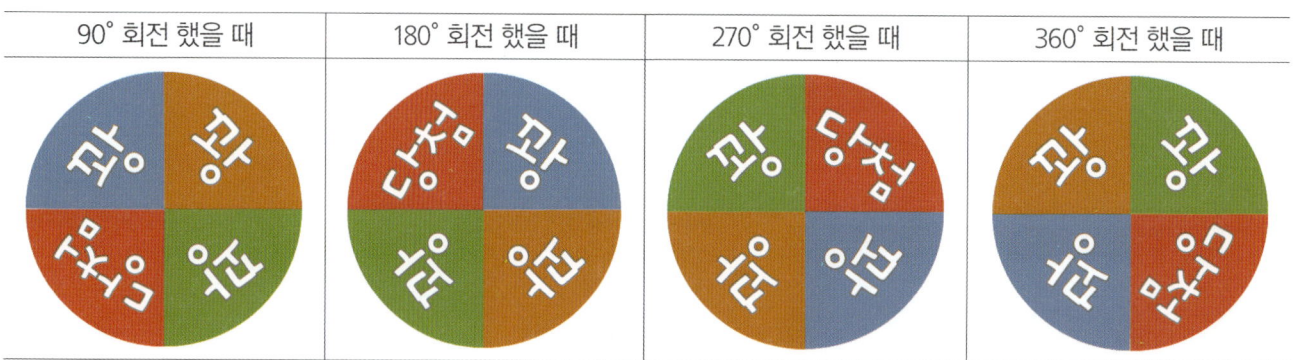

❻ `만일 참 이라면` 위에서 마우스 오른쪽 버튼을 클릭한 후 [코드 복사 & 붙여 넣기]를 선택합니다. 이어서, 복사된 코드를 안쪽에 연결합니다.

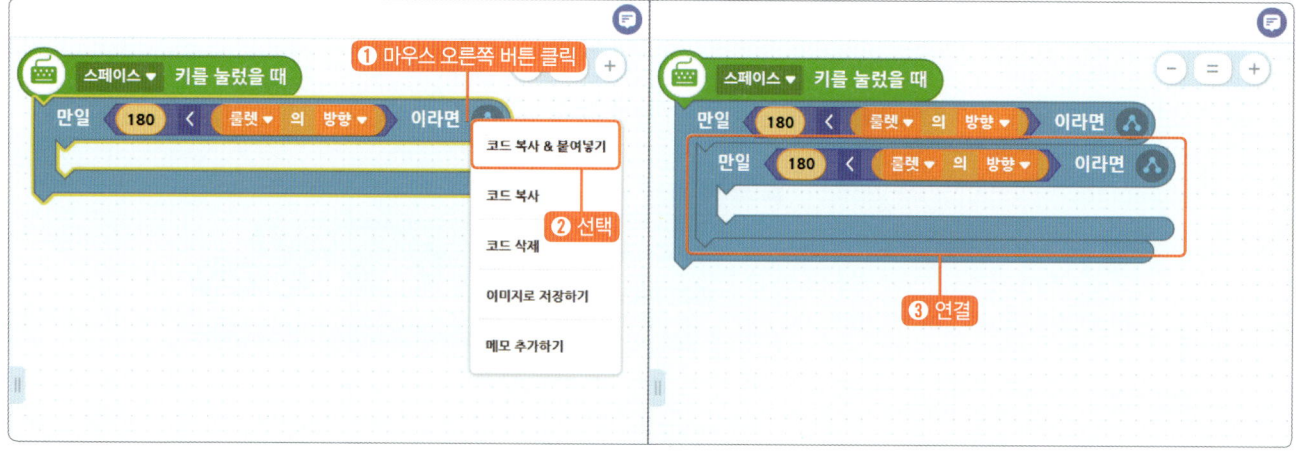

❼ 복사된 코드의 `룰렛▼ 의 방향▼` 을 '180'의 위치로 옮겨 끼워 넣습니다.

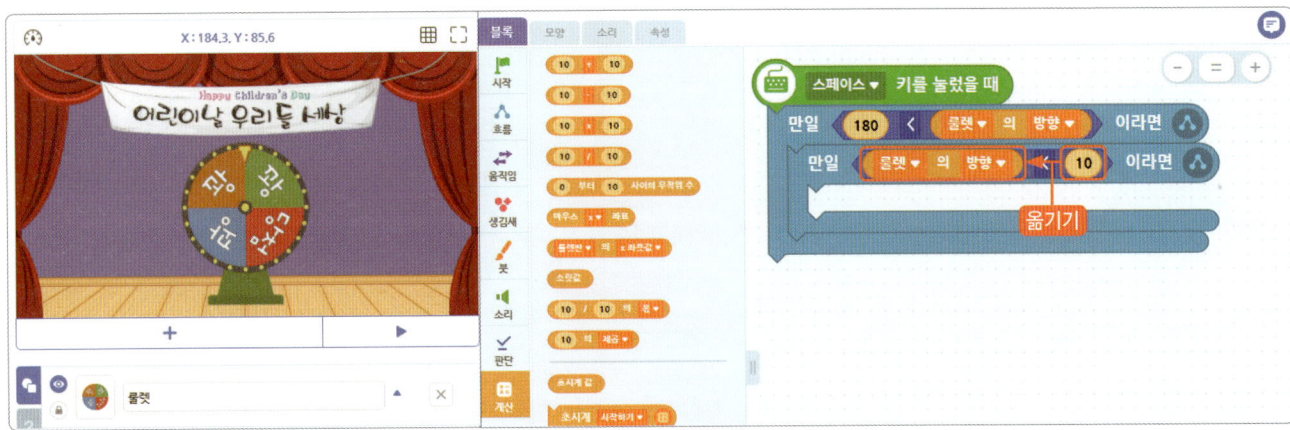

❽ 블록을 옮긴 자리의 '10'을 '270'으로 수정합니다.

코딩풀이

[룰렛] 오브젝트의 방향이 만일 '180'보다 클 때 '270'보다 작다면

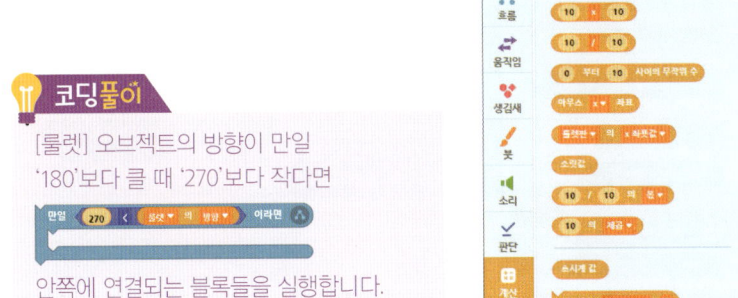

안쪽에 연결되는 블록들을 실행합니다.

180°부터 270°사이의 값을 회전했을 때 [룰렛] 오브젝트의 모양

180° 회전	210° 회전	240° 회전	270° 회전

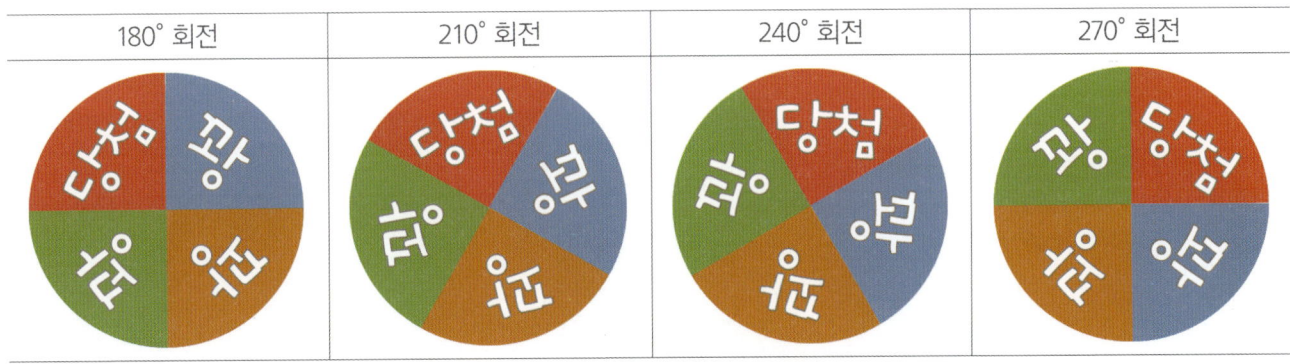

※ [룰렛] 오브젝트의 회전을 확인하고 싶다면, [룰렛] 오브젝트에 `스페이스▼ 키를 눌렀을 때 방향을 10° 만큼 회전하기` 코드를 만듭니다. 이어서, 시작하기(▶)를 클릭하여 작품을 실행한 후 `Space Bar` 키를 눌러 [룰렛] 오브젝트의 방향을 확인해봅시다.

CHAPTER 04 룰렛 당첨 판단하기 **029**

⑨ 생김새 블록꾸러미에서 [안녕! 을(를) 말하기]를 안쪽에 연결합니다. 이어서, '안녕!'을 '당첨'으로 수정합니다.

코딩풀이
만일 Space Bar 키를 눌렀을 때 [룰렛] 오브젝트의 방향이 '180'보다 크고, '270'보다 작다면 룰렛의 화살표가 [룰렛] 오브젝트의 당첨을 가리키고 있으므로 '당첨'이라고 말합니다.

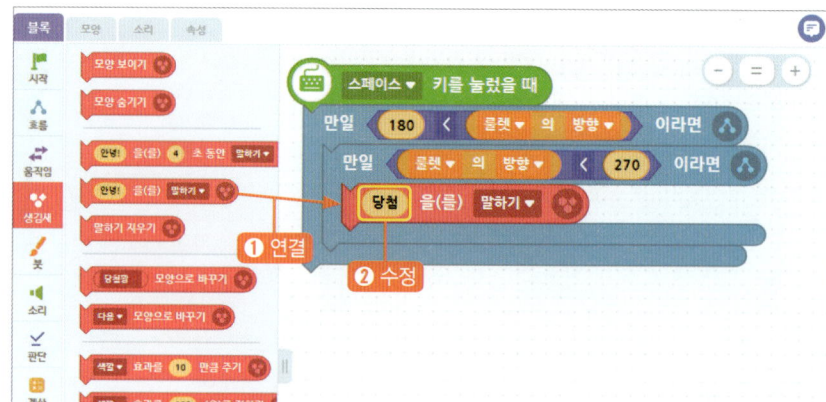

⑩ 흐름 블록꾸러미에서 [모든 코드 멈추기]를 아래쪽에 연결합니다.

⑪ 코드가 완성되면 시작하기(▶)를 클릭하여 작품을 실행한 후 룰렛의 화살표가 당첨을 가리킬 때 멈추도록 Space Bar 키를 눌러봅시다.

※ 룰렛을 다시 돌리려면 작품을 다시 시작해야 합니다.

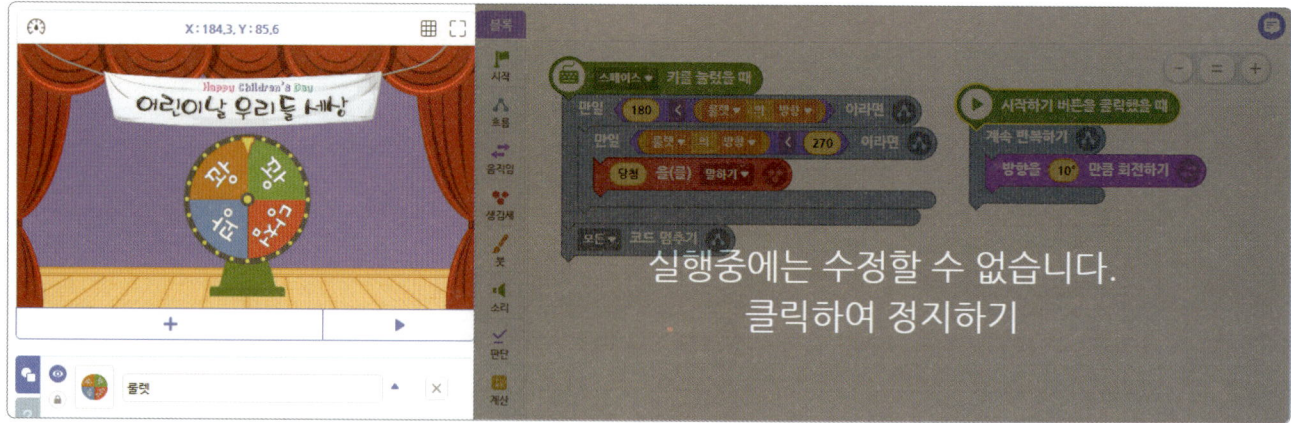

PLAY 룰렛 해보기

01 '4차시 룰렛.ent' 파일을 불러와 친구들과 각자 번호를 정해 누가 걸리는지 룰렛을 플레이해봅시다.

📁 **불러올 파일** : 4차시 룰렛.ent

※ 처음 시작할 때 `Space Bar` 키를 눌러 룰렛을 회전시켜 주어야 시작됩니다.

놀이방법

① 벌칙을 정합니다.
② 1번부터 5번까지 번호를 결정합니다.
③ `Space Bar` 키를 눌러 룰렛을 회전시킵니다.
④ 룰렛의 화살표가 가리키는 번호의 사람이 벌칙을 받습니다.

프로그래머 한마디

룰렛은 3차시와 4차시에서 배운 기능을 중심으로 실제 게임과 비슷하게 플레이할 수 있도록 많은 기능들이 추가되어 있습니다. 매우 복잡한 코드로 만들어져 있으니 블록을 고치거나 지우지 말고 게임을 플레이해봅시다.

💬 게임을 플레이한 후 어떤 기능들이 추가되어 있는지 생각해봅시다.

CHAPTER 05 윷 던지기

학습목표
- 오브젝트를 특정 좌표를 향해 움직일 수 있습니다.
- 무작위 수를 이용해 오브젝트의 모양을 바꿀 수 있습니다.

📂 **불러올 파일** : 5차시 불러올 파일.ent, 5차시 미리 해보기.ent   📄 **완성된 파일** : 5차시 완성된 파일.ent

💡 오늘 배울 코딩 확인하기

◎ '5차시 미리 해보기.ent' 파일을 불러와 시작하기(▶)를 클릭한 후 Space Bar 키를 누르면 윷 오브젝트들이 어떻게 움직였는지 아래 OX퀴즈를 풀어봅시다.

<OX퀴즈>	
1. 윷 오브젝트들이 위로 올라갔다 내려옵니다.	(O | X)
2. 윷 오브젝트들은 던질 때 마다 결과가 같습니다.	(O | X)
3. 윷 오브젝트들은 똑같이 회전합니다.	(O | X)
4. 윷 오브젝트들은 항상 같은 자리에 내려옵니다.	(O | X)

032 게임으로 배우는 엔트리

순서도 능력 키우기

❶ 반복 기호란?

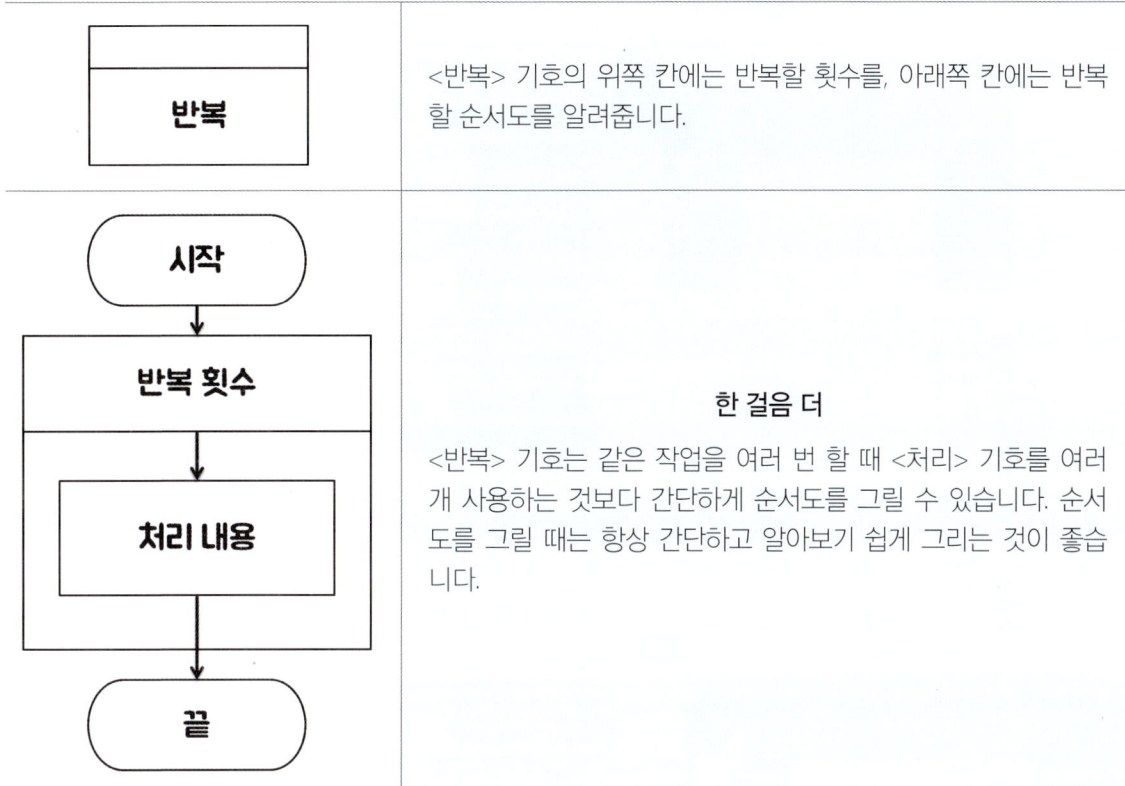

<반복> 기호의 위쪽 칸에는 반복할 횟수를, 아래쪽 칸에는 반복할 순서도를 알려줍니다.

한 걸음 더

<반복> 기호는 같은 작업을 여러 번 할 때 <처리> 기호를 여러 개 사용하는 것보다 간단하게 순서도를 그릴 수 있습니다. 순서도를 그릴 때는 항상 간단하고 알아보기 쉽게 그리는 것이 좋습니다.

❷ 순서도 학습

다음 기호들을 연결하여 운동장 열 바퀴를 달리는 순서도를 만들어봅시다.

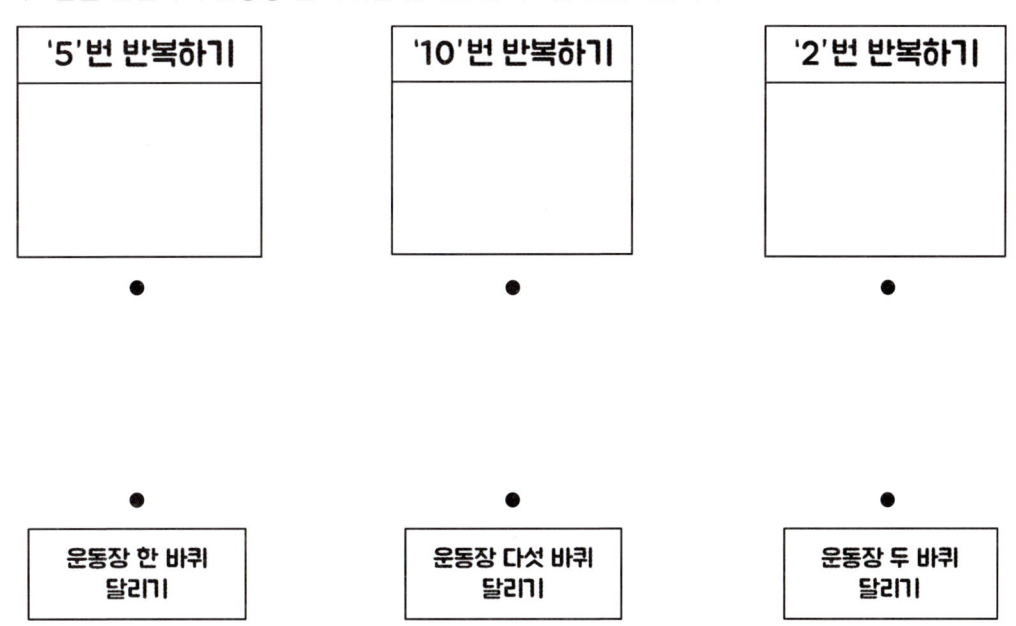

01 Space Bar 키를 눌렀을 때 [윷4] 오브젝트 이동 시키기

① '5차시 불러올 파일.ent'를 파일을 불러온 후 [오브젝트 목록]에서 [윷4] 오브젝트를 클릭합니다. 이어서 시작 블록꾸러미에서 `q▼ 키를 눌렀을 때`를 [블록 조립소]로 가져온 다음 'q'를 '스페이스'로 변경합니다.

② 움직임 블록꾸러미에서 `2 초 동안 x: 10 y: 10 위치로 이동하기`를 아래쪽에 연결합니다. 이어서, '2'를 '0.5'로, 첫 번째 '10'을 '85'로, 두 번째 '10'을 '95'로 각각 수정합니다.

③ 한 번 더 움직임 블록꾸러미에서 `2 초 동안 x: 10 y: 10 위치로 이동하기`를 아래쪽에 연결합니다. 이어서, '2'를 '0.5'로, 첫 번째 '10'을 '-90'으로, 두 번째 '10'을 '-45'로 각각 수정합니다.

④ 흐름 블록꾸러미에서 [모든 코드 멈추기]를 아래쪽에 연결한 후 '모든'을 '자신의 다른'으로 변경합니다.

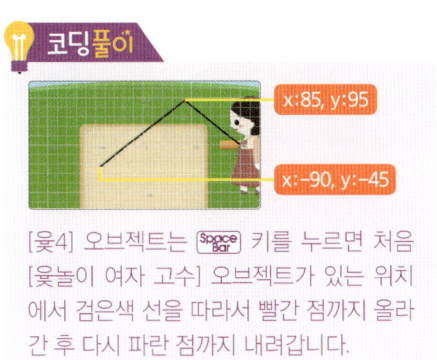

[윷4] 오브젝트는 Space Bar 키를 누르면 처음 [윷놀이 여자 고수] 오브젝트가 있는 위치에서 검은색 선을 따라서 빨간 점까지 올라간 후 다시 파란 점까지 내려갑니다.

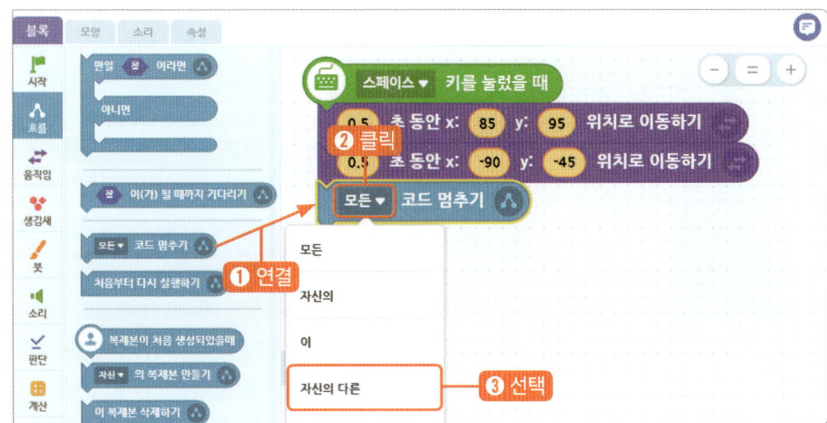

02 Space Bar 키를 눌렀을 때 [윷4] 오브젝트가 회전하며 무작위로 모양 바꾸기

① 시작 블록꾸러미에서 [q 키를 눌렀을 때]를 [블록 조립소]로 가져다 놓은 후 'q'를 '스페이스'로 변경합니다.
※ 이전에 만들었던 코드는 맨 위에 있는 [스페이스 키를 눌렀을 때]를 드래그하여 아래쪽으로 이동시킵니다.

② 흐름 블록꾸러미에서 [계속 반복하기]를 아래쪽에 연결합니다.

❸ 움직임 블록꾸러미에서 [방향을 90° 만큼 회전하기]를 안쪽에 연결한 후 '90°'를 '20°'로 수정합니다.

❹ 생김새 블록꾸러미에서 [뒤 모양으로 바꾸기]를 안쪽에 연결합니다.

❺ 계산 블록꾸러미에서 [0 부터 10 사이의 무작위 수]를 '뒤'의 위치에 끼워 넣은 후 '0'을 '1'로, '10'을 '2'로 각각 수정합니다.

※ 무작위 수 블록을 끼워 넣으면 [뒤] 블록이 떨어져 나옵니다. 이 떨어져 나온 블록은 블록 꾸러미나 [블록 조립소] 오른쪽 아래 쓰레기통으로 드래그하여 삭제합니다.

코딩풀이
'1'부터 '2'사이의 무작위 수 블록을 사용하여 첫 번째 모양인 '뒤'와 두 번째 모양인 '앞' 중에 무작위로 모양을 바꾸게 됩니다.

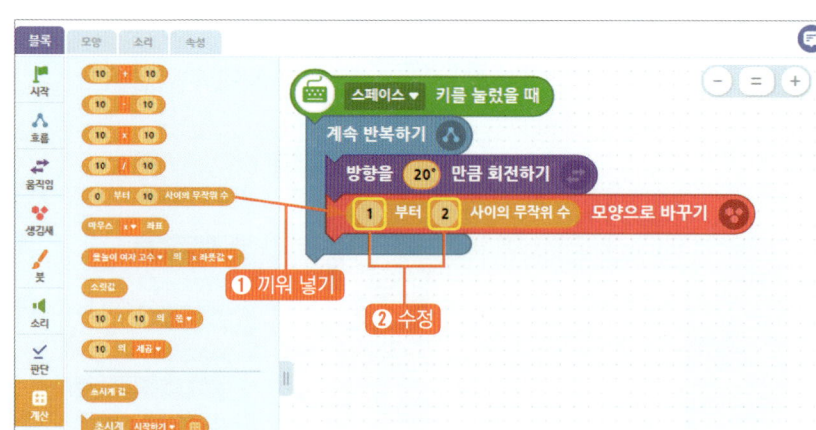

03 다른 윷 오브젝트들도 코딩하기

① 지금까지 만든 코드 위에서 마우스 오른쪽 버튼을 클릭한 후 [코드 복사]를 선택합니다.

② [오브젝트 목록]에서 [윷3] 오브젝트를 클릭한 후 [블록 조립소]의 빈 곳에서 마우스 오른쪽 버튼을 클릭하여 [붙여넣기]를 선택합니다.

③ 나머지 [윷2], [윷1] 오브젝트에도 똑같이 코드를 붙여 넣습니다.

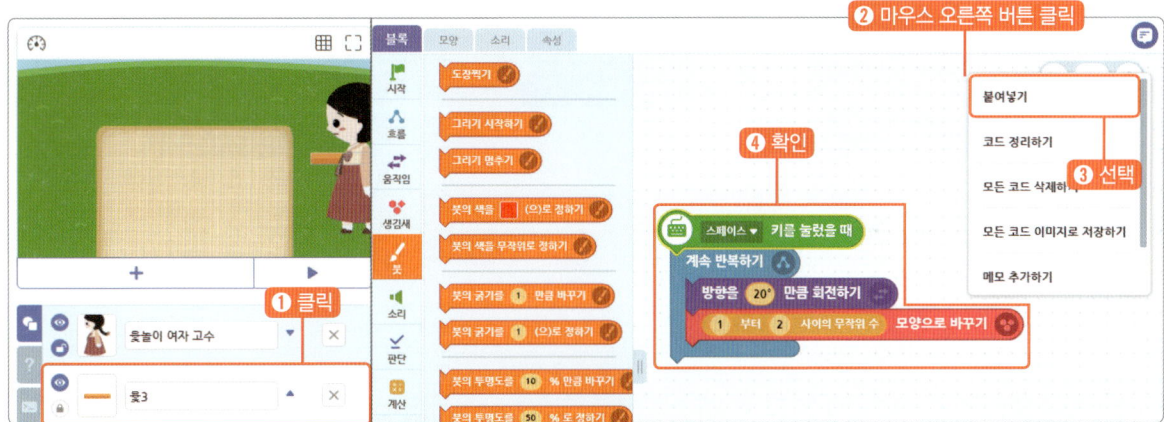

④ 다시 [윷4] 오브젝트에서 이전에 만들었던 코드 위에서 마우스 오른쪽 버튼을 클릭한 후 [코드 복사]를 선택합니다.

❺ [오브젝트 목록]에서 [윷3] 오브젝트를 클릭한 후 [블록 조립소]의 빈 곳에서 마우스 오른쪽 버튼을 클릭하여 [붙여넣기]를 선택합니다.

❻ 복사된 코드에서 '-90'은 '0'으로, '-45'는 '0'으로 각각 수정합니다.

❼ 나머지 [윷2], [윷1] 오브젝트에도 똑같이 코드를 붙여 넣어준 후 아래 그림을 참고하여 값을 수정합니다.

[윷2] 오브젝트   [윷1] 오브젝트

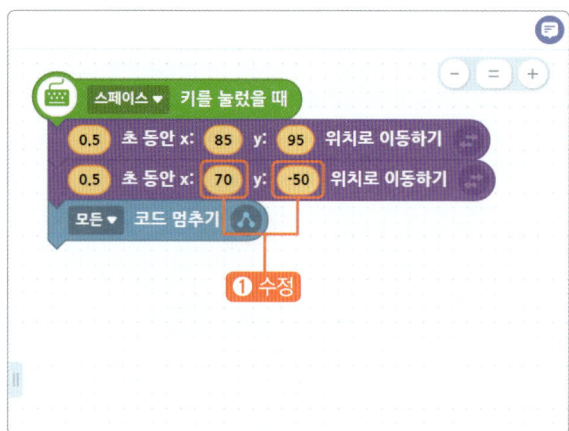 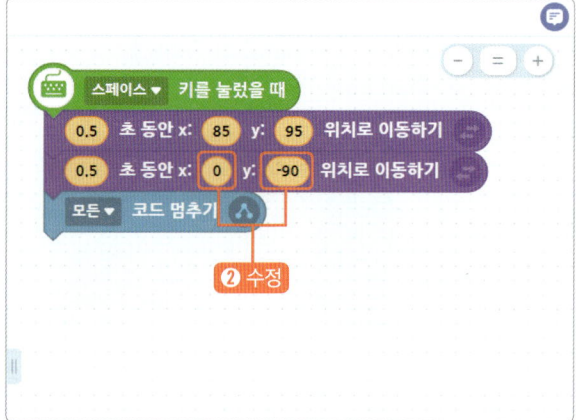

❽ 코드가 완성되면 시작하기(▶)를 클릭하여 작품을 실행한 후 Space Bar 키를 눌러 윷을 던져봅시다.

CHAPTER 05  혼자서 해결하기

01 윷 오브젝트들이 다른 자리에 떨어지도록 값을 수정해봅시다.

📁 **불러올 파일 :** 5차시 연습문제 불러올 파일-1.ent   📁 **완성된 파일 :** 5차시 연습문제 완성된 파일-1.ent

02 아래 그림들을 참고하여 '5차시 연습문제 불러올 파일-2.ent' 파일을 불러와 코드를 조립해봅시다.

📁 **불러올 파일 :** 5차시 연습문제 불러올 파일-2.ent   📁 **완성된 파일 :** 5차시 연습문제 완성된 파일-2.ent

< 시작하기를 눌렀을 때 >

① 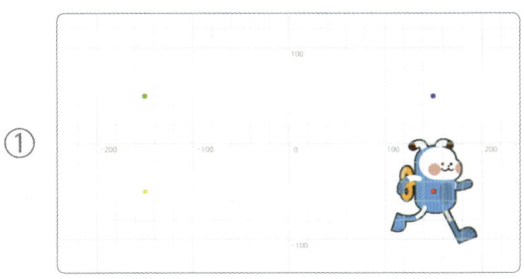   ②

③    ④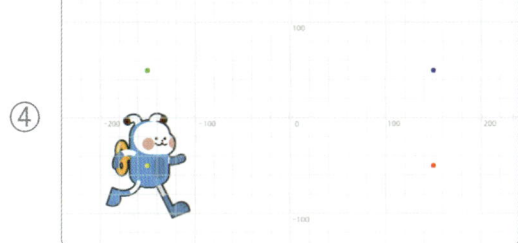

CHAPTER 06 말 움직이기

- 오브젝트의 방향을 회전시켜 윷놀이 말판을 따라 이동시킬 수 있습니다.
- 오브젝트가 지나간 길을 표시할 수 있습니다.

📁 **불러올 파일 :** 6차시 불러올 파일.ent, 6차시 미리 해보기.ent 📄 **완성된 파일 :** 6차시 완성된 파일.ent

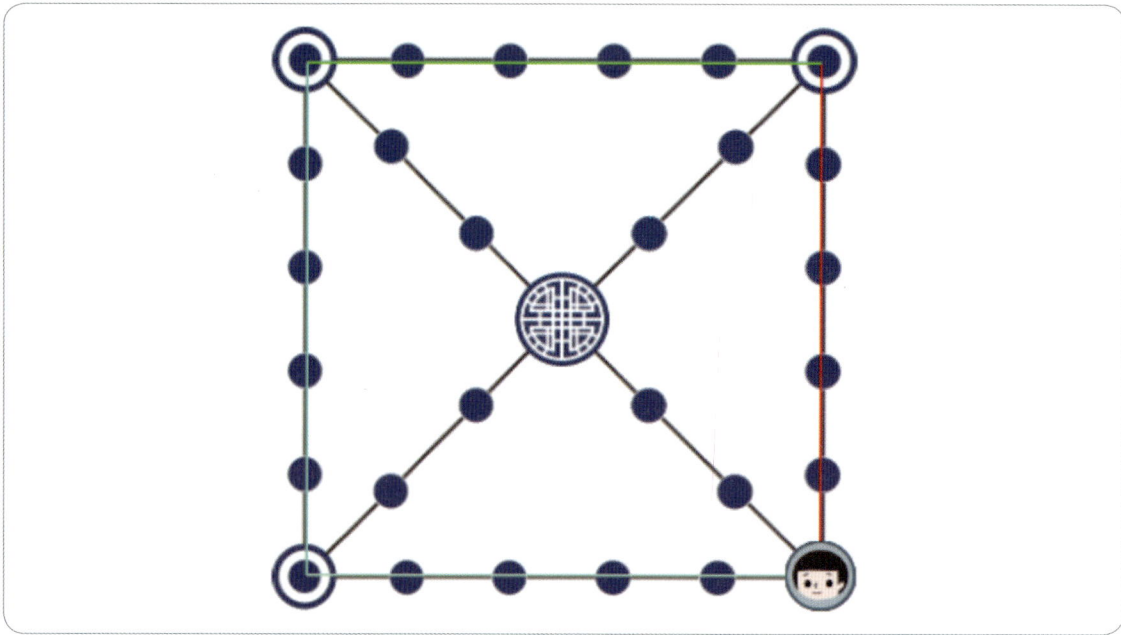

오늘 배울 코딩 확인하기

◎ '6차시 미리 해보기.ent' 파일을 불러와 시작하기(▶)를 클릭한 후 말이 어떻게 움직이는지 다음 설명들을 화살표를 이용해 순서대로 연결해봅시다.

오른쪽으로 다섯 칸 이동합니다.	아래쪽으로 다섯 칸 이동합니다.
왼쪽으로 다섯 칸 이동합니다.	위쪽으로 다섯 칸 이동합니다.

순서도 능력 키우기

❶ 입·출력 기호란?

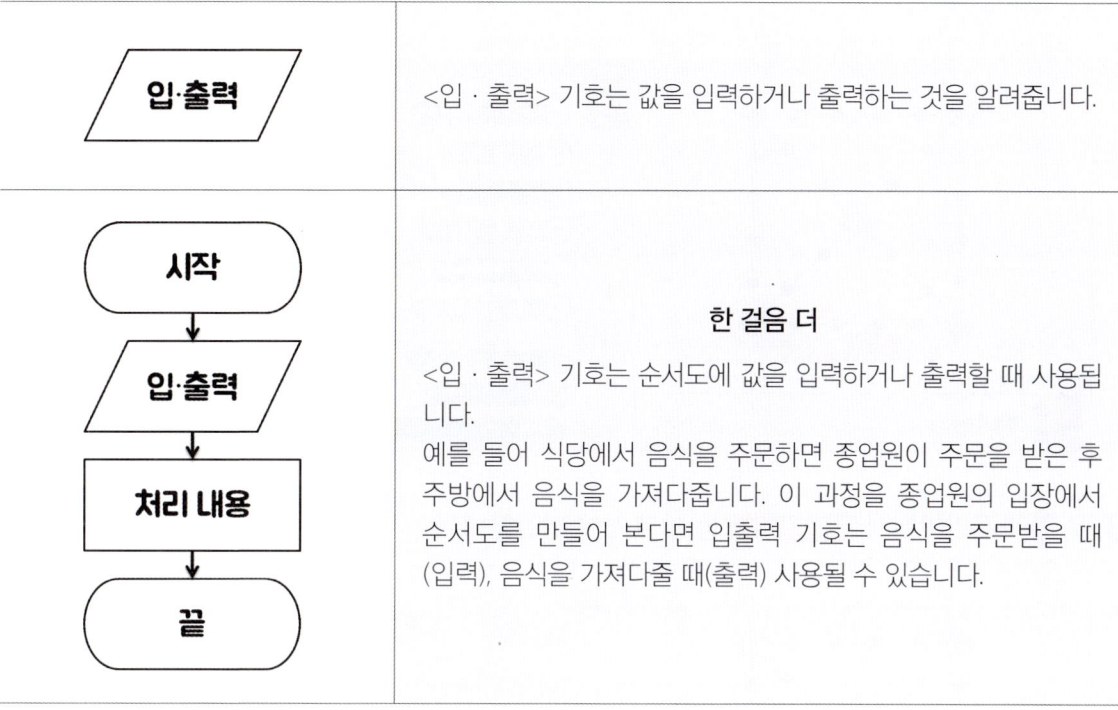

<입·출력> 기호는 값을 입력하거나 출력하는 것을 알려줍니다.

한 걸음 더

<입·출력> 기호는 순서도에 값을 입력하거나 출력할 때 사용됩니다.
예를 들어 식당에서 음식을 주문하면 종업원이 주문을 받은 후 주방에서 음식을 가져다줍니다. 이 과정을 종업원의 입장에서 순서도를 만들어 본다면 입출력 기호는 음식을 주문받을 때(입력), 음식을 가져다줄 때(출력) 사용될 수 있습니다.

❷ 순서도 학습

다음 기호들 중에서 <입·출력> 기호를 찾아 동그라미로 표시해봅시다.

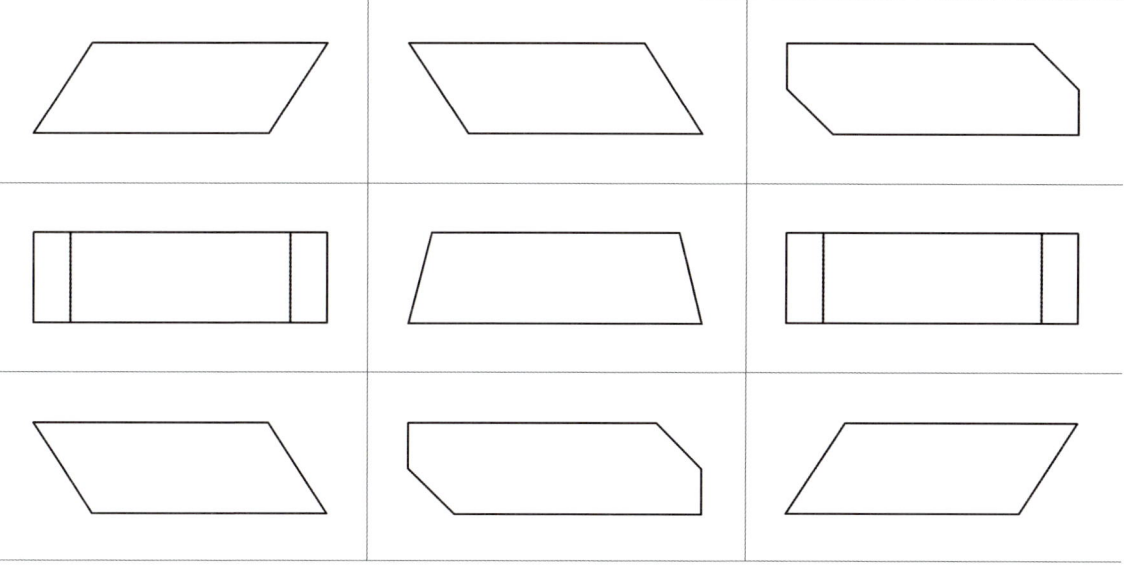

01 [남자의 말] 오브젝트가 말판을 따라 이동하며 선을 그리기

❶ '6차시 불러올 파일.ent' 파일을 불러온 후 시작 블록꾸러미에서 `시작하기 버튼을 클릭했을 때`를 [블록 조립소]로 가져다 놓습니다.

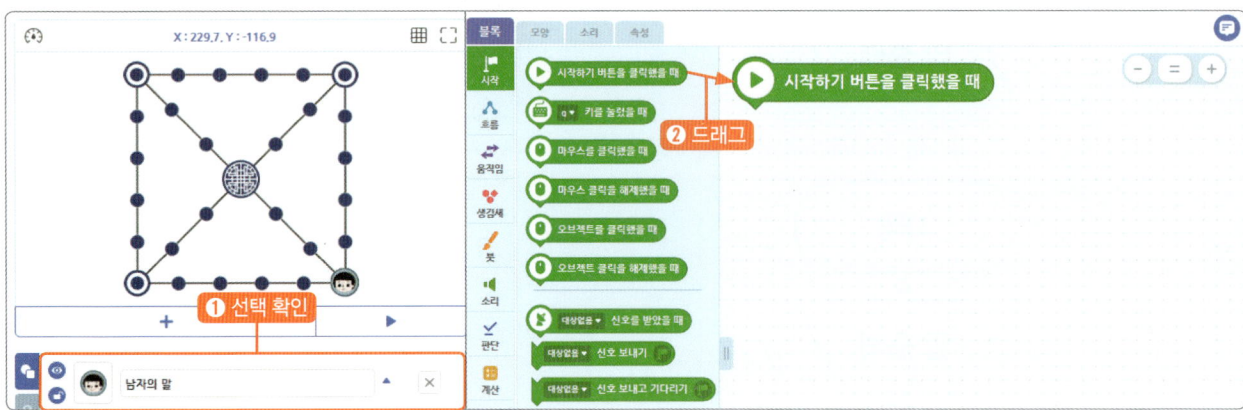

❷ 붓 블록꾸러미에서 `그리기 시작하기`를 아래쪽에 연결합니다.

❸ 흐름 블록꾸러미에서 `10번 반복하기`를 아래쪽에 연결한 후 '10'을 '4'로 수정합니다.

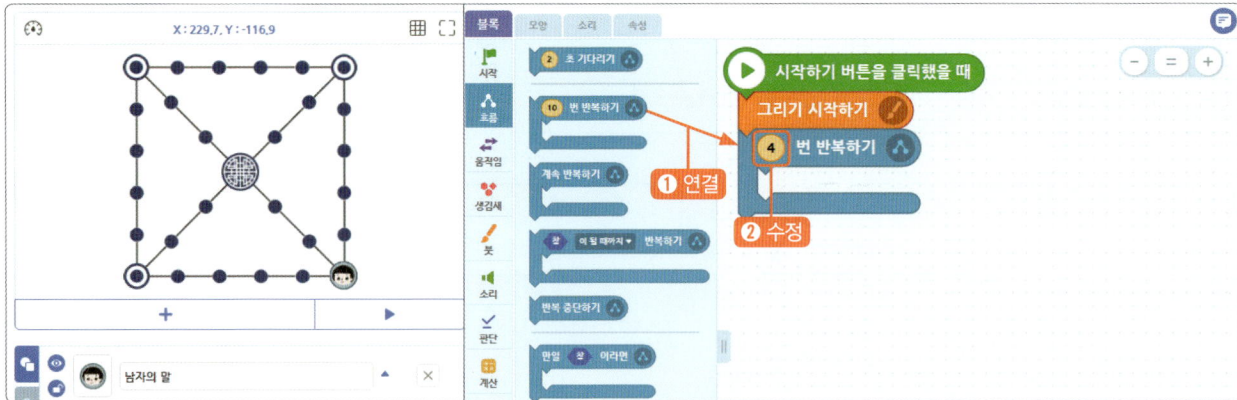

042 게임으로 배우는 엔트리

❹ 흐름 블록꾸러미에서 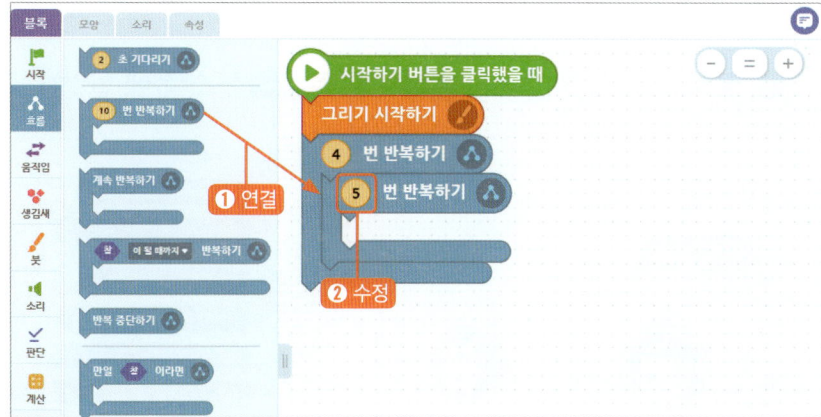 를 안쪽에 연결한 후 '10'을 '5'로 수정합니다.

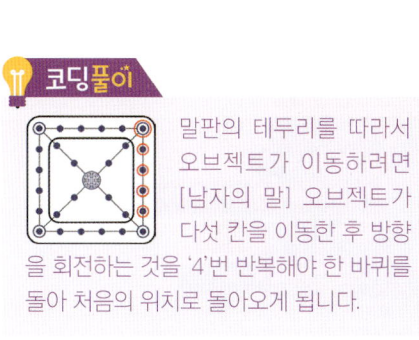

코딩풀이
말판의 테두리를 따라서 오브젝트가 이동하려면 [남자의 말] 오브젝트가 다섯 칸을 이동한 후 방향을 회전하는 것을 '4'번 반복해야 한 바퀴를 돌아 처음의 위치로 돌아오게 됩니다.

❺ 움직임 블록꾸러미에서 `이동 방향으로 10 만큼 움직이기` 를 안쪽에 연결한 후 '10'을 '44'로 수정합니다.
※ 말판에서 테두리를 이동할 때 한 칸의 거리는 '44'입니다.

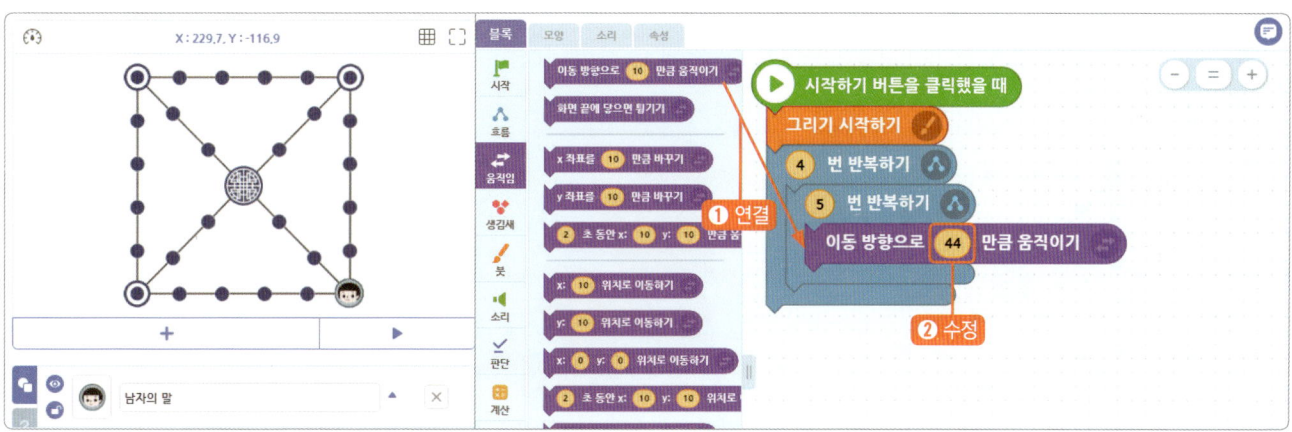

❻ 흐름 블록꾸러미에서 `2 초 기다리기` 를 안쪽에 연결한 후 '2'를 '0.5'로 수정합니다.

CHAPTER 06 말 움직이기 **043**

02 말판의 꼭짓점에 도착하면 방향을 회전한 후 그리는 색 변경하기

❶ 움직임 블록꾸러미에서 `방향을 90° 만큼 회전하기`를 안쪽에 연결한 후 '90°'를 '270°'로 수정합니다.

[남자의 말] 오브젝트가 꼭짓점에 도착한 후에도 말판을 따라 이동하기 위해 방향을 '270°' 회전합니다.

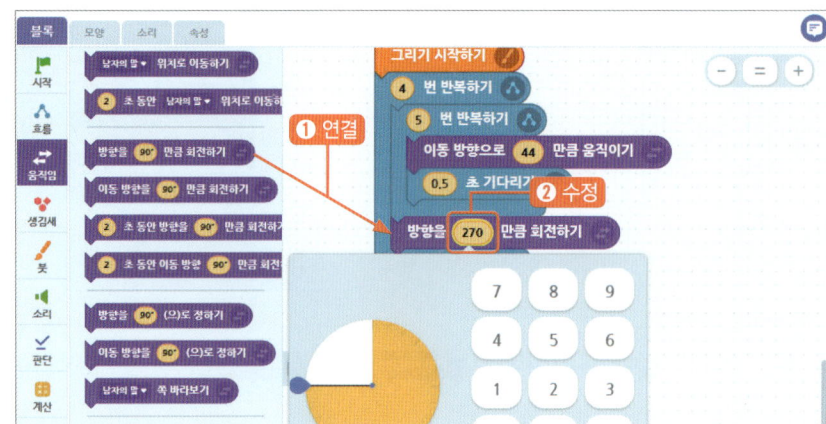

❷ 붓 블록꾸러미에서 `붓의 색을 무작위로 정하기`를 안쪽에 연결합니다.

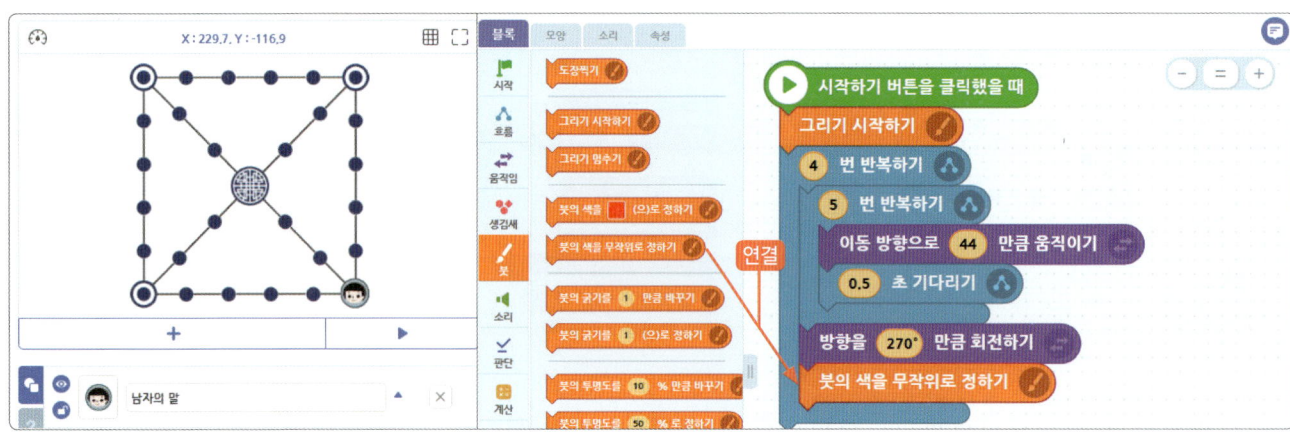

❸ 코드가 완성되면 시작하기(▶)를 클릭하여 작품을 실행한 후 [남자의 말] 오브젝트가 말판을 따라 이동하는 것을 확인해봅시다.

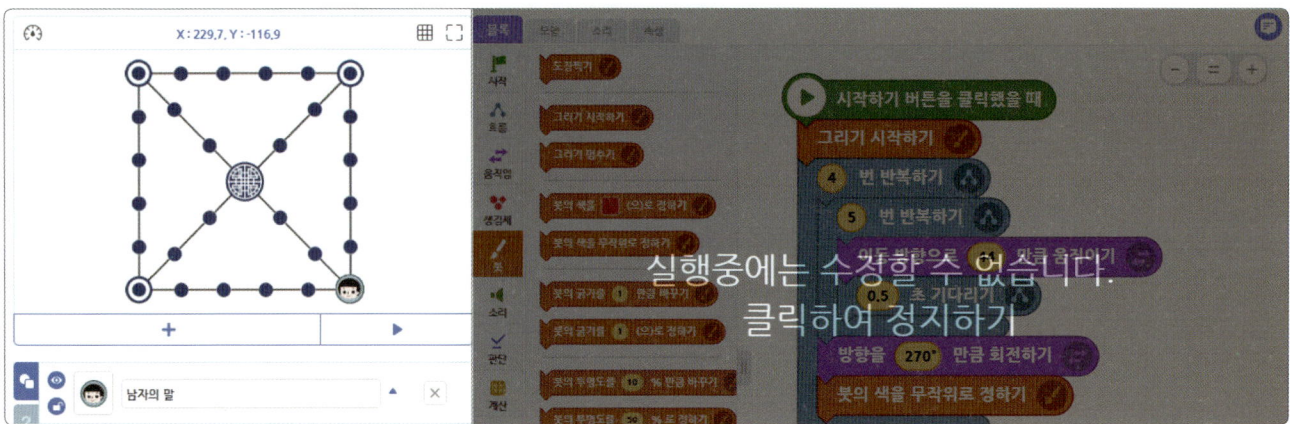

PLAY 윷놀이 해보기

01 '6차시 윷놀이.ent' 파일을 불러와 친구와 함께 윷놀이를 플레이해봅시다.

📁 **불러올 파일 :** 6차시 윷놀이.ent

놀이방법

① 윷을 던질 차례를 결정합니다.
② 오른쪽의 여자캐릭터부터 시작합니다.
③ 윷을 던질 때는 Space Bar 키를 누릅니다.
④ 윷을 던지고 나온 결과에 따라서 말판 위의 말이 자동으로 움직입니다.
⑤ 상대방의 말을 잡거나, 모 또는 윷이 나오면 한 번 더 던질 수 있습니다.
⑥ 말판의 말이 꼭짓점에서 움직일 때는 자동으로 가장 빠른 길을 선택합니다.
⑦ 총 세 바퀴를 먼저 도는 사람이 승리합니다.

프로그래머 한마디

윷놀이는 5차시와 6차시에서 배운 기능을 중심으로 실제 게임과 비슷하게 플레이할 수 있도록 많은 기능들이 추가되어 있습니다. 매우 복잡한 코드로 만들어져 있으니 블록을 고치거나 지우지 말고 게임을 플레이해봅시다.

CHAPTER 07 현재 기온 알아보기

학습목표
- 확장 블록을 추가하고 사용할 수 있습니다.
- 서울의 현재 기온을 말할 수 있습니다.

📁 **불러올 파일 :** 7차시 불러올 파일.ent, 7차시 미리 해보기.ent   💾 **완성된 파일 :** 7차시 완성된 파일.ent

오늘 배울 코딩 확인하기

◎ '7차시 미리 해보기.ent' 파일을 불러와 현재 서울의 기온을 적어봅시다.

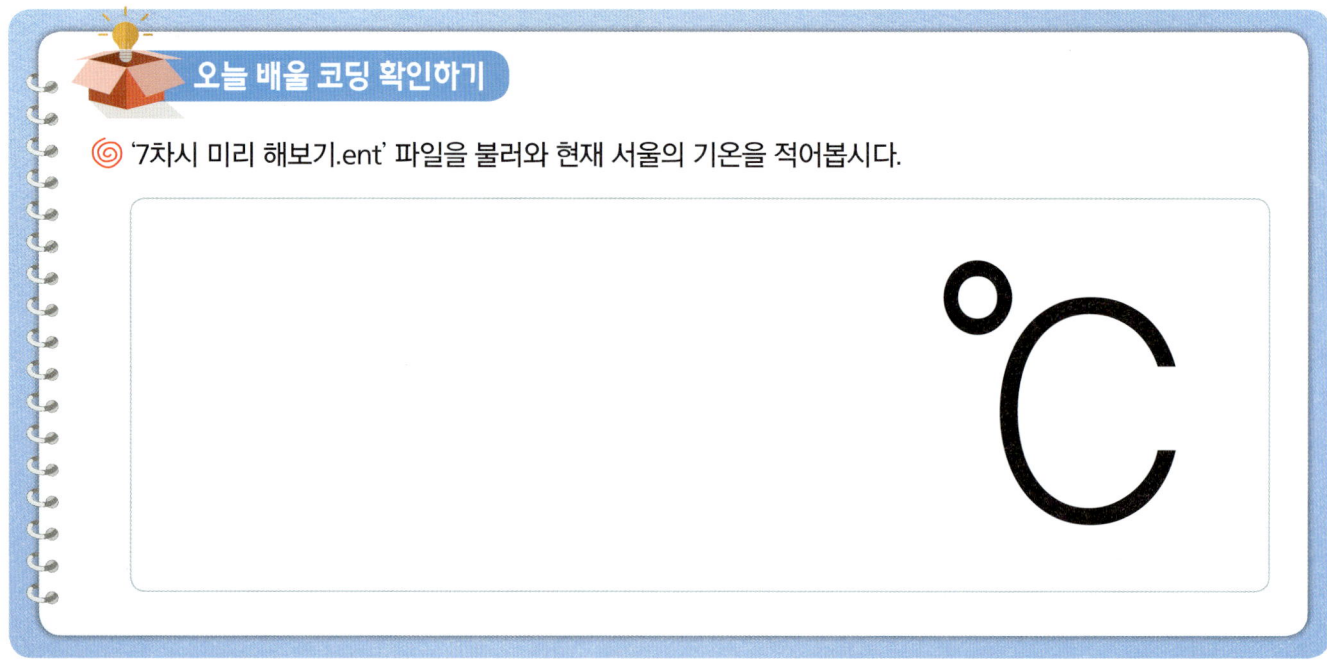

순서도 능력 키우기

❶ 출력 기호란?

출력	<출력> 기호는 안에 적혀있는 내용을 출력하는 것을 알려줍니다.
시작 → 처리 내용 → 출력 → 끝	**한 걸음 더** <출력> 기호는 보통 순서도의 마지막에 결과를 출력할 때 사용합니다.

❷ 순서도 학습

<처리> 기호와 <출력> 기호를 올바르게 연결해봅시다.

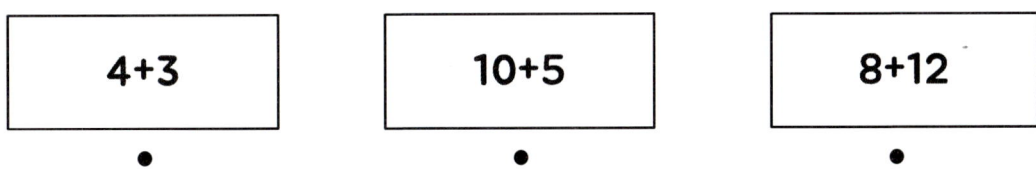

CHAPTER 07 현재 기온 알아보기 **047**

01 확장 블록 추가하기

① '7차시 불러올 파일.ent' 파일을 불러옵니다. 확장 블록꾸러미를 선택한 후 확장 블록 불러오기 를 클릭합니다.

② 확장 블록 불러오기 화면으로 바뀌면 날씨를 선택한 후 <추가하기>를 클릭합니다.

③ 날씨 블록들이 확장 블록꾸러미에 추가되었는지 확인합니다.

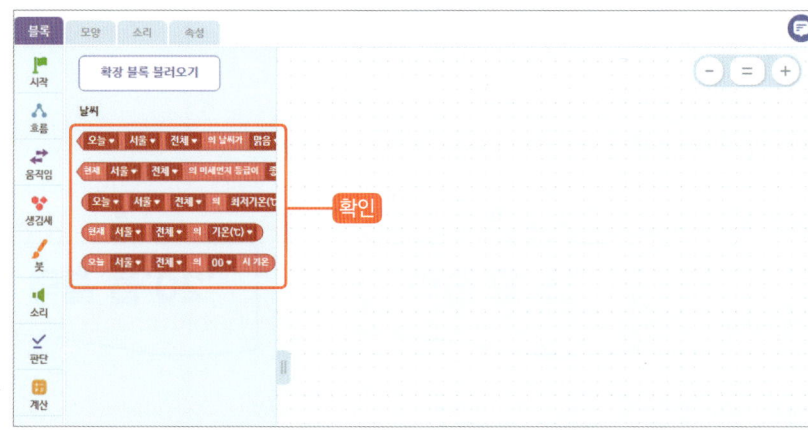

TIP
확장 블록이란 다른 기관에서 제공하는 정보들을 엔트리 프로그램에서 사용할 수 있도록 만들어진 블록들을 말합니다.

02 ▶ 서울의 현재 기온 말하기

❶ 날씨 확장 블록을 추가했다면 [오브젝트 목록]에서 [기상캐스터] 오브젝트를 클릭합니다. 이어서, 시작 블록꾸러미에서 `시작하기 버튼을 클릭했을 때`를 [블록 조립소]로 가져다 놓습니다.

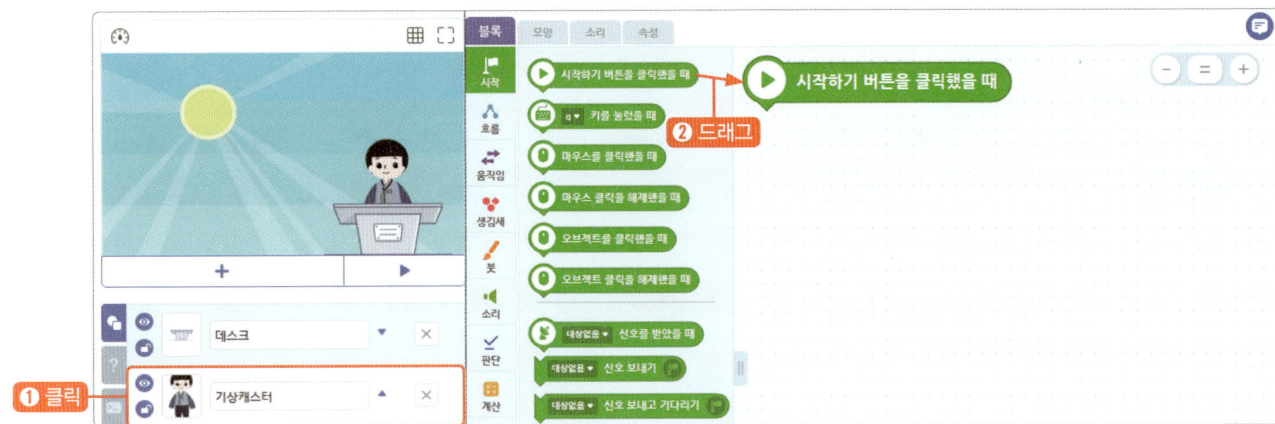

❷ 생김새 블록꾸러미에서 `안녕! 을(를) 4초 동안 말하기`를 아래쪽에 연결합니다. 이어서, '안녕!'을 '현재 서울의 기온은'으로, '4'를 '1'로 각각 수정합니다.

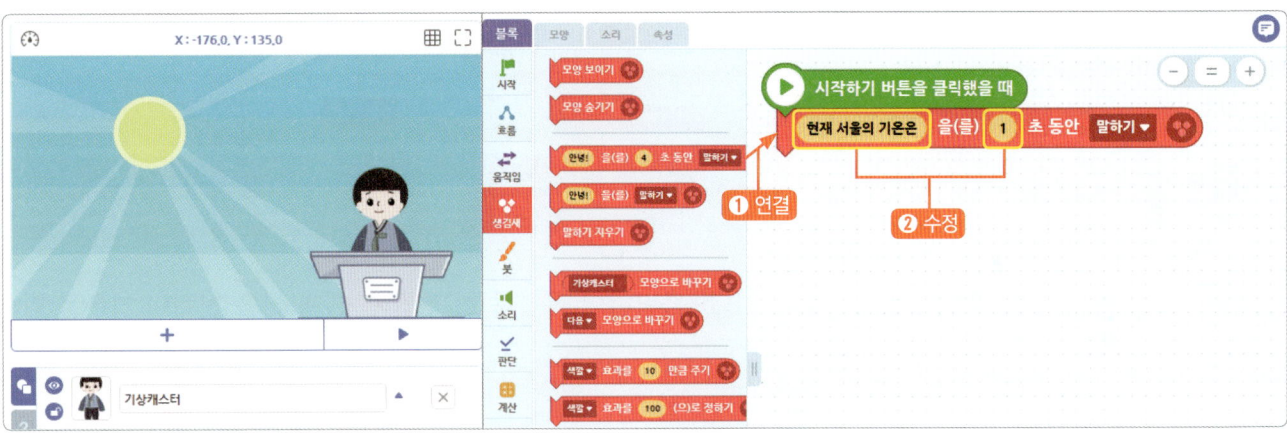

❸ 생김새 블록꾸러미에서 `안녕! 을(를) 4초 동안 말하기`를 아래쪽에 연결한 후 '4'를 '1'로 수정합니다.

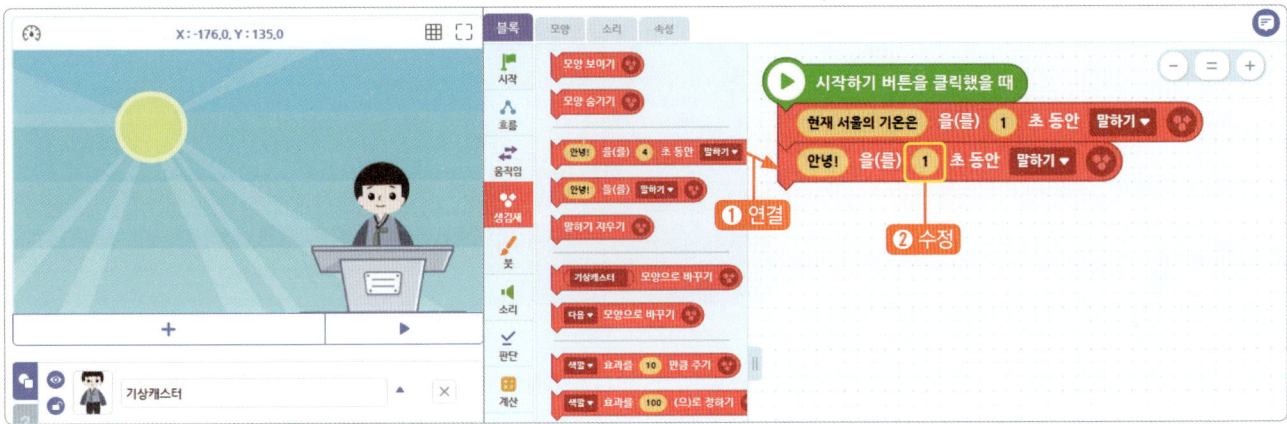

④ 확장 블록꾸러미에서 `현재 서울▼ 전체▼ 의 기온(℃)`을 '안녕!'의 위치에 끼워 넣습니다.

⑤ 생김새 블록꾸러미에서 `안녕! 을(를) 4 초 동안 말하기▼`를 아래쪽에 연결합니다. 이어서, '안녕!'을 '도 입니다'로, '4'를 '1'로 각각 수정합니다.

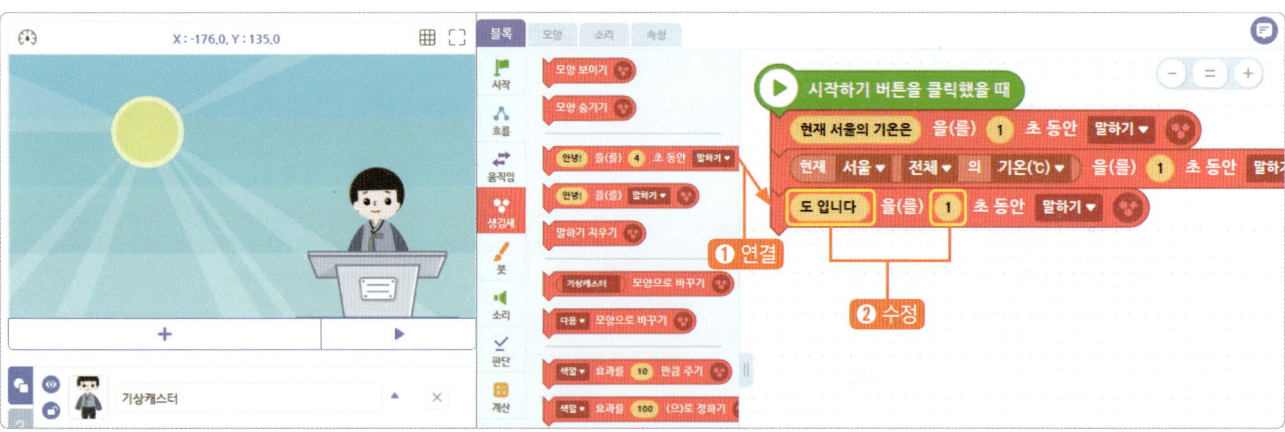

⑥ 코드가 완성되면 시작하기(▶)를 클릭하여 작품을 실행한 후 현재 서울 전체의 기온을 알아봅시다.
   ※ '서울'을 클릭하여 자신이 사는 지역을 선택해 해당 지역의 기온을 확인할 수 있습니다.

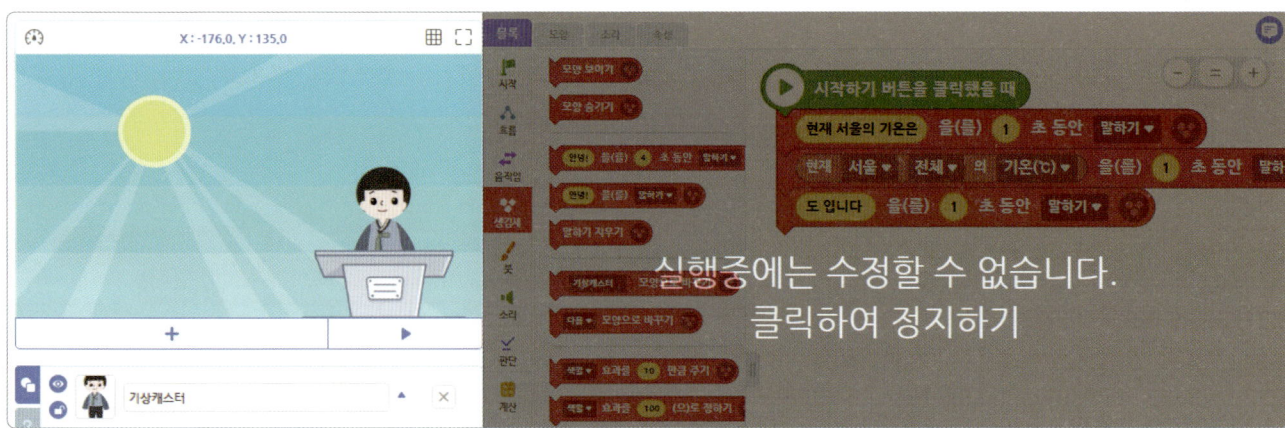

CHAPTER 07 혼자서 해결하기

01 현재 자신이 사는 동네 전체의 미세먼지농도를 말하도록 코드를 변경해봅시다.

📁 **불러올 파일** : 7차시 연습문제 불러올 파일-1.ent   💾 **완성된 파일** : 7차시 연습문제 완성된 파일-1.ent

02 아래 그림들을 참고하여 '7차시 연습문제 불러올 파일-2.ent' 파일을 불러와 코드를 조립해봅시다.

📁 **불러올 파일** : 7차시 연습문제 불러올 파일-2.ent   💾 **완성된 파일** : 7차시 연습문제 완성된 파일-2.ent

①    ②

③    ④

⑤

CHAPTER 08 단원 종합 평가 문제

01 다음 블록 중에서 오브젝트의 방향을 회전시키는 블록을 골라봅시다.

① 방향을 90° (으)로 정하기
② 이동 방향을 90° 만큼 회전하기
③ 이동 방향을 90° (으)로 정하기
④ 방향을 90° 만큼 회전하기

02 다음 블록 중에서 참인 것을 골라봅시다.

① 9 < 8
② 5 < 10
③ 5 > 10
④ 3 = 13

03 다음 코드 중에서 시작하기 버튼을 클릭했을 때 오브젝트가 이동 방향으로 '10' 만큼 이동한 후 방향을 '90°' 만큼 회전하는 코드를 골라봅시다.

① 시작하기 버튼을 클릭했을 때 / 이동 방향으로 10 만큼 움직이기 / 이동 방향을 90° (으)로 정하기
② 시작하기 버튼을 클릭했을 때 / 이동 방향으로 10 만큼 움직이기 / 방향을 90° (으)로 정하기
③ 시작하기 버튼을 클릭했을 때 / 이동 방향으로 10 만큼 움직이기 / 방향을 90° 만큼 회전하기
④ 시작하기 버튼을 클릭했을 때 / 이동 방향으로 10 만큼 움직이기 / 이동 방향을 90° 만큼 회전하기

04 다음 <보기>의 내용대로 올바르게 만든 코드를 골라봅시다.

> **보기**
> 시작하기 버튼을 클릭했을 때 방향을 '20°' 만큼 회전하는 것을 계속 반복하는 도중에 [엔트리봇] 오브젝트의 방향이 '300°' 보다 크다면 모든 코드를 종료합니다.

① 시작하기 버튼을 클릭했을 때 / 계속 반복하기 / 방향을 20° 만큼 회전하기 / 만일 엔트리봇의 방향 = 10 이라면 / 모든 코드 멈추기
② 시작하기 버튼을 클릭했을 때 / 계속 반복하기 / 방향을 20° 만큼 회전하기 / 만일 300 < 엔트리봇의 방향 이라면 / 모든 코드 멈추기
③ 시작하기 버튼을 클릭했을 때 / 계속 반복하기 / 만일 300 < 엔트리봇의 방향 이라면 / 방향을 20° 만큼 회전하기 / 모든 코드 멈추기
④ 시작하기 버튼을 클릭했을 때 / 계속 반복하기 / 방향을 20° 만큼 회전하기 / 만일 엔트리봇의 방향 < 10 이라면 / 모든 코드 멈추기

05 다음 순서도 기호들의 이름과 설명을 적어봅시다.

⬭		→	
⬡		▭	

06 다음 순서도 기호의 이름과 설명을 보고 올바른 기호를 그려봅시다.

<선택> 기호는 조건이 적혀있는 것을 알려줍니다.	<입·출력> 기호는 값을 입력하거나 출력하는 것을 알려줍니다.
<반복> 기호의 위쪽 칸에는 반복할 횟수를, 아래쪽 칸에는 반복할 순서도를 알려줍니다.	<출력> 기호는 안에 적혀있는 내용을 출력하는 것을 알려줍니다.

오토바이 움직이기

학습목표
- 키보드의 화살표 키를 이용하여 오브젝트를 움직일 수 있습니다.
- 특정 오브젝트에 닿으면 반복을 멈출 수 있습니다.

📁 **불러올 파일** : 9차시 불러올 파일.ent, 9차시 미리 해보기.ent 💾 **완성된 파일** : 9차시 완성된 파일.ent

오늘 배울 코딩 확인하기

◎ '9차시 미리 해보기.ent' 파일을 불러와 시작하기(▶)를 클릭한 후 Space Bar 키를 눌러 [오토바이] 오브젝트가 어떻게 움직이는지 확인하고 아래 물음에 답해봅시다.

1. Space Bar 키를 누르면 [오토바이] 오브젝트가 어느 방향으로 이동합니까?

2. [오토바이] 오브젝트는 어디까지 이동합니까?

3. [오토바이] 오브젝트의 이동이 끝나면 어떤 말을 합니까?

순서도 능력 키우기

① 순서도 종류

> **순차구조**
> 순차구조는 가장 기초적인 구조의 순서도로 위에서부터 아래로 하나씩 진행되는 순서도입니다.

② 순서도 학습

다음 그림을 보고 내용에 맞는 순서도 기호를 그려봅시다.

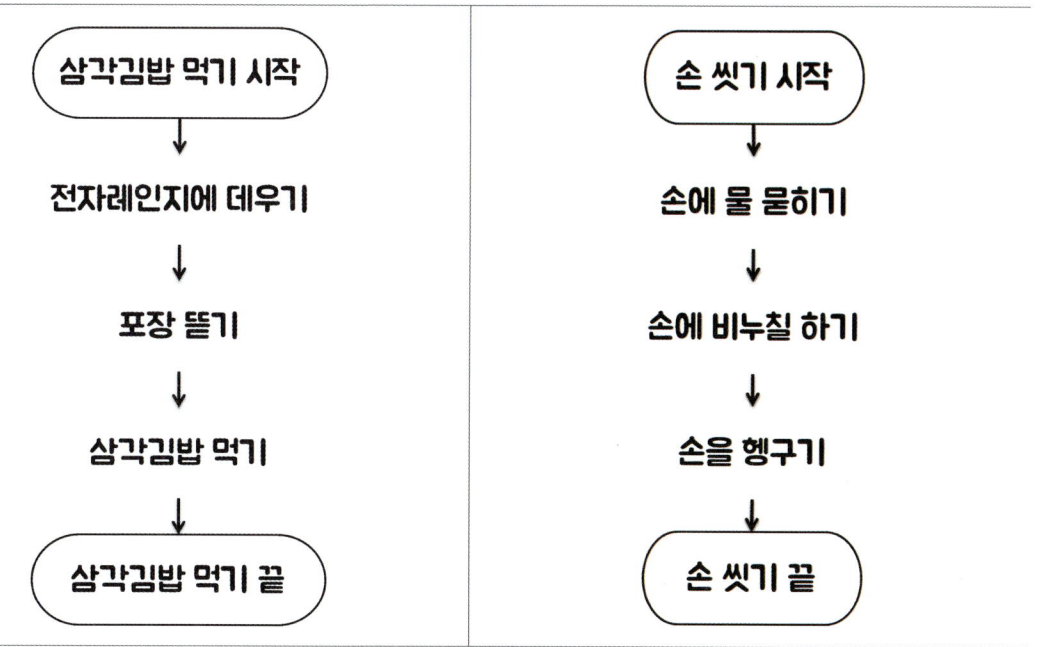

01 Space Bar 키를 눌렀을 때 오브젝트를 움직이기

① '9차시 불러올 파일.ent' 파일을 불러온 후 시작 블록꾸러미에서 `시작하기 버튼을 클릭했을 때`를 [블록 조립소]로 가져다 놓습니다.

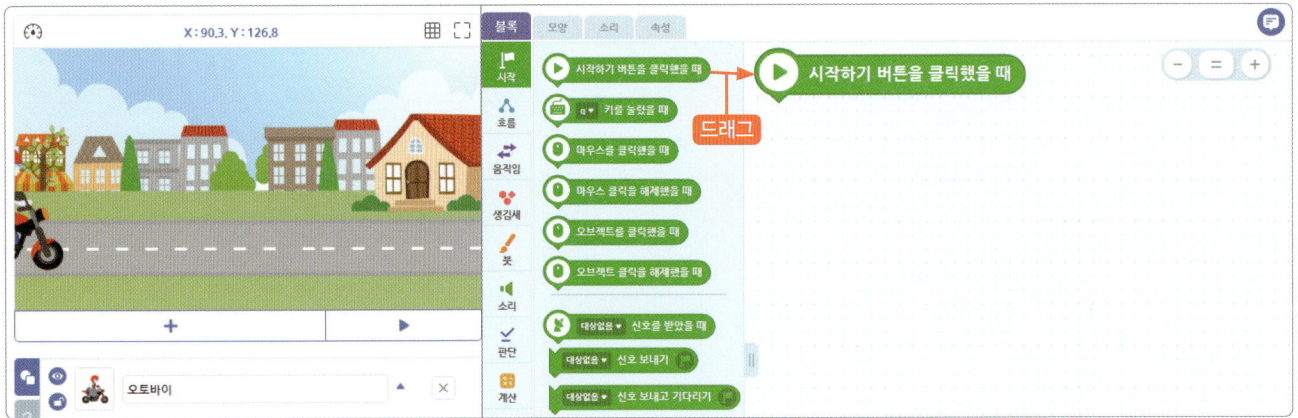

② 흐름 블록꾸러미에서 `계속 반복하기`를 아래쪽에 연결합니다.

③ 흐름 블록꾸러미에서 `만일 참 이라면`을 안쪽에 연결합니다.

④ 판단 블록꾸러미에서 를 '참'의 위치에 끼워 넣습니다. 이어서, 'q'를 '스페이스'로 변경합니다.

⑤ 움직임 블록꾸러미에서 를 안쪽에 연결한 후 '10'을 '6'으로 수정합니다.

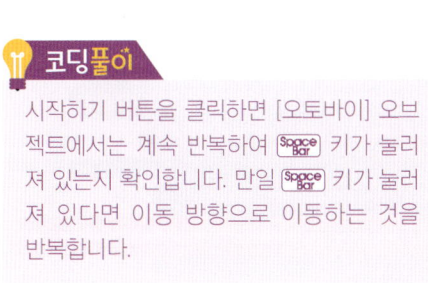

코딩풀이

시작하기 버튼을 클릭하면 [오토바이] 오브젝트에서는 계속 반복하여 Space Bar 키가 눌러져 있는지 확인합니다. 만일 Space Bar 키가 눌러져 있다면 이동 방향으로 이동하는 것을 반복합니다.

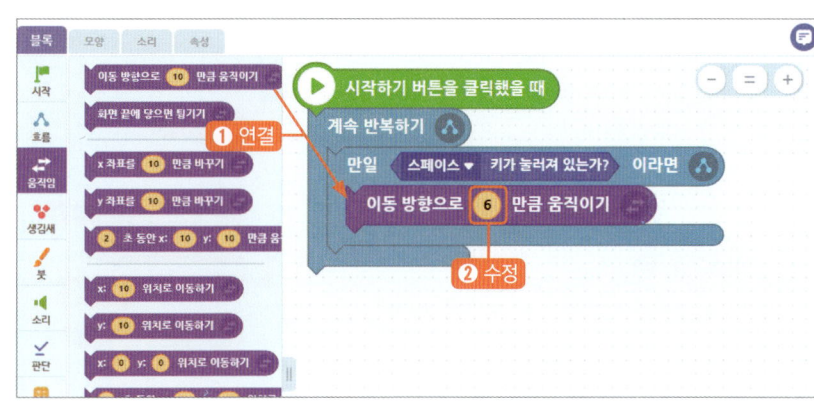

02 집 앞에 도착하면 이동을 멈추고 말하기

① 흐름 블록꾸러미에서 을 안쪽에 연결합니다.

※ 완성 이미지를 참고하여 블록을 정확한 위치에 연결합니다.

❷ 판단 블록꾸러미에서 `마우스포인터▼ 에 닿았는가?` 를 '참'의 위치에 끼워 넣은 후 '마우스포인터'를 '집'으로 변경합니다.

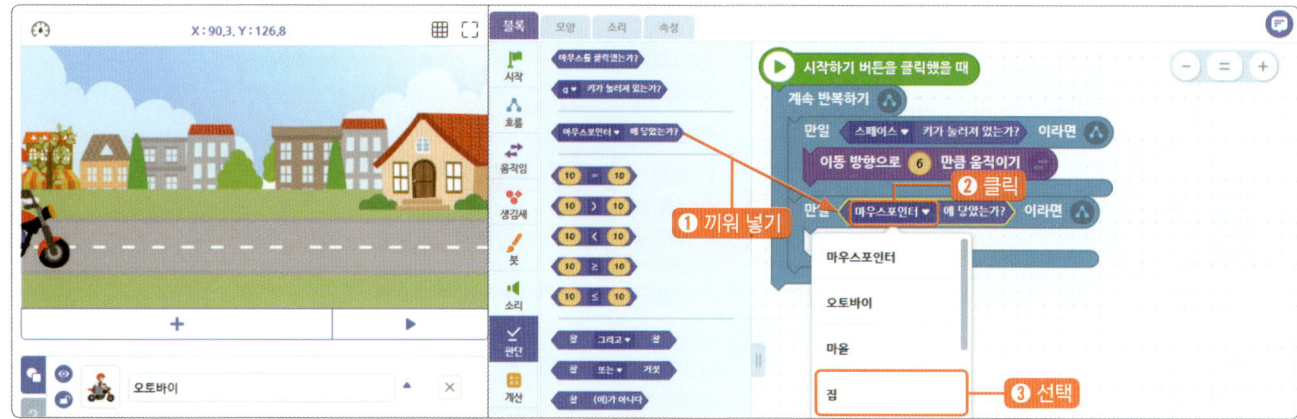

❸ 생김새 블록꾸러미에서 `안녕! 을(를) 4 초 동안 말하기▼` 를 안쪽에 연결합니다. 이어서, '안녕!'을 '퀴즈가 배달왔습니다'로, '4'를 '2'로 각각 수정합니다.

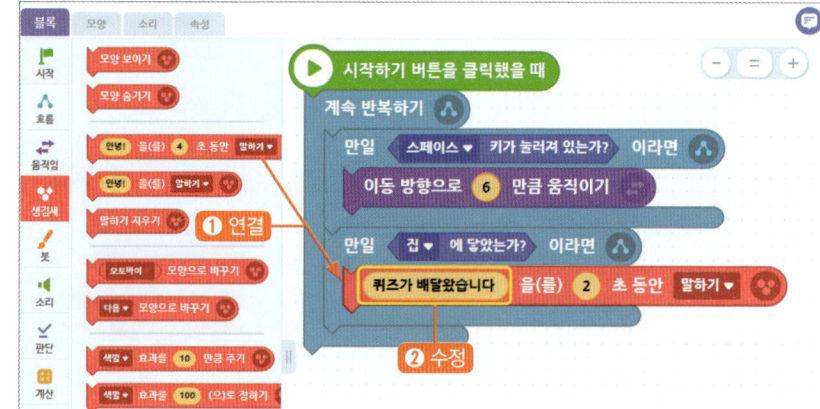

💡 **코딩풀이**
[집] 오브젝트는 [마을] 오브젝트 뒤쪽에 숨겨져 있습니다.
오브젝트는 오브젝트 목록의 순서에 따라서 실행화면에 어떤 오브젝트가 먼저 표시되는지 결정됩니다.

❹ 흐름 블록꾸러미에서 `반복 중단하기` 를 아래쪽에 연결합니다.
※ 반복 중단하기 블록은 블록이 연결된 지점에서 가장 가까운 반복하기를 멈춥니다.

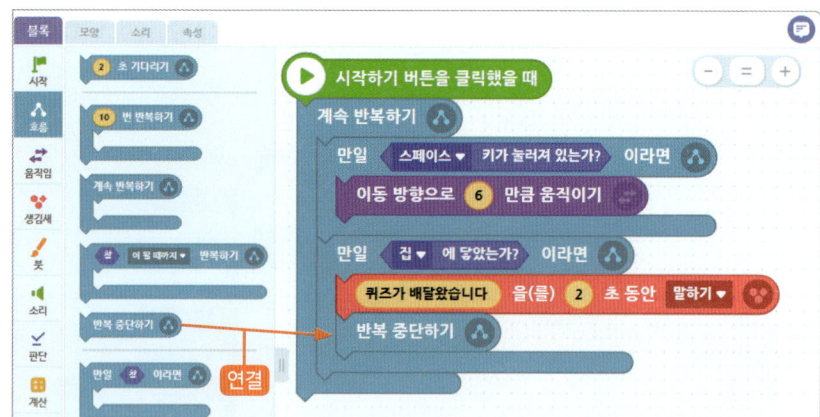

💡 **코딩풀이**
[집] 오브젝트에 닿으면 [오토바이] 오브젝트가 더 이상 이동하지 않도록 반복을 중단합니다.

❺ 코드가 완성되면 시작하기(▶)를 클릭하여 작품을 실행한 후 `Space Bar` 키를 눌러 [오토바이] 오브젝트를 이동시켜봅시다.

058 게임으로 배우는 엔트리

CHAPTER 09 혼자서 해결하기

01 ←, → 키를 이용하여 [오토바이] 오브젝트를 왼쪽, 오른쪽으로 이동하도록 코드를 조립해봅시다.

📁 **불러올 파일** : 9차시 연습문제 불러올 파일-1.ent   💾 **완성된 파일** : 9차시 연습문제 완성된 파일-1.ent

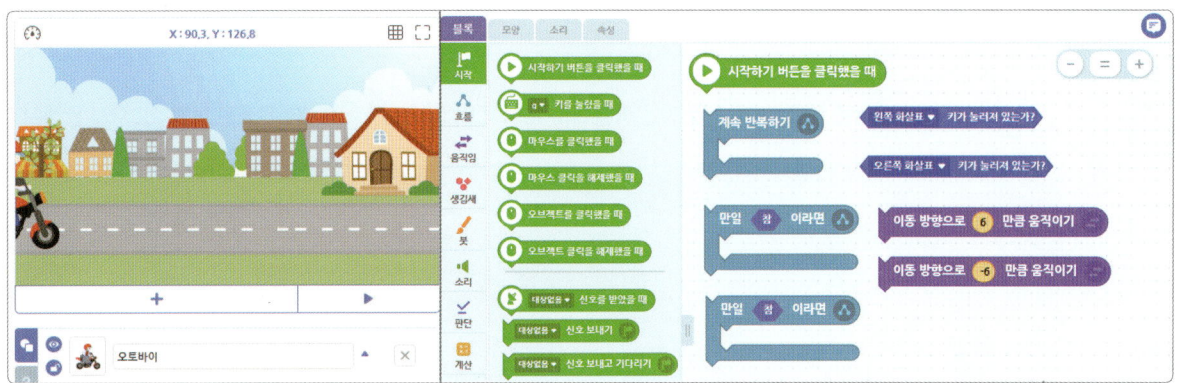

02 아래 그림들을 참고하여 '9차시 연습문제 불러올 파일-2.ent' 파일을 불러와 코드를 조립해봅시다.

📁 **불러올 파일** : 9차시 연습문제 불러올 파일-2.ent   💾 **완성된 파일** : 9차시 연습문제 완성된 파일-2.ent

< 시작하기 버튼을 클릭했을 때 >

< → 키를 눌렀을 때 >

< ← 키를 눌렀을 때 >

CHAPTER 10 철가방 퀴즈

학습목표
- [Space Bar] 키를 누르면 철가방의 덮개를 열었다 닫았다 할 수 있습니다.
- 무작위 값을 이용해 불규칙하게 반복할 수 있습니다.

📁 **불러올 파일** : 10차시 불러올 파일.ent, 10차시 미리 해보기.ent   📄 **완성된 파일** : 10차시 완성된 파일.ent

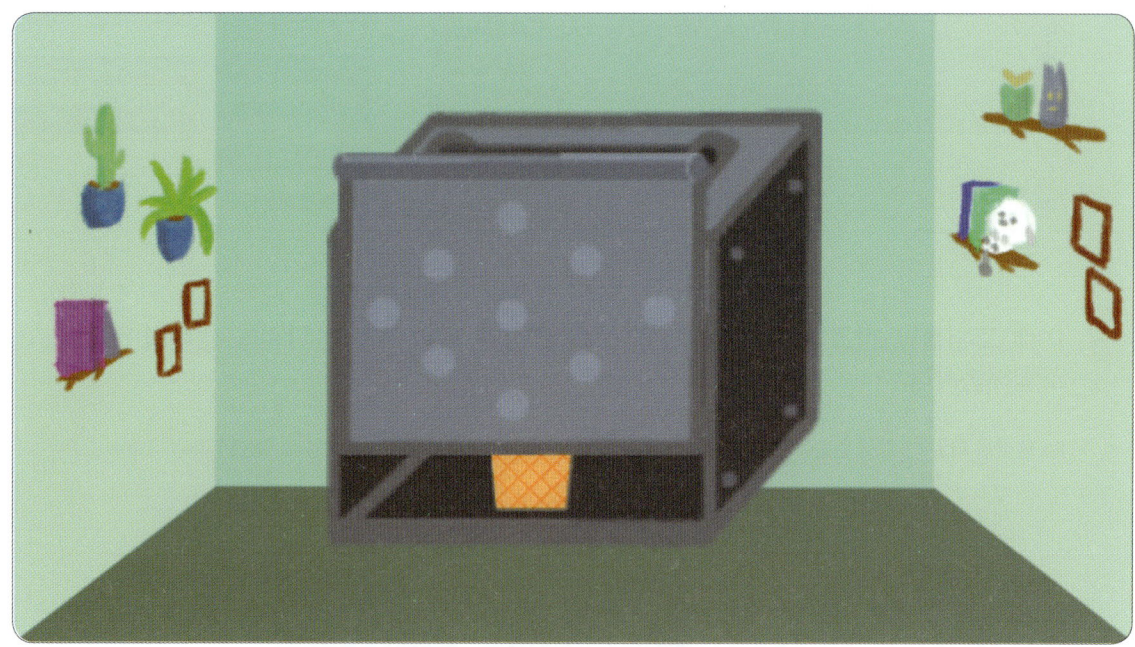

오늘 배울 코딩 확인하기

◎ '10차시 미리 해보기.ent' 파일을 불러와 시작하기(▶)를 클릭한 후 [Space Bar] 키를 눌러 철가방이 몇 번 열리는지, 안에 어떤 물건이 들어있는지 적어봅시다.

1. 철가방은 (   ) 번 열립니다.

2. 철가방 안에는 (   )이(가) 들어있습니다.

순서도 능력 키우기

❶ 순서도 종류

> **선택구조-1**
> 선택구조는 <선택> 기호의 조건에 따라서 순서도의 진행이 달라지는 구조입니다.
> 이번에 배울 선택구조는 조건에 따라 순서도의 진행이 추가되는 방법입니다.

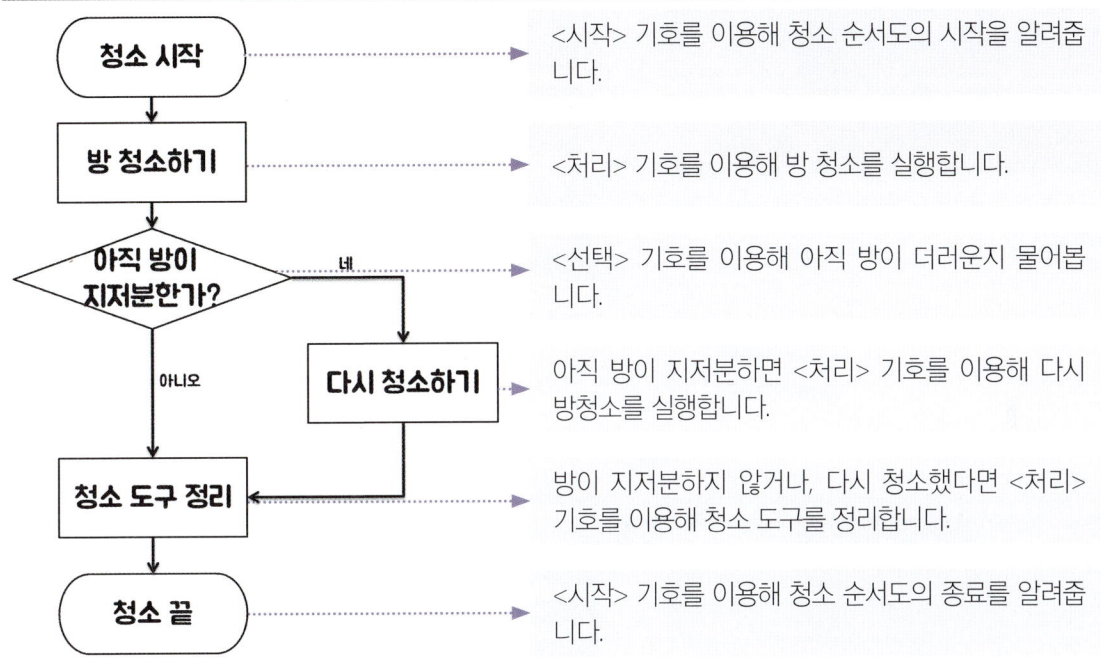

- <시작> 기호를 이용해 청소 순서도의 시작을 알려줍니다.
- <처리> 기호를 이용해 방 청소를 실행합니다.
- <선택> 기호를 이용해 아직 방이 더러운지 물어봅니다.
- 아직 방이 지저분하면 <처리> 기호를 이용해 다시 방청소를 실행합니다.
- 방이 지저분하지 않거나, 다시 청소했다면 <처리> 기호를 이용해 청소 도구를 정리합니다.
- <시작> 기호를 이용해 청소 순서도의 종료를 알려줍니다.

❷ 순서도 학습

다음 그림을 보고 내용에 맞는 순서도 기호를 그려봅시다.

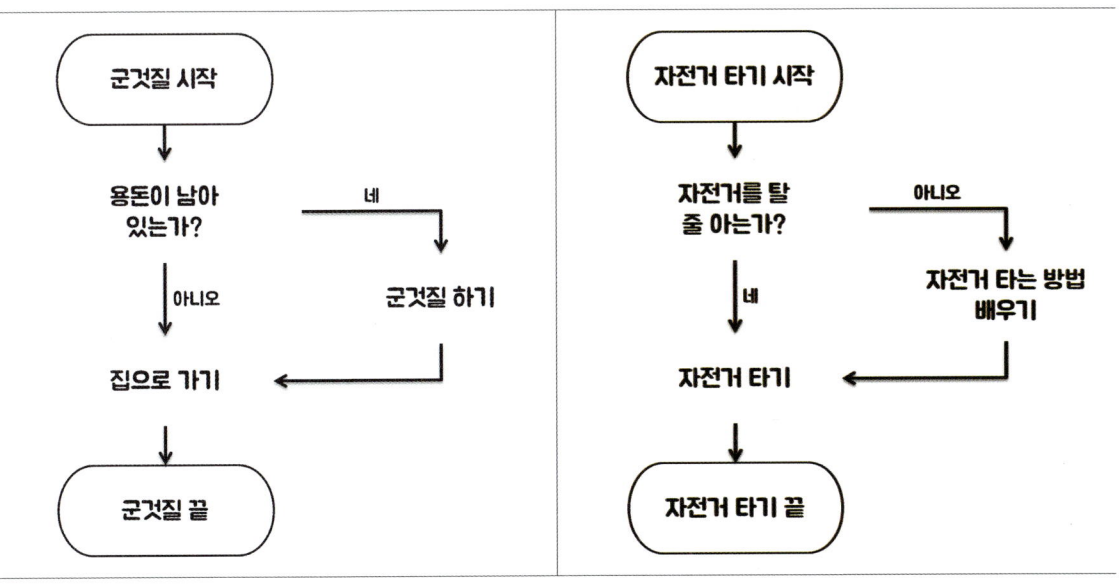

01 Space Bar 키를 눌렀는지 확인하기

① '10차시 불러올 파일.ent' 파일을 불러온 후 시작 블록꾸러미에서 ▶ 시작하기 버튼을 클릭했을 때 를 [블록 조립소]로 가져다 놓습니다.

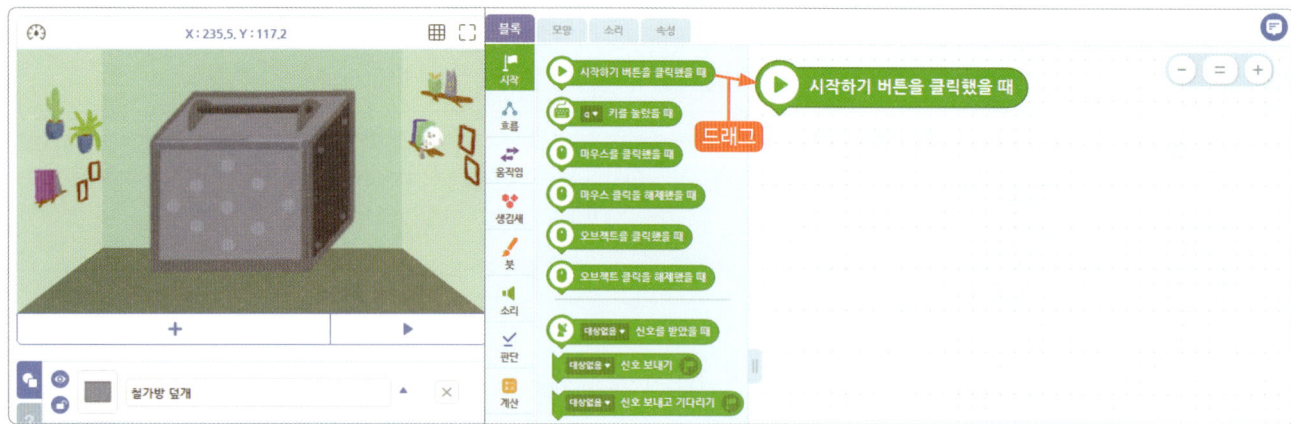

② 흐름 블록꾸러미에서 계속 반복하기 를 아래쪽에 연결합니다.

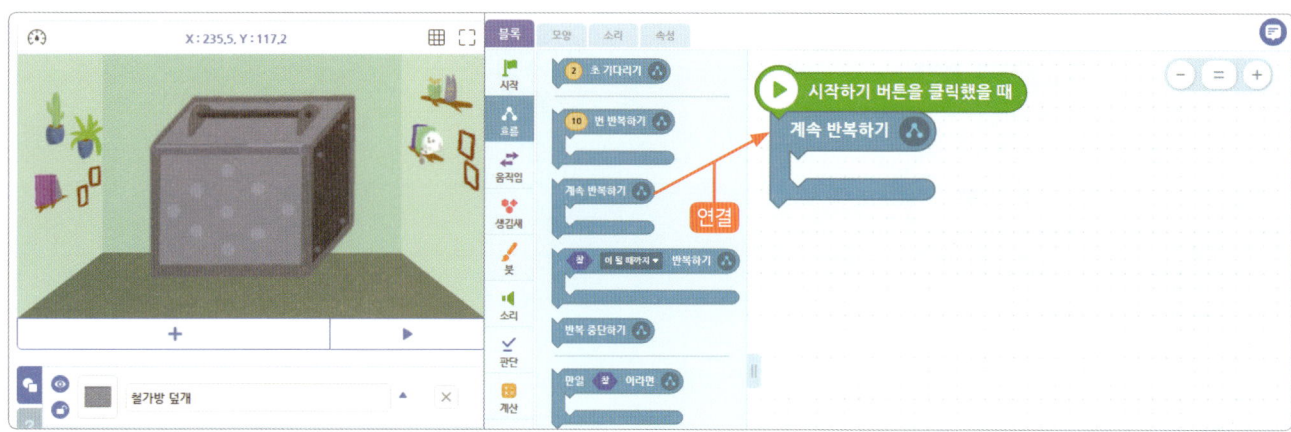

③ 흐름 블록꾸러미에서 만일 참 이라면 을 안쪽에 연결합니다.

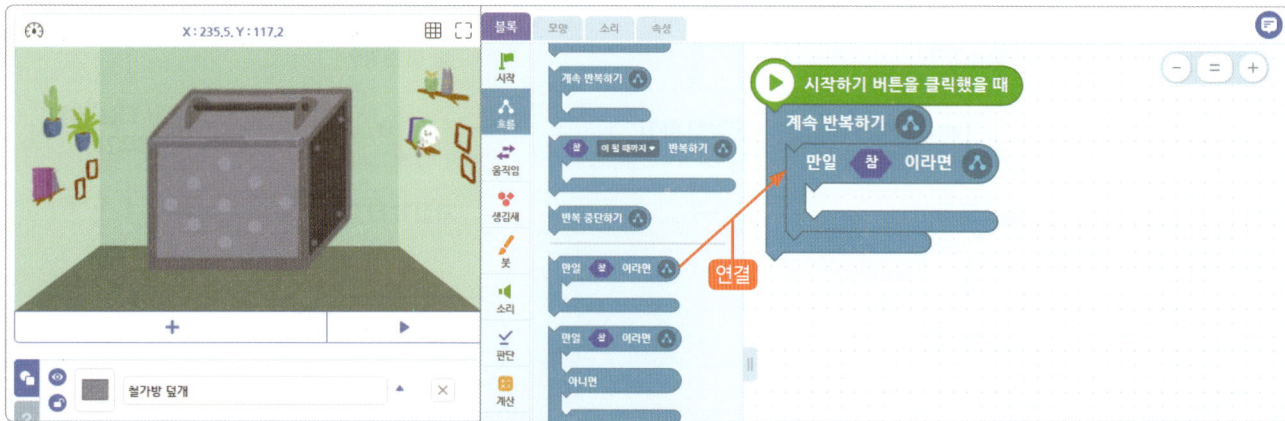

❹ 판단 블록꾸러미에서 <kbd>q▼ 키가 눌러져 있는가?</kbd> 를 '참'의 위치에 끼워 넣습니다. 이어서, 'q'를 '스페이스'로 변경합니다.

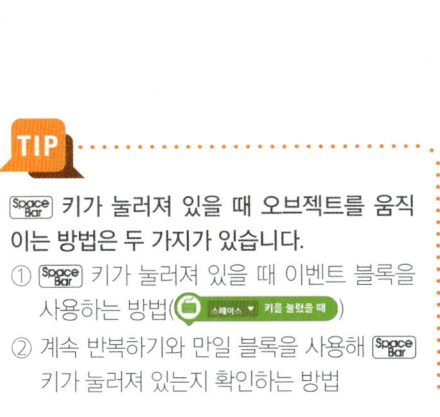

TIP

Space Bar 키가 눌러져 있을 때 오브젝트를 움직이는 방법은 두 가지가 있습니다.
① Space Bar 키가 눌러져 있을 때 이벤트 블록을 사용하는 방법 <kbd>스페이스▼ 키를 눌렀을 때</kbd>
② 계속 반복하기와 만일 블록을 사용해 Space Bar 키가 눌러져 있는지 확인하는 방법

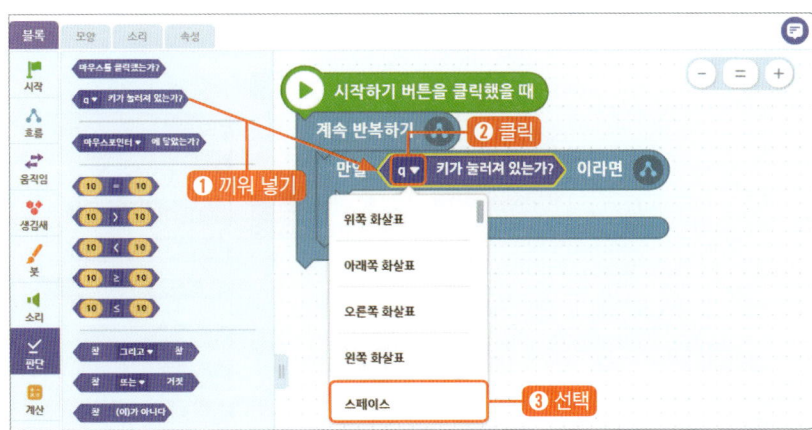

02 [철가방 덮개] 오브젝트를 위아래로 움직이기

❶ 흐름 블록꾸러미에서 <kbd>10 번 반복하기</kbd> 를 안쪽에 연결한 후 '10'을 '3'으로 수정합니다.

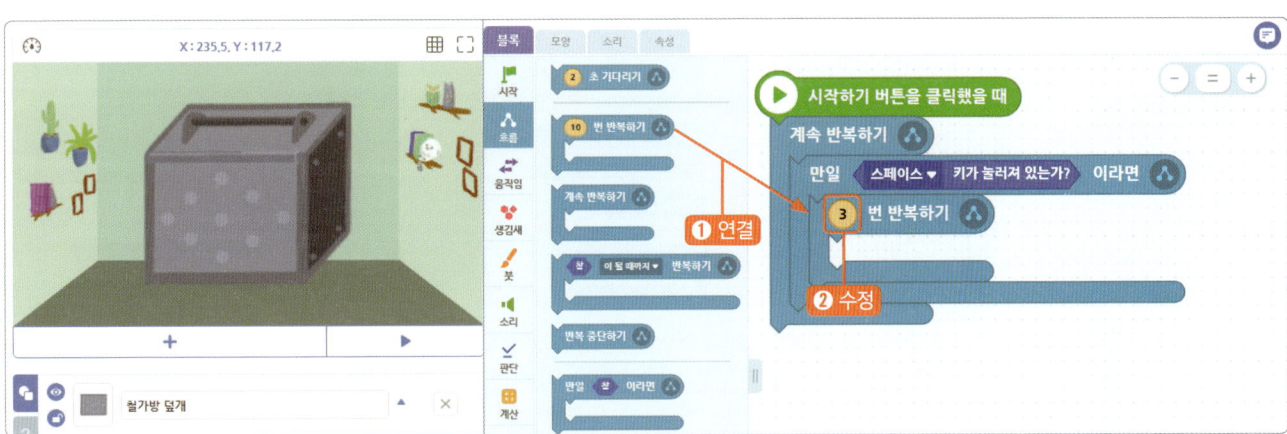

❷ 움직임 블록꾸러미에서 <kbd>2 초 동안 x: 10 y: 10 만큼 움직이기</kbd> 를 안쪽에 연결한 후 '2'를 '0.1'로 수정합니다. 이어서, 첫 번째 '10'은 '0'으로, 두 번째 '10'은 '135'로 각각 수정합니다.

CHAPTER 10 철가방 퀴즈 **063**

❸ 움직임 블록꾸러미에서 `2 초 동안 x: 10 y: 10 만큼 움직이기`를 안쪽에 연결한 후 '2'를 '0.1'로 수정합니다. 이어서, 첫 번째 '10'은 '0'으로, 두 번째 '10'은 '-135'로 각각 수정합니다.

※ `2 초 동안 x: 10 y: 10 위치로 이동하기`를 사용하지 않도록 주의합니다.

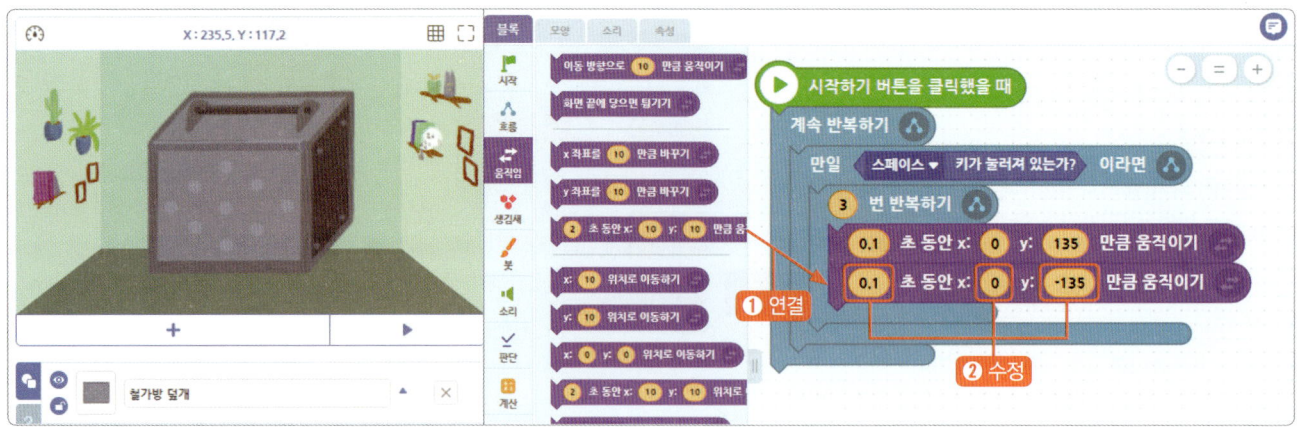

❹ 흐름 블록꾸러미에서 `2 초 기다리기`를 안쪽에 연결합니다.

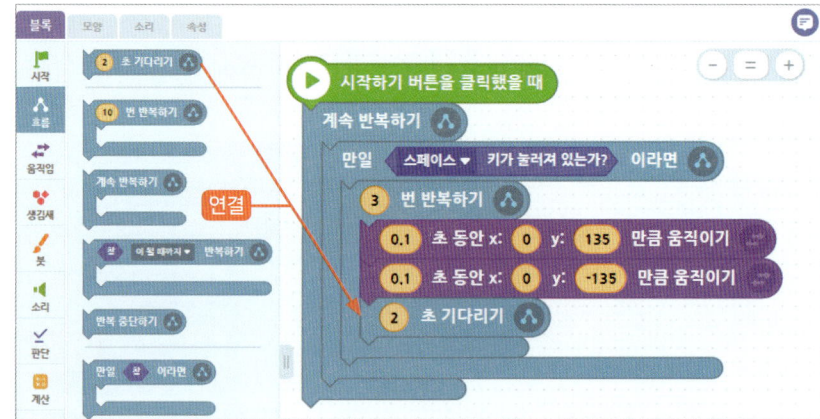

코딩풀이

Space Bar 키를 눌렀을 때 [철가방 덮개] 오브젝트가 '0.1'초 동안 '135'만큼 위로 이동한 후 '0.1'초 동안 '135' 만큼 아래로 이동하여 철가방이 열렸다 닫히는 모습을 보여줍니다.

❺ 계산 블록꾸러미에서 `0 부터 10 사이의 무작위 수`를 '2'의 위치에 끼워 넣습니다. 이어서, '0'을 '0.5'로, '10'을 '1.5'로 각각 수정합니다.

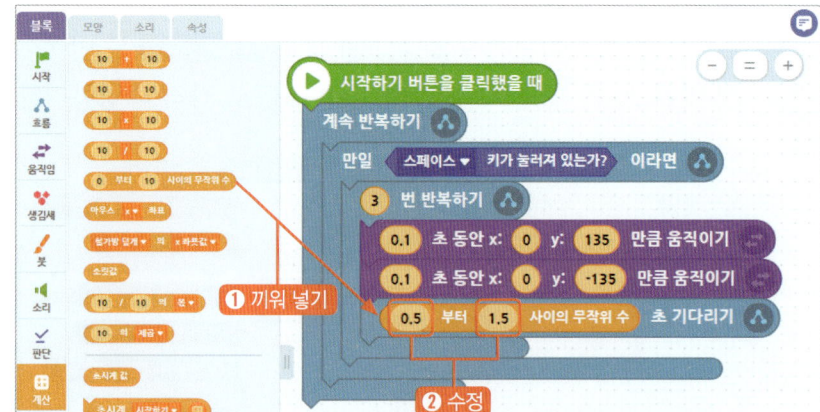

코딩풀이

[철가방 덮개] 오브젝트가 처음에 한 번 열린 후 '0.5'초부터 '1.5'초 사이의 무작위 값만큼 기다린 후 열렸다 닫히는 것을 '2'번 더 반복합니다.

❻ 코드가 완성되면 시작하기(▶)를 클릭하여 작품을 실행한 후 Space Bar 키를 눌러 철가방 안에 어떤 물건이 들어있는지 맞춰봅시다.

PLAY 철가방퀴즈 해보기

01 '10차시 철가방퀴즈.ent' 파일을 불러와 철가방 퀴즈를 풀어봅시다.

📁 **불러올 파일** : 10차시 철가방퀴즈.ent

철가방 안쪽 물건 리스트
바나나, 사과, 수박, 아이스크림, 자장면, 포도, 피자, 햄버거

프로그래머 한마디
철가방퀴즈 게임은 9차시와 10차시에서 배운 기능을 중심으로 실제 게임과 비슷하게 플레이할 수 있도록 많은 기능들이 추가되어 있습니다. 매우 복잡한 코드로 만들어져 있으니 블록을 고치거나 지우지 말고 게임을 플레이해봅시다.

💬 게임을 플레이한 후 어떤 기능들이 추가되어 있는지 생각해봅시다.

CHAPTER 11 오브젝트 클릭하기

학습목표
- 오브젝트를 무작위 위치로 이동시킬 수 있습니다.
- 오브젝트를 클릭하면 다음 모양으로 바뀌도록 할 수 있습니다.

📁 **불러올 파일** : 11차시 불러올 파일.ent, 11차시 미리 해보기.ent   💾 **완성된 파일** : 11차시 완성된 파일.ent

오늘 배울 코딩 확인하기

◎ '11차시 미리 해보기.ent' 파일을 불러와 시작하기(▶)를 클릭한 후 [제목] 오브젝트를 클릭해봅시다. [제목] 오브젝트를 클릭할 때마다 바뀌는 위치와 글자를 아래에 적어봅시다.

※ 오브젝트를 클릭했을 때 바뀐 위치는 오브젝트 목록에서 [제목] 오브젝트의 X, Y를 확인합니다.

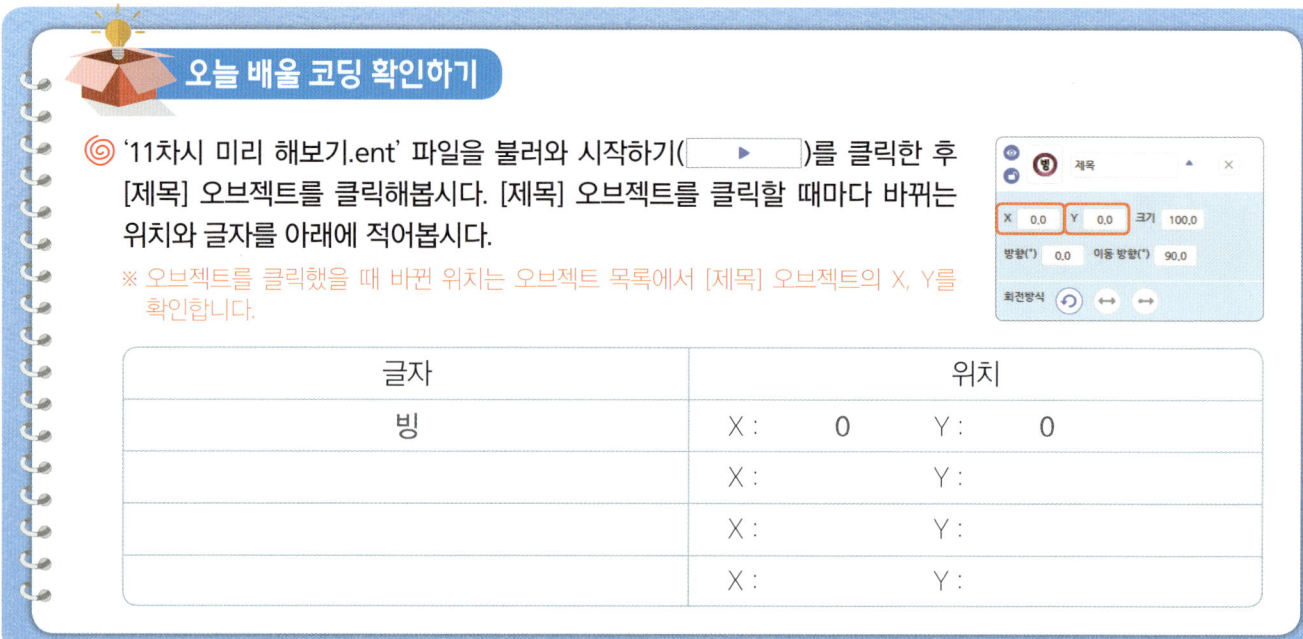

글자	위치			
빙	X :	0	Y :	0
	X :		Y :	
	X :		Y :	
	X :		Y :	

순서도 능력 키우기

① 순서도 종류

> **선택구조-2**
> 선택구조는 <선택> 기호의 조건에 따라서 순서도의 진행이 달라지는 구조입니다. 이번 차시에서 배울 선택구조는 조건에 따라서 순서도의 진행이 나눠지는 방법입니다.

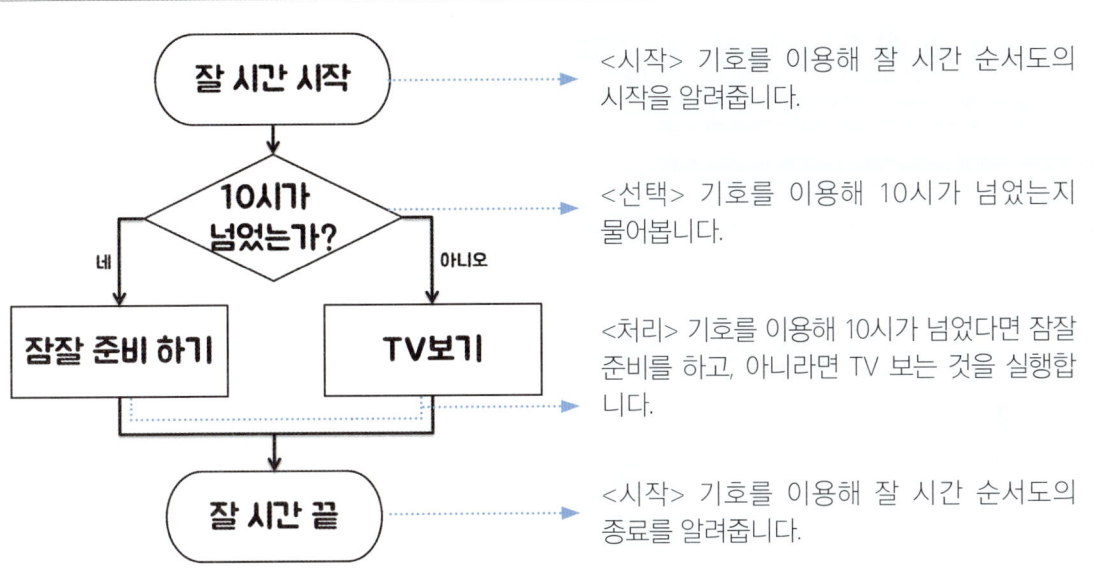

② 순서도 학습

다음 그림을 보고 내용에 맞는 순서도 기호를 그려봅시다.

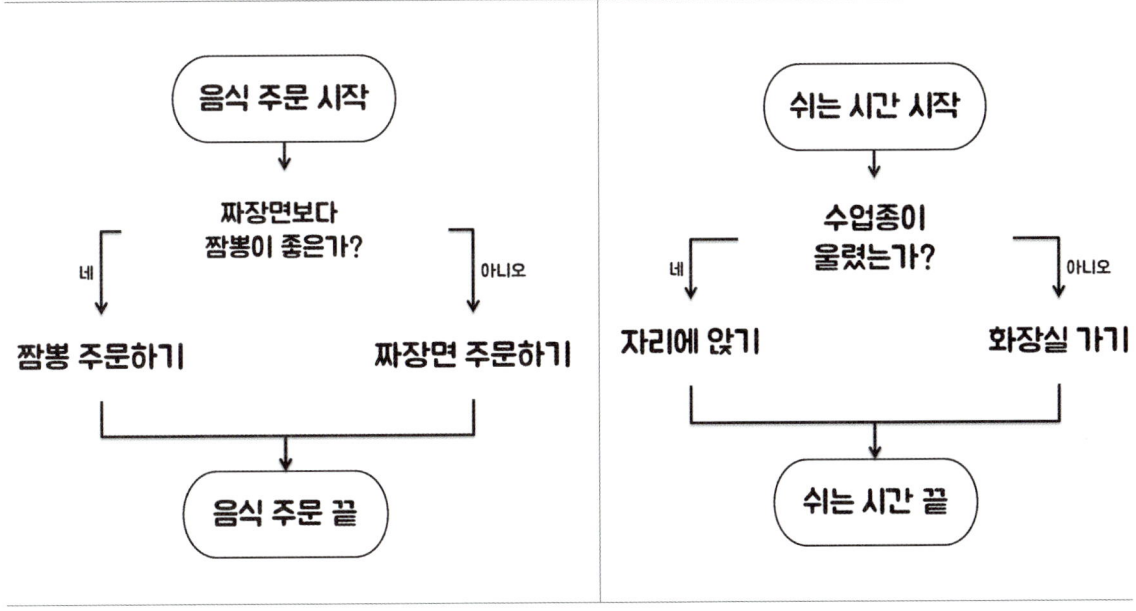

 **오브젝트를 클릭하면 모양이 바뀌고 특정 모양일 때 다음 장면으로 넘기기**

① '11차시 불러올 파일.ent' 파일을 불러온 후 시작 블록꾸러미에서 오브젝트를 클릭했을 때 를 [블록 조립소]로 가져다 놓습니다.

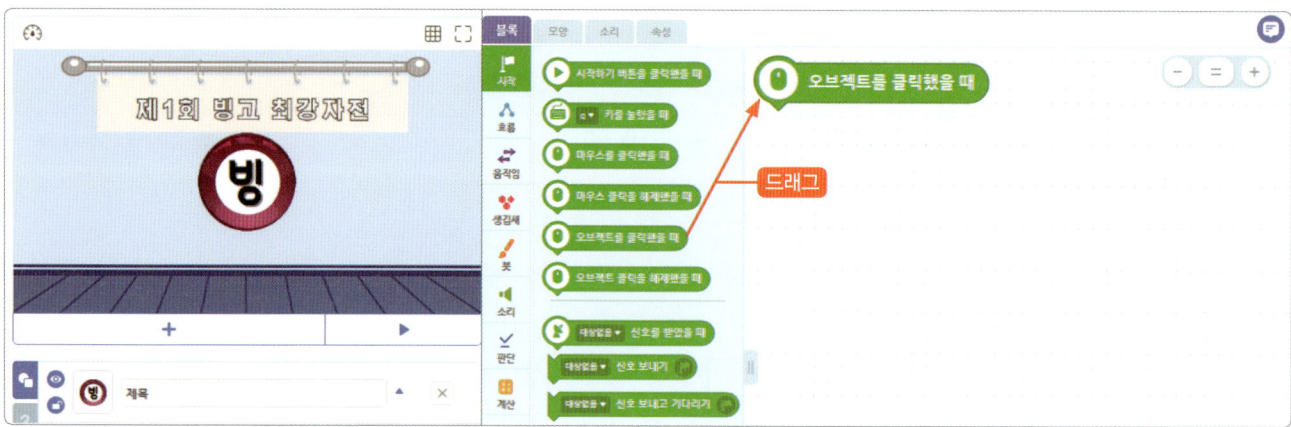

② 생김새 블록꾸러미에서 다음 모양으로 바꾸기 를 아래쪽에 연결합니다.

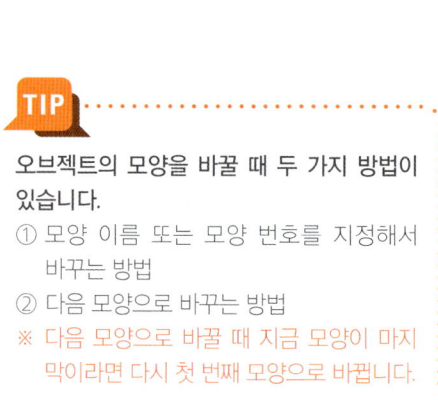

TIP
오브젝트의 모양을 바꿀 때 두 가지 방법이 있습니다.
① 모양 이름 또는 모양 번호를 지정해서 바꾸는 방법
② 다음 모양으로 바꾸는 방법
※ 다음 모양으로 바꿀 때 지금 모양이 마지막이라면 다시 첫 번째 모양으로 바뀝니다.

③ 흐름 블록꾸러미에서 만일 참 이라면 을 아래쪽에 연결합니다.

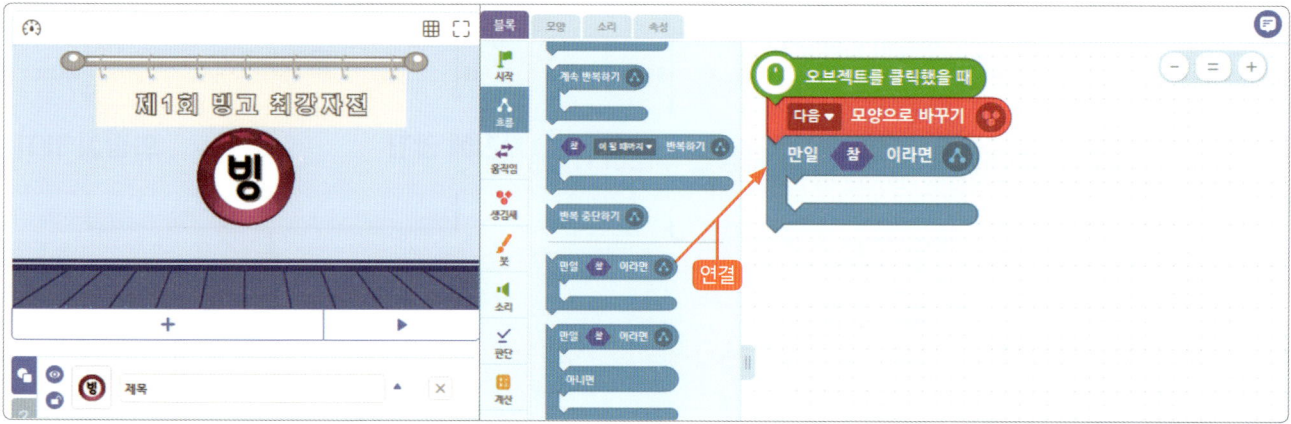

④ 판단 블록꾸러미에서 을 '참'의 위치에 끼워 넣은 후 두 번째 '10'을 '1'로 수정합니다.

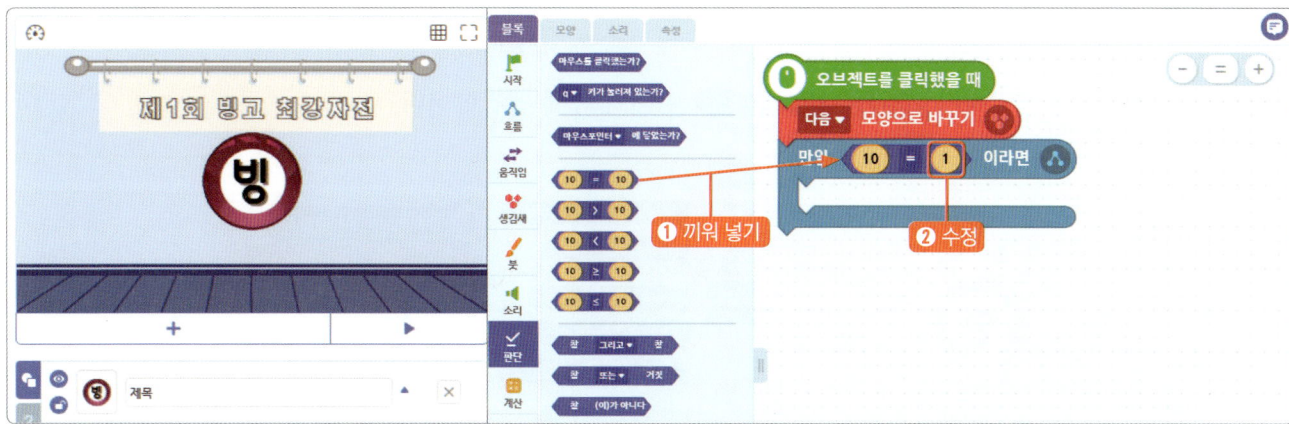

⑤ 계산 블록꾸러미에서 을 '10'의 위치에 끼워 넣은 후 'x 좌푯값'을 '모양 번호'로 변경합니다.

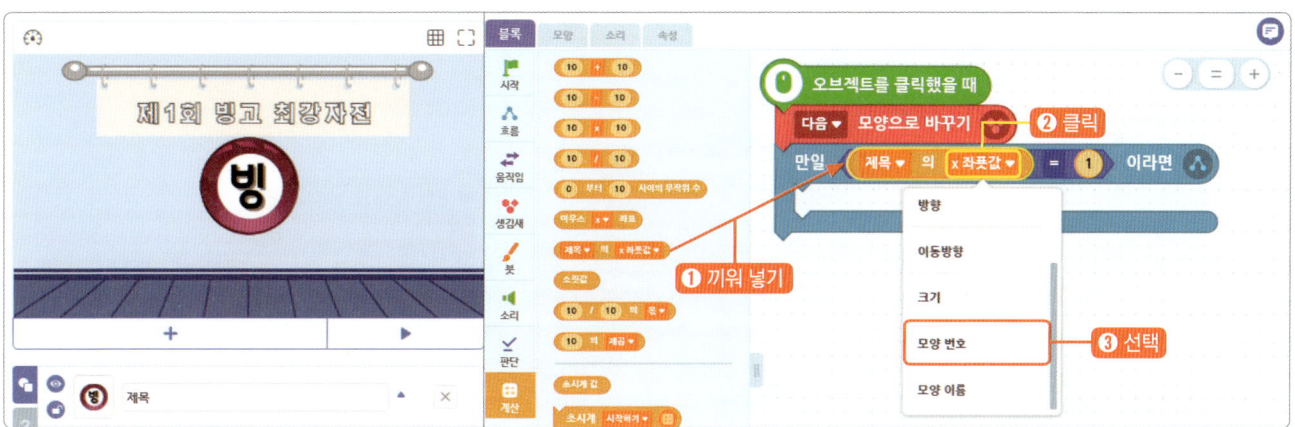

⑥ 시작 블록꾸러미에서 를 안쪽에 연결합니다.

코딩풀이

엔트리는 항상 위에서부터 블록들이 실행되기 때문에 처음 [제목] 오브젝트를 클릭했을 때 다음 모양으로 바꾼 후 [제목] 오브젝트의 모양 번호가 '1'인지 판단합니다.
그렇기 때문에 처음 오브젝트를 클릭해도 다음 장면으로 넘어가지 않습니다.

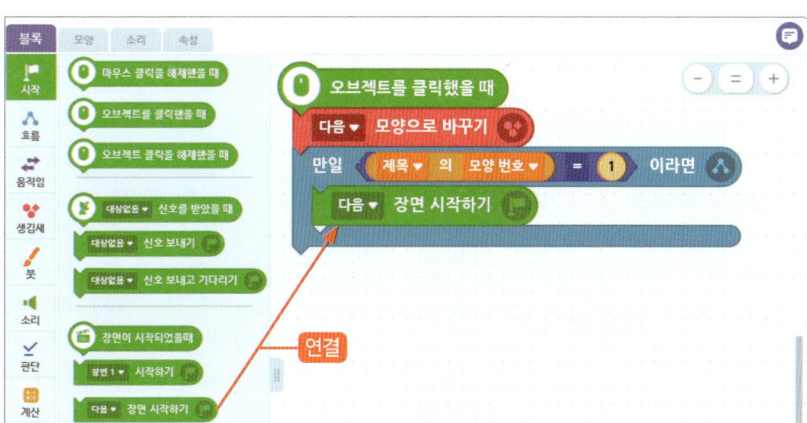

CHAPTER 11 오브젝트 클릭하기 **069**

02 오브젝트를 클릭했을 때 무작위 위치로 이동하기

① 움직임 블록꾸러미에서 `x: 0 y: 0 위치로 이동하기` 를 아래쪽에 연결합니다.

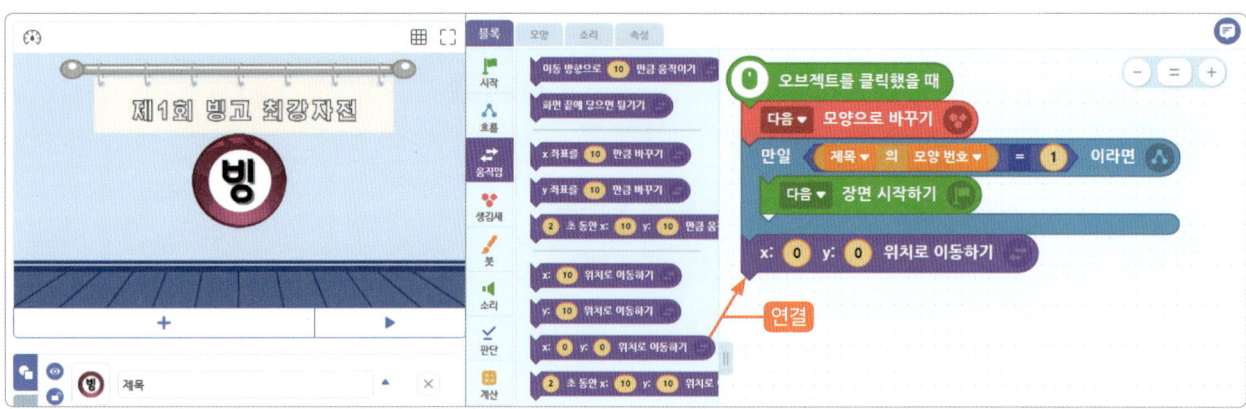

② 계산 블록꾸러미에서 `0 부터 10 사이의 무작위 수` 를 첫 번째 '0'의 위치에 끼워 넣습니다. 이어서, '0'을 '-190'으로, '10'을 '190'으로 각각 수정합니다.

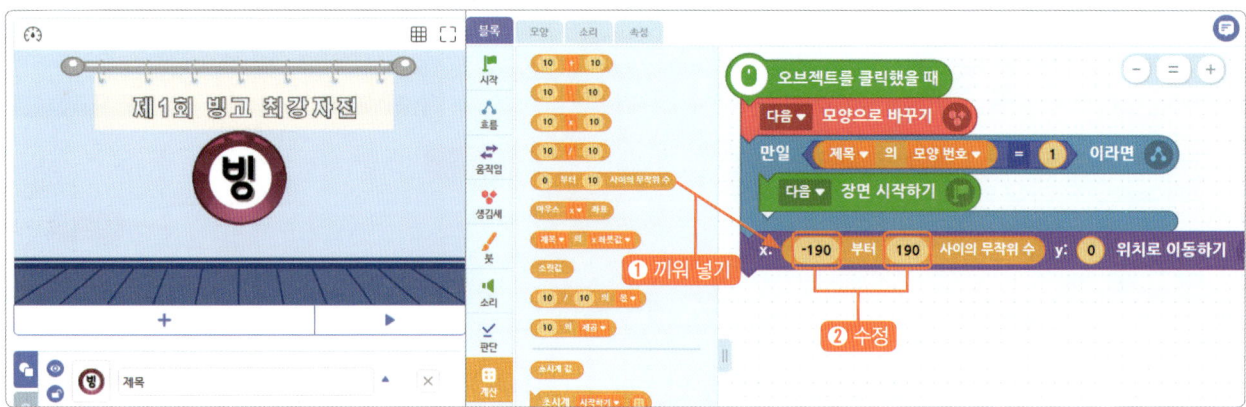

③ 계산 블록꾸러미에서 `0 부터 10 사이의 무작위 수` 를 두 번째 '0'의 위치에 끼워 넣습니다. 이어서, '0'을 '-100'으로, '10'을 '100'으로 각각 수정합니다.

코딩풀이

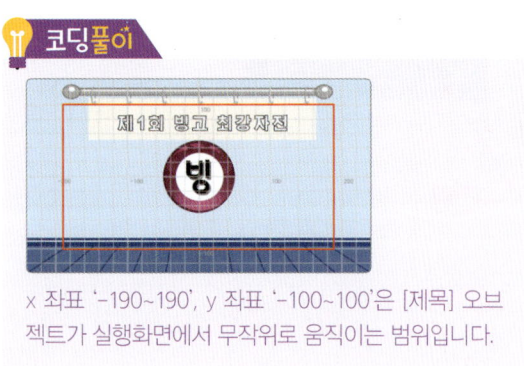

x 좌표 '-190~190', y 좌표 '-100~100'은 [제목] 오브젝트가 실행화면에서 무작위로 움직이는 범위입니다.

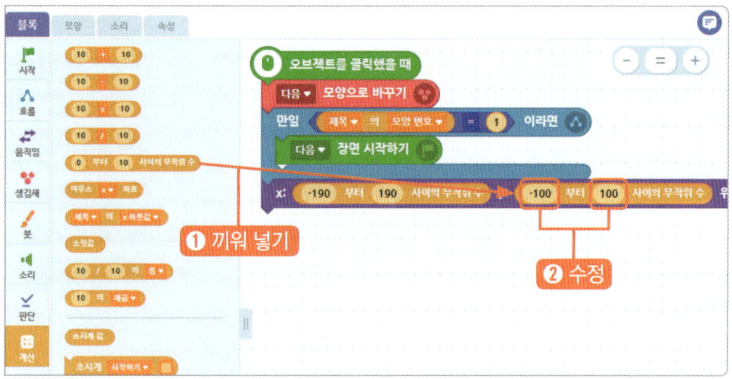

④ 코드가 완성되면 시작하기(▶)를 클릭하여 작품을 실행합니다. 이어서, [제목] 오브젝트를 클릭해 다음 장면으로 이동해봅시다.

CHAPTER 11 혼자서 해결하기

01 작품을 시작하면 [제목] 오브젝트가 '0.5'초 간격으로 계속 화면의 무작위 위치로 이동합니다. 무작위 위치로 이동하는 오브젝트를 클릭할 때마다 다음 모양으로 바뀌며, 마지막 모양을 클릭했을 때 다음 장면으로 넘어가도록 코드를 조립해봅시다.

📁 **불러올 파일** : 11차시 연습문제 불러올 파일-1.ent   📄 **완성된 파일** : 11차시 연습문제 완성된 파일-1.ent

02 아래 그림들을 참고하여 '11차시 연습문제 불러올 파일-2.ent' 파일을 불러와 코드를 조립해봅시다.

📁 **불러올 파일** : 11차시 연습문제 불러올 파일-2.ent   📄 **완성된 파일** : 11차시 연습문제 완성된 파일-2.ent

①  ②

③  ④

오브젝트의 복제본 만들기

- 오브젝트가 마우스를 따라다니도록 할 수 있습니다.
- 마우스를 클릭하면 복제본을 만들 수 있습니다.

📂 **불러올 파일** : 12차시 불러올 파일.ent, 12차시 미리 해보기.ent   💾 **완성된 파일** : 12차시 완성된 파일.ent

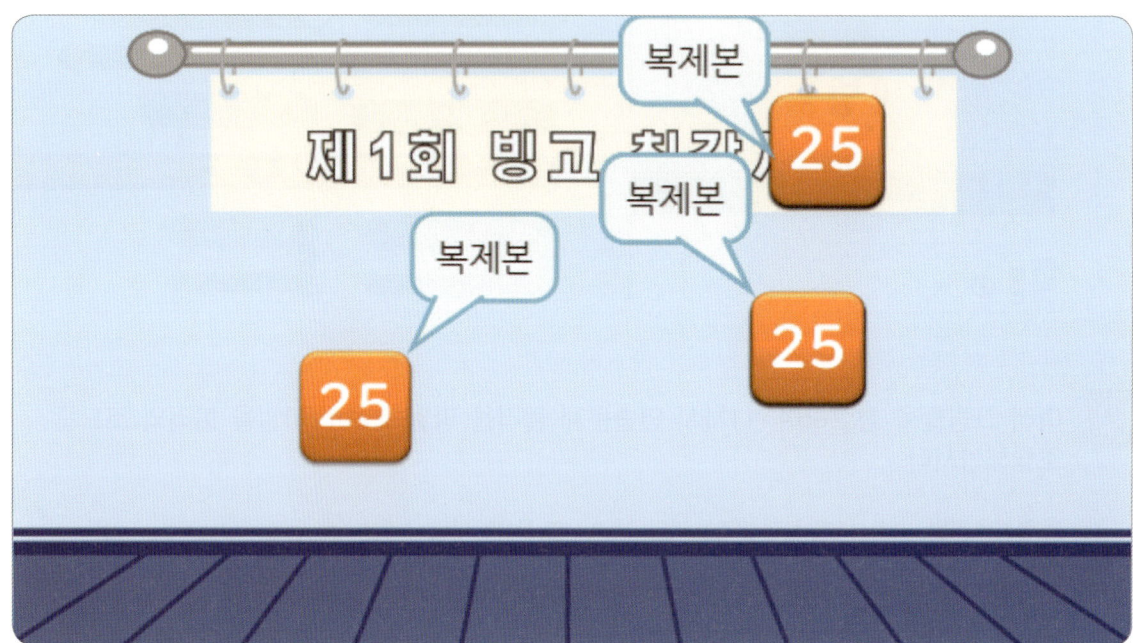

오늘 배울 코딩 확인하기

◎ '12차시 미리 해보기.ent' 파일을 불러와 시작하기(▶)를 클릭하여 작품을 실행합니다. 이어서, 마우스를 이용해 실행화면을 클릭하여 [배치 번호] 오브젝트가 실행되는 순서를 적어봅시다.

(   ) 복제본이 생성되면 복제본이 '복제본'이라고 말합니다.

(01) 시작하기 버튼을 클릭하면 마우스를 따라다닙니다.

(   ) 복제본은 1초 후 사라집니다.

(   ) 마우스를 클릭하면 복제본을 생성합니다.

순서도 능력 키우기

1 순서도 종류

> **반복구조-1**
> 반복구조는 <반복> 기호를 이용해 순서도의 진행을 반복하는 구조입니다. 이번 차시에서 배울 반복구조는 하나의 <반복> 기호를 이용하여 순서도를 반복하는 방법입니다.

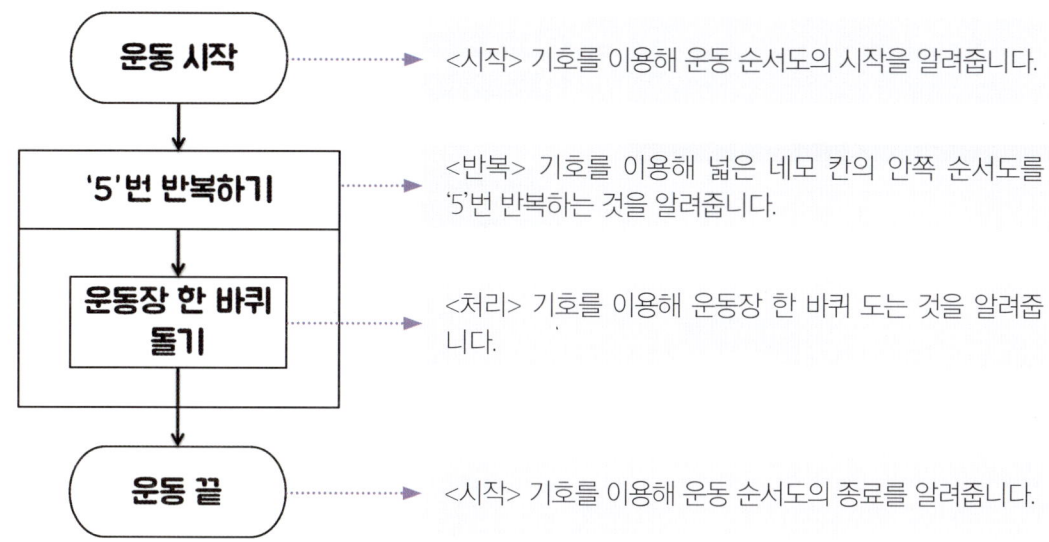

2 순서도 학습

다음 그림을 보고 내용에 맞는 순서도 기호를 그려봅시다.

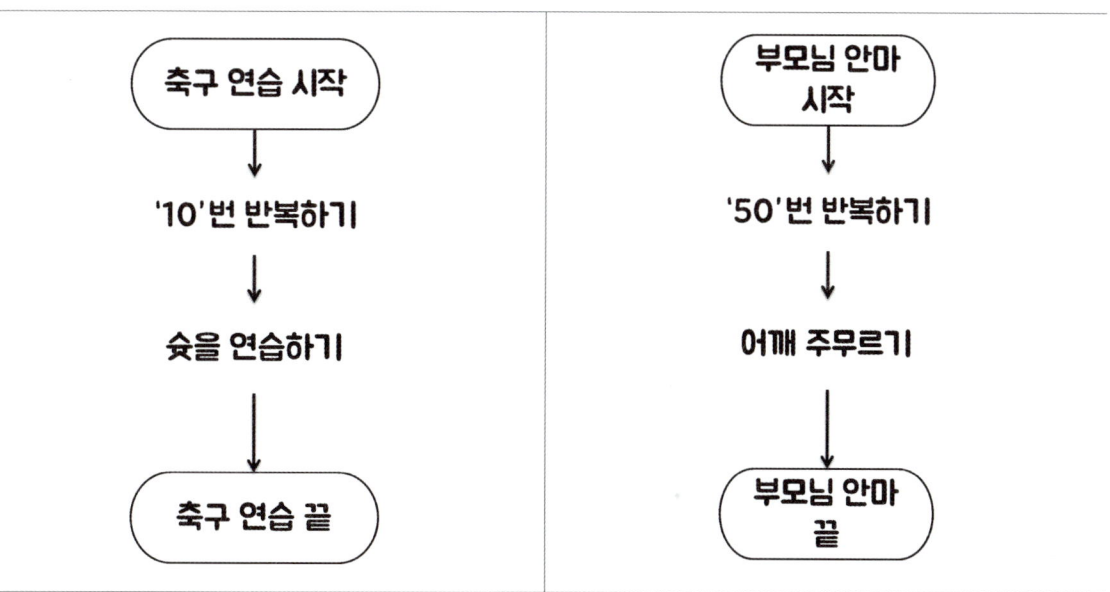

CHAPTER 12 오브젝트의 복제본 만들기　**073**

01 오브젝트를 마우스의 위치로 이동시키기

① '12차시 불러올 파일.ent' 파일을 불러온 후 시작 블록꾸러미에서 `시작하기 버튼을 클릭했을 때`를 [블록 조립소]로 가져다 놓습니다.

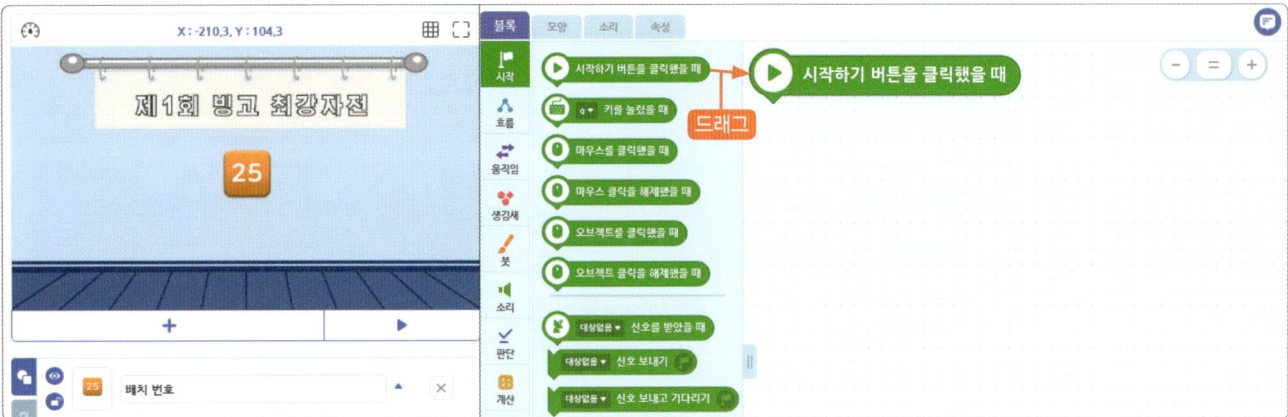

② 흐름 블록꾸러미에서 `계속 반복하기`를 아래쪽에 연결합니다.

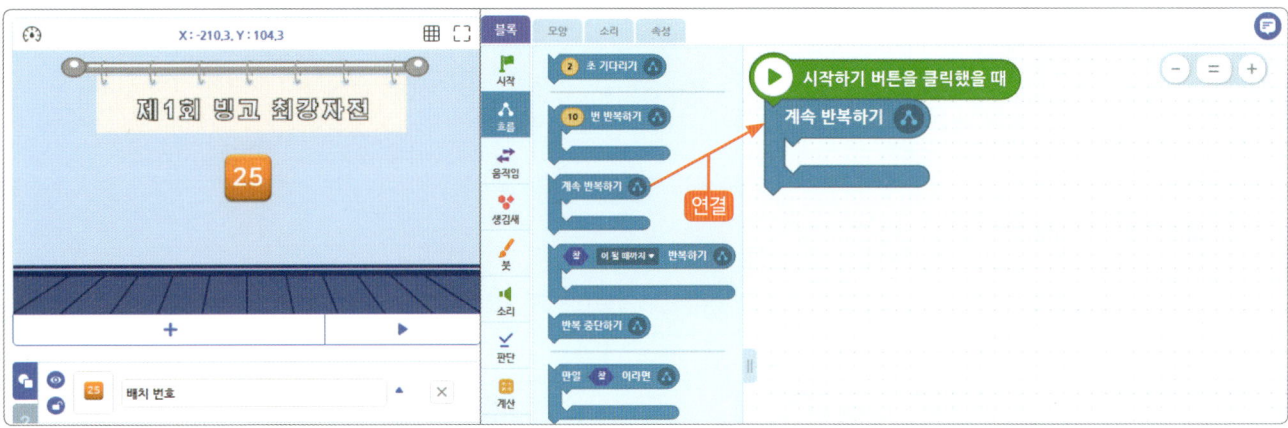

③ 움직임 블록꾸러미에서 `배치 번호 위치로 이동하기`를 안쪽에 연결합니다. 이어서, '배치 번호'를 '마우스 포인터'로 변경합니다.

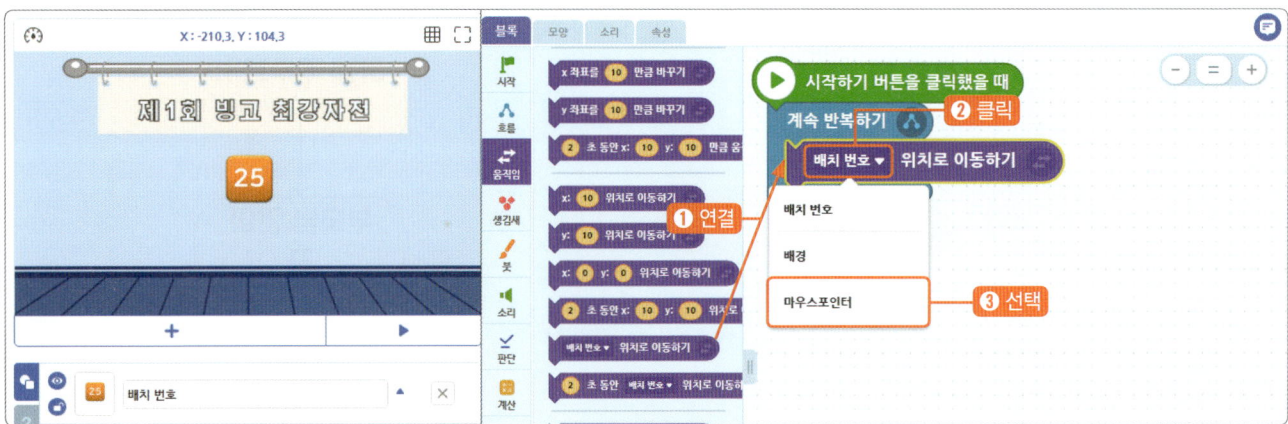

074 게임으로 배우는 엔트리

02 마우스를 클릭할 때마다 복제본 만들기

❶ 흐름 블록꾸러미에서 `만일 참 이라면` 을 안쪽에 연결합니다.

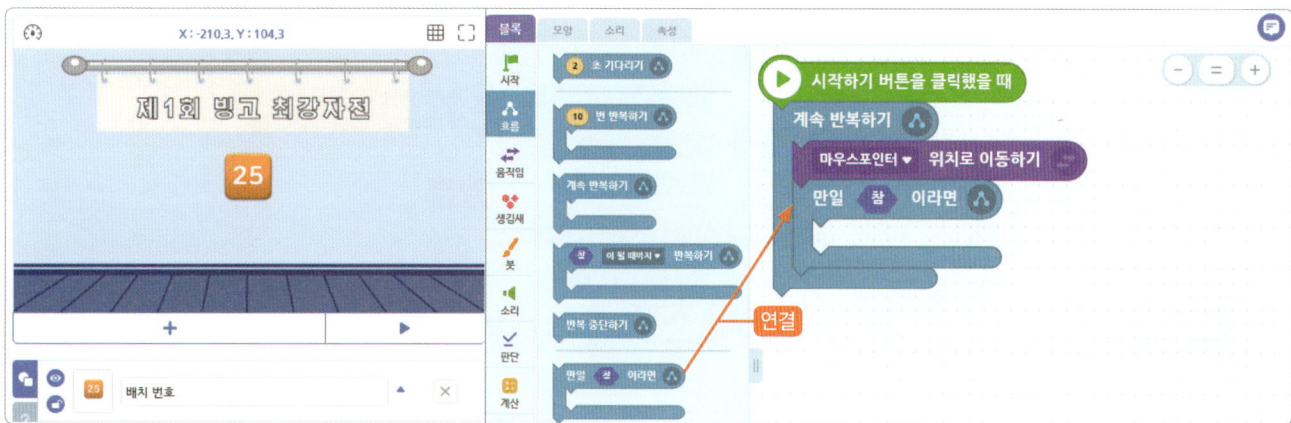

❷ 판단 블록꾸러미에서 `마우스를 클릭했는가?` 를 '참'의 위치에 끼워 넣습니다.

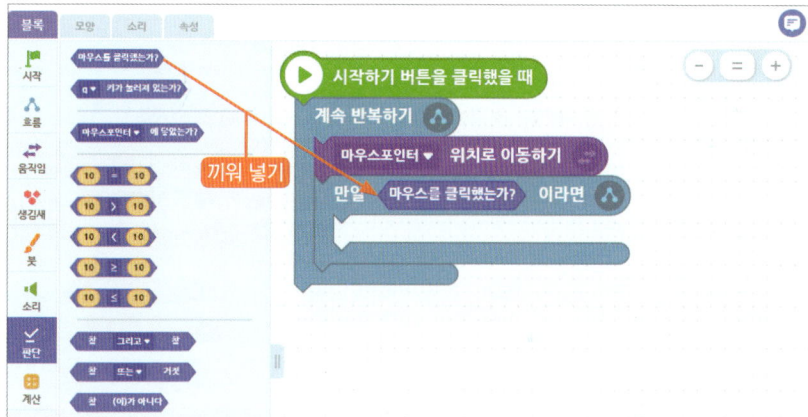

> **코딩풀이**
> [배치 번호] 오브젝트는 계속 반복하여 마우스포인터의 위치로 이동하다가 마우스를 클릭하면 클릭한 위치에서 자신의 복제본을 만듭니다.

❸ 흐름 블록꾸러미에서 `자신 의 복제본 만들기` 를 안쪽에 연결합니다.

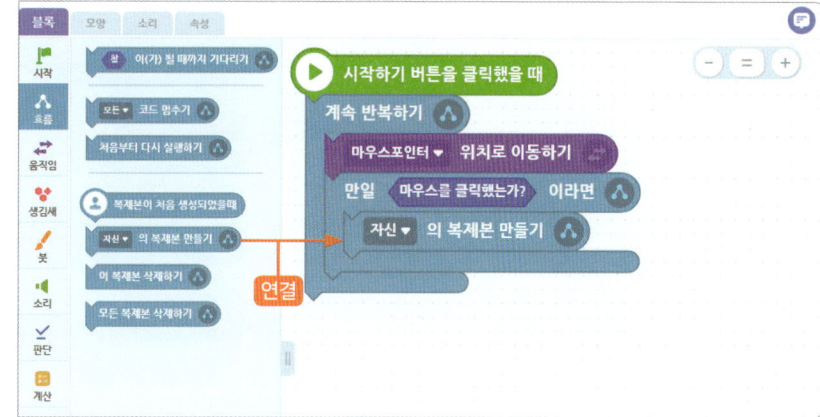

> **TIP**
> `자신 의 복제본 만들기` 에서 '자신'이란 해당 블록이 사용되는 오브젝트를 말합니다. [배치 번호] 오브젝트에서 사용하면 '자신'은 [배치 번호] 오브젝트이고, [배경] 오브젝트에서 사용하면 '자신'은 [배경] 오브젝트가 됩니다.

03 복제본이 '복제본'이라고 말한 후 '1' 초 뒤에 삭제하기

❶ 흐름 블록꾸러미에서 `복제본이 처음 생성되었을때` 를 [블록 조립소]로 가져다 놓습니다.

※ 이전에 만들었던 코드는 맨 위에 있는 `시작하기 버튼을 클릭했을 때` 를 드래그하여 아래쪽으로 이동시킵니다.

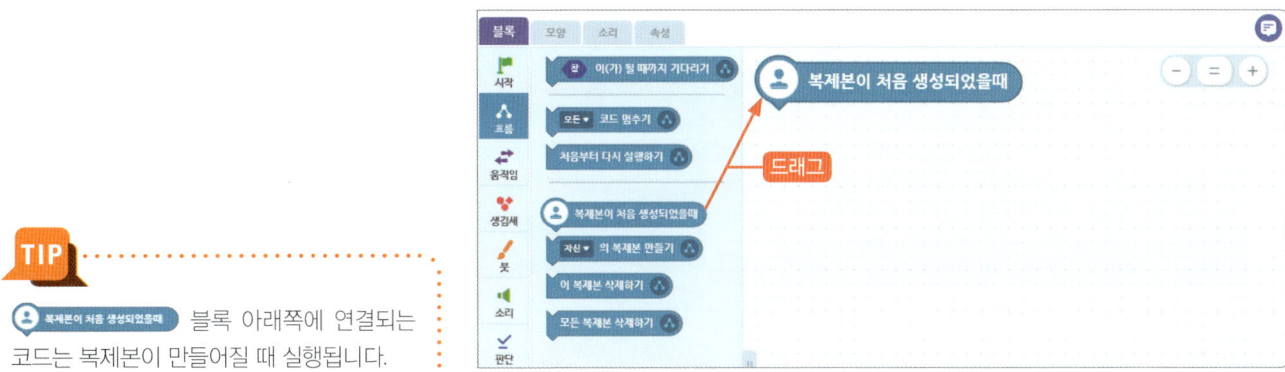

TIP `복제본이 처음 생성되었을때` 블록 아래쪽에 연결되는 코드는 복제본이 만들어질 때 실행됩니다.

❷ 생김새 블록꾸러미에서 `안녕! 을(를) 4 초 동안 말하기` 를 아래쪽에 연결합니다. 이어서, '안녕!'을 '복제본'으로, '4'를 '1'로 각각 수정합니다.

❸ 흐름 블록꾸러미에서 `이 복제본 삭제하기` 를 아래쪽에 연결합니다.

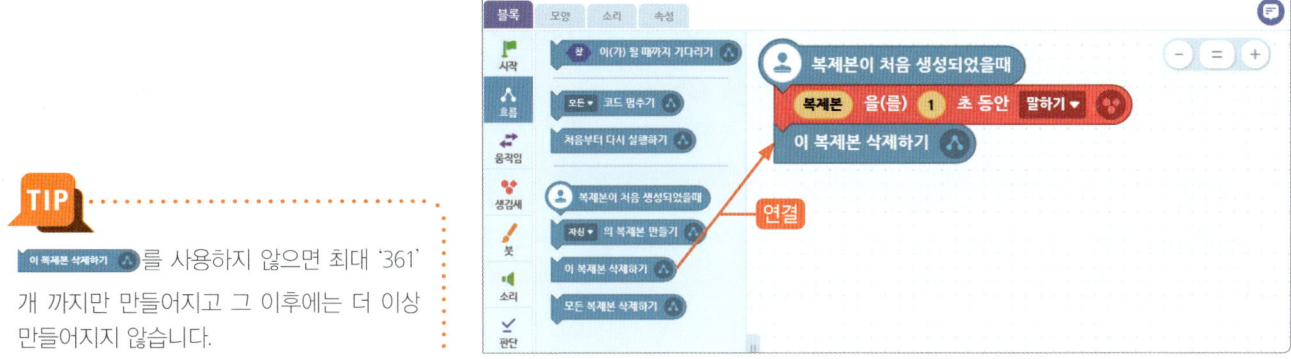

TIP `이 복제본 삭제하기` 를 사용하지 않으면 최대 '361'개 까지만 만들어지고 그 이후에는 더 이상 만들어지지 않습니다.

❹ 코드가 완성되면 시작하기(▶)를 클릭하여 작품을 실행합니다. 이어서, 실행화면을 클릭하여 복제본이 만들어지고 삭제되는지 확인해봅시다.

PLAY 빙고게임 해보기

01 '12차시 빙고게임.ent' 파일을 불러와 친구들과 함께 빙고게임을 플레이해봅시다.

📁 **불러올 파일 :** 12차시 빙고게임.ent

빙고게임 설명서

① 실행화면에 나오는 빈 빙고 종이의 칸을 클릭하여 숫자를 배치합니다.
② 만일 배치한 숫자의 위치가 마음에 들지 않는다면 오른쪽 아래 <다시하기> 버튼을 눌러 방금 배치한 숫자의 배치를 취소하고 다시 배치할 수 있습니다.
③ 배치가 끝나면 '1~25'까지의 숫자를 번갈아가며 자신에게 유리한 숫자를 말합니다.
④ 말하는 숫자를 빙고 종이에서 찾아 클릭하면 [배치 번호] 오브젝트의 색이 바뀝니다.
⑤ 먼저 두 개의 빙고를 완성하여 승리하는 사람이 나올 때까지 계속 진행합니다.
※ [12차시] 폴더에 '추첨기.ent'는 Space Bar 키를 누르면 '1'부터 '25'까지의 공을 무작위로 뽑아주는 작품입니다. 엔트리는 동시에 두 개 이상의 프로그램을 실행시킬 수 없으니 다른 컴퓨터를 이용하거나 엔트리 웹 버전을 이용하도록 합니다.

프로그래머 한마디

빙고 게임은 11차시와 12차시에서 배운 기능을 중심으로 실제 게임과 비슷하게 플레이할 수 있도록 많은 기능들이 추가되어 있습니다. 매우 복잡한 코드로 만들어져 있으니 블록을 고치거나 지우지 말고 게임을 플레이해봅시다.

💬 게임을 플레이한 후 어떤 기능들이 추가되어 있는지 생각해봅시다.

주사위 굴리기

학습목표
- 오브젝트의 모양과 방향을 무작위로 바꿀 수 있습니다.
- 주사위의 눈을 무작위로 나오게 할 수 있습니다.

📁 **불러올 파일** : 13차시 불러올 파일.ent, 13차시 미리 해보기.ent   💾 **완성된 파일** : 13차시 완성된 파일.ent

오늘 배울 코딩 확인하기

'13차시 미리 해보기.ent' 파일을 불러와 시작하기(▶)를 클릭하여 작품을 실행합니다. 이어서, Space Bar 키를 눌러 주사위를 '6'번 굴린 후 나온 주사위의 눈을 아래 표에 적어봅시다.

첫 번째		두 번째	
세 번째		네 번째	
다섯 번째		여섯 번째	

순서도 능력 키우기

❶ 순서도 종류

> **반복구조-2**
> 반복구조는 <반복> 기호를 이용해 순서도의 진행을 반복하는 구조입니다. 이번 차시에서 배울 반복구조는 두 개 이상의 <반복> 기호를 이용하여 순서도를 반복하는 방법입니다.

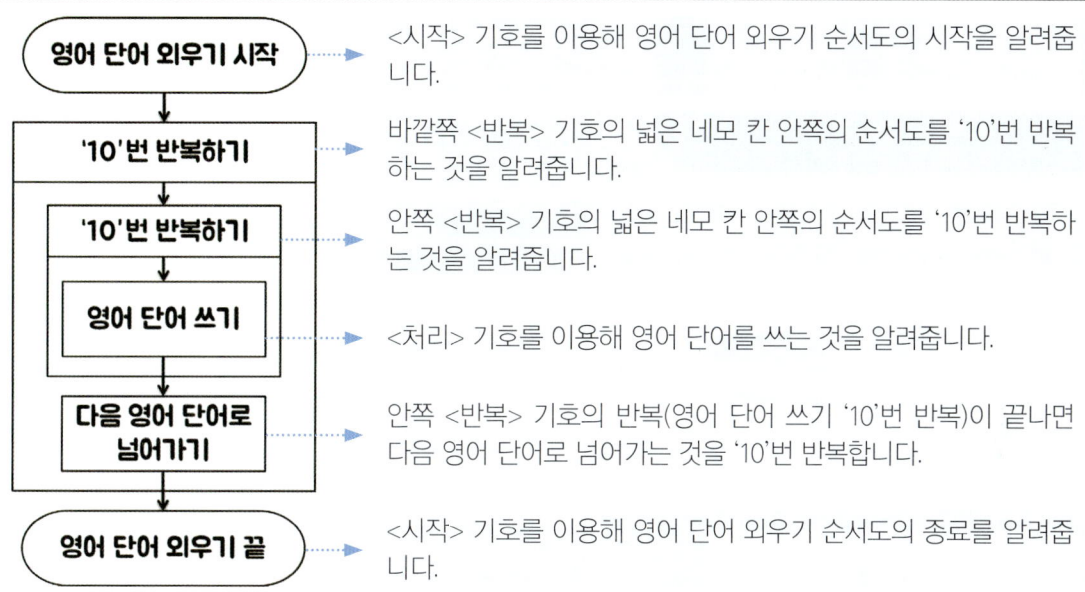

❷ 순서도 학습

다음 그림을 보고 내용에 맞는 순서도 기호를 그려봅시다.

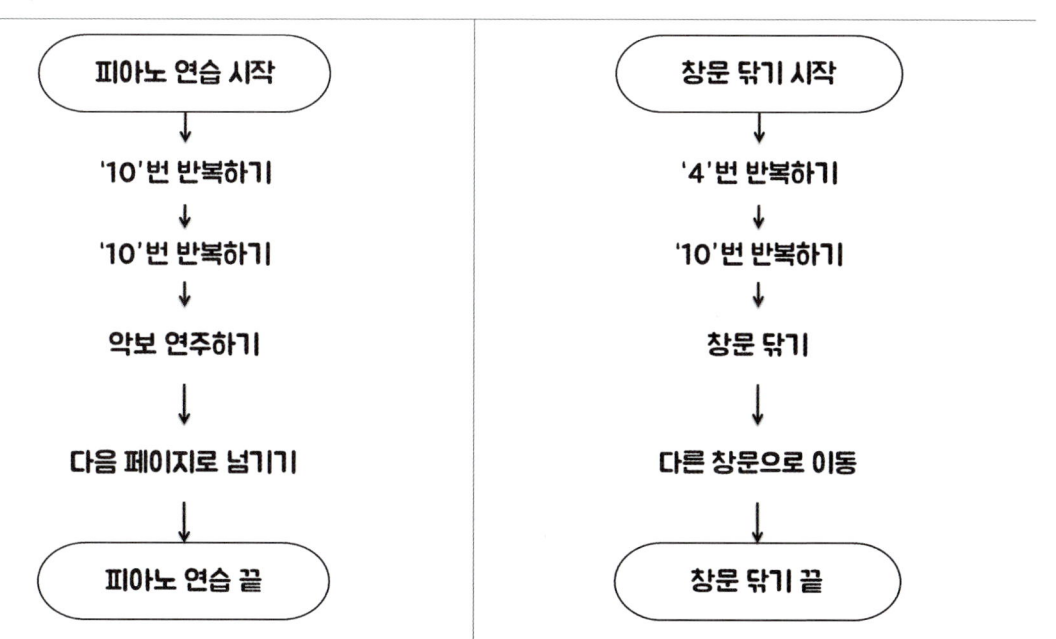

 ## 키를 누르면 무작위 횟수로 반복하기

① '13차시 불러올 파일.ent' 파일을 불러온 후 시작 블록꾸러미에서 `시작하기 버튼을 클릭했을 때`를 [블록 조립소]로 가져다 놓습니다.

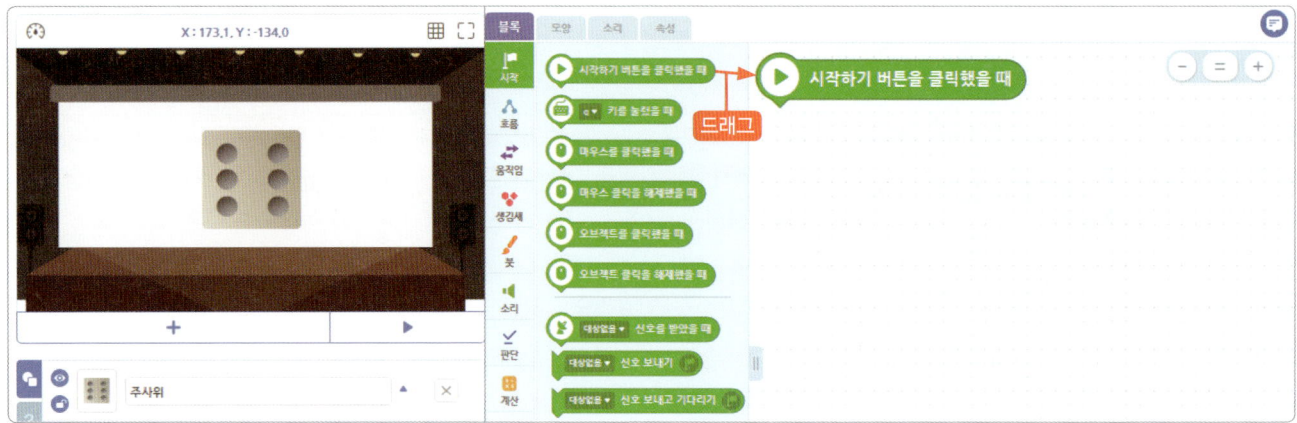

② 흐름 블록꾸러미에서 `계속 반복하기`를 아래쪽에 연결합니다.

③ 흐름 블록꾸러미에서 `만일 참 이라면`을 안쪽에 연결합니다.

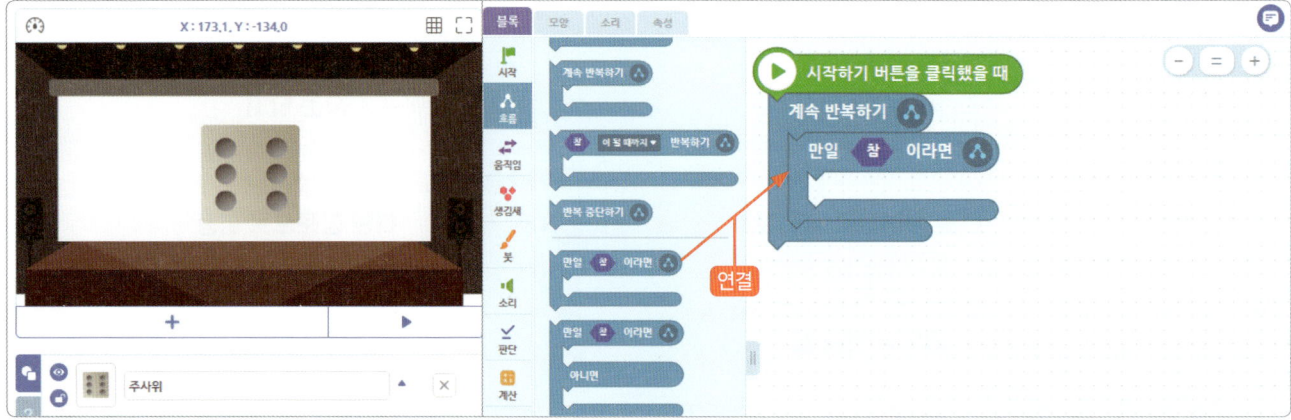

❹ 판단 블록꾸러미에서 `q▼ 키가 눌러져 있는가?` 를 '참'의 위치에 끼워 넣은 후 'q'를 '스페이스'로 변경합니다.

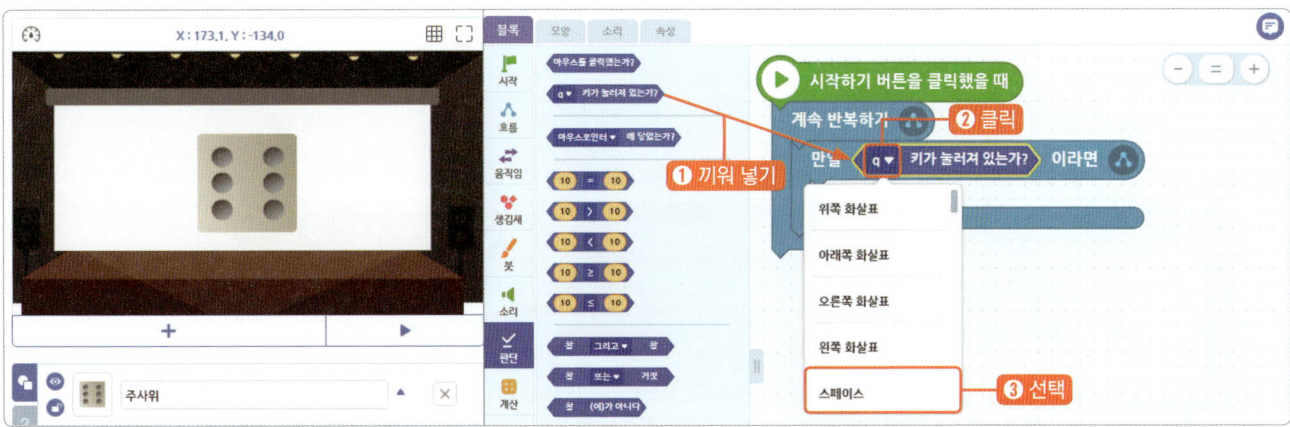

❺ 흐름 블록꾸러미에서 `10 번 반복하기` 를 안쪽에 연결합니다.

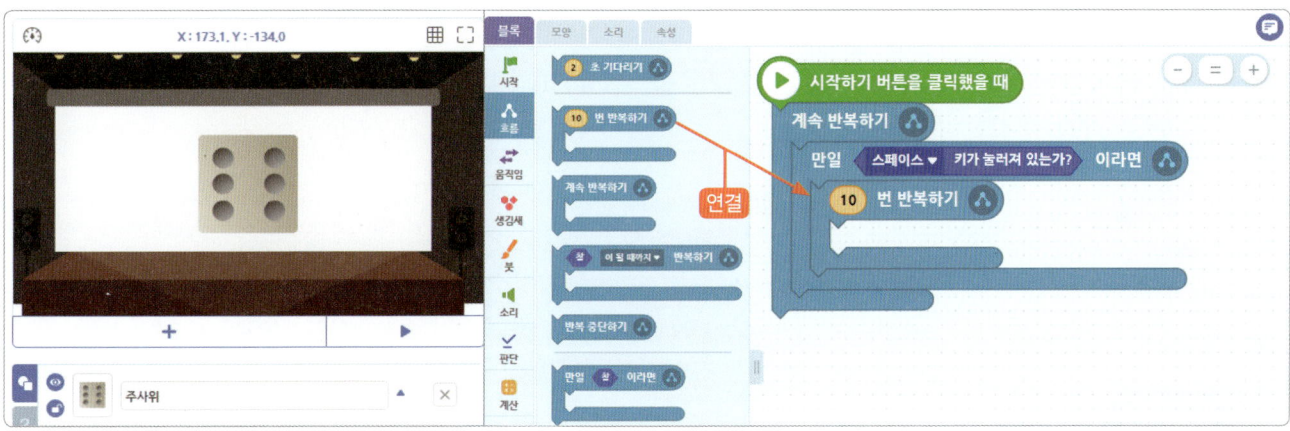

❻ 계산 블록꾸러미에서 `0 부터 10 사이의 무작위 수` 를 '10'의 위치에 끼워 넣습니다. 이어서, '0'을 '50'으로, '10'을 '100'으로 각각 수정합니다.

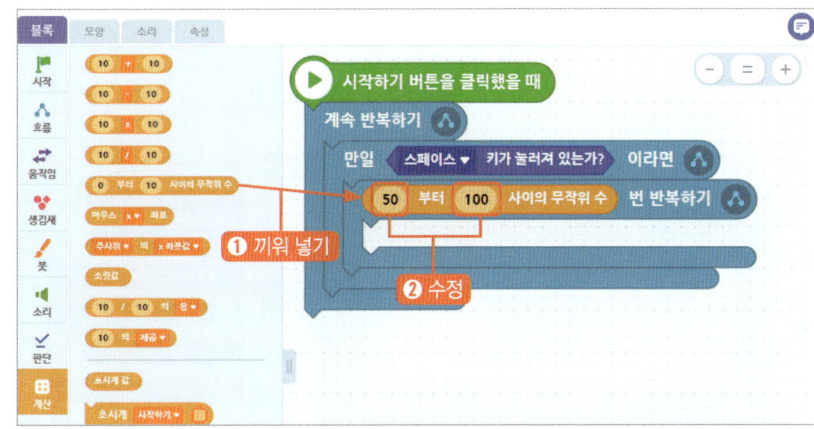

💡 **코딩풀이**

[주사위] 오브젝트는 작품이 시작된 후 Space Bar 키를 누르면 '50'번에서 '100'번 사이의 무작위 횟수를 반복합니다.

CHAPTER 13 주사위 굴리기 **081**

02 [주사위] 오브젝트가 무작위로 회전하다 멈추게 하기

❶ 생김새 블록꾸러미에서 `주사위1 모양으로 바꾸기` 를 안쪽에 연결합니다.

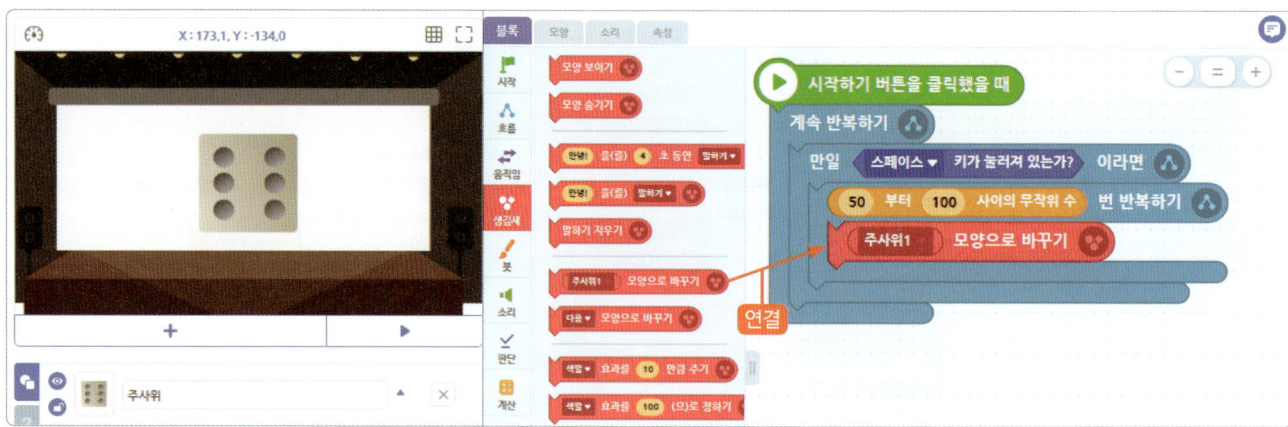

❷ 계산 블록꾸러미에서 `0 부터 10 사이의 무작위 수` 를 '주사위1'의 위치에 끼워 넣습니다. 이어서, '0'을 '1'로, '10'을 '8'로 각각 수정합니다.

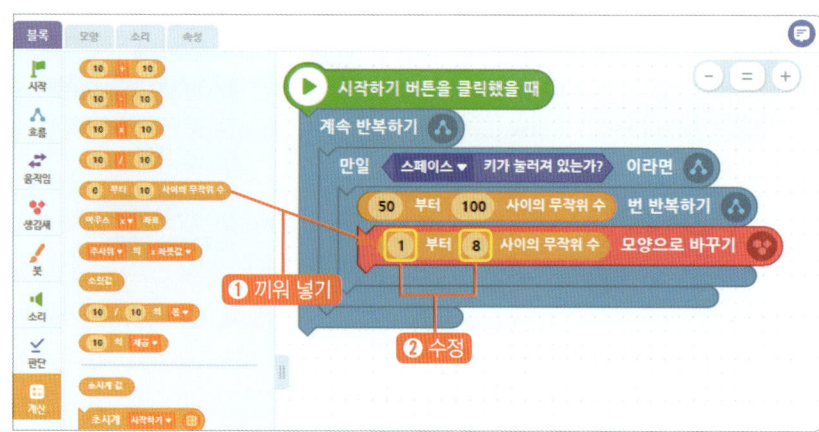

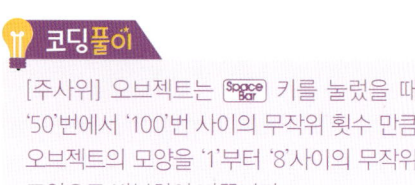

코딩풀이
[주사위] 오브젝트는 Space Bar 키를 눌렀을 때 '50'번에서 '100'번 사이의 무작위 횟수 만큼 오브젝트의 모양을 '1'부터 '8'사이의 무작위 모양으로 반복하여 바꿉니다.

❸ 움직임 블록꾸러미에서 `방향을 90° 만큼 회전하기` 를 안쪽에 연결합니다.

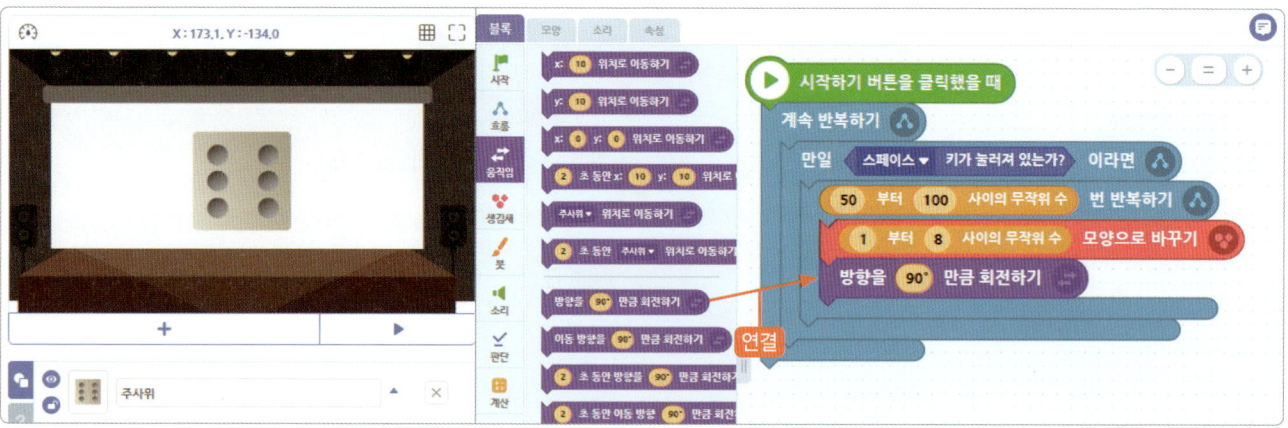

❹ 계산 블록꾸러미에서 ⬭0 부터 10 사이의 무작위 수⬭ 를 '90°'의 위치에 끼워 넣습니다. 이어서, '0'을 '10'으로, '10'을 '90'으로 각각 수정합니다.

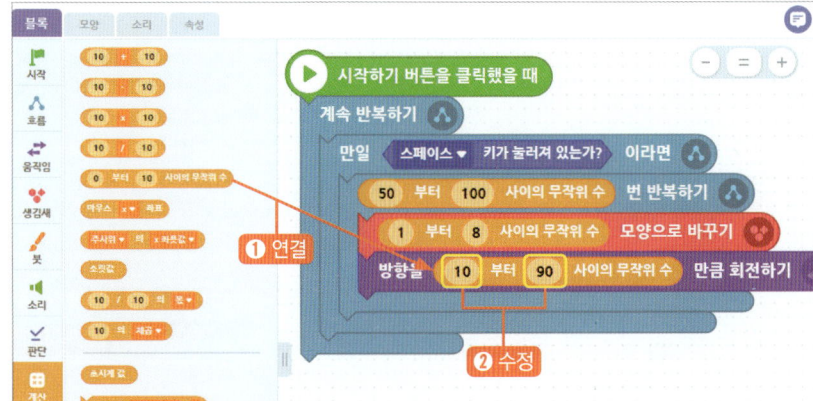

코딩풀이
지금까지 만든 코드는 Space Bar 키를 눌렀을 때 주사위가 움직이는 모습을 보여주기 위해 만든 코드입니다.

❺ 움직임 블록꾸러미에서 ⬭방향을 90° (으)로 정하기⬭ 를 안쪽에 연결한 후 '90°'를 '0°'로 수정합니다.

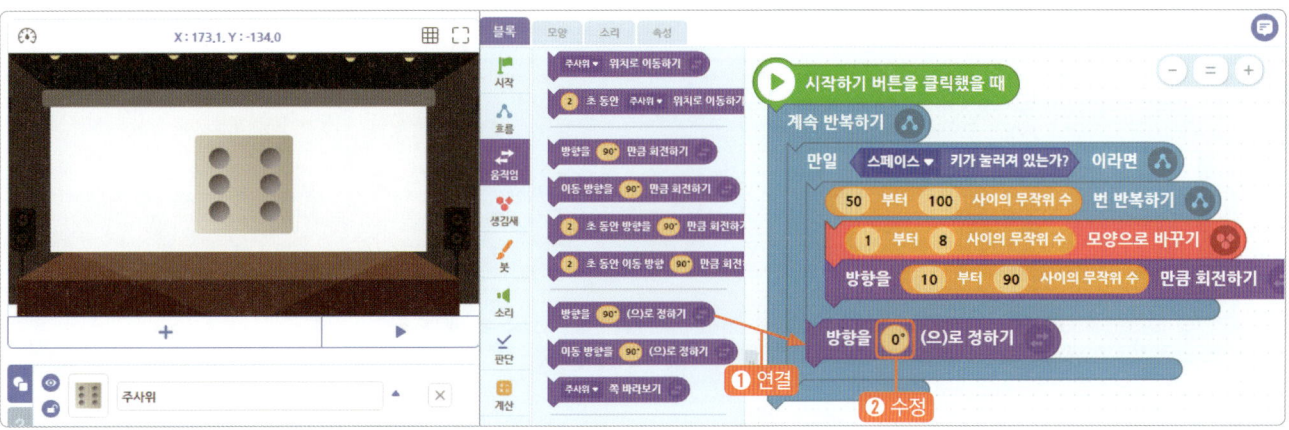

❻ 생김새 블록꾸러미에서 ⬭주사위1 모양으로 바꾸기⬭ 를 안쪽에 연결합니다.

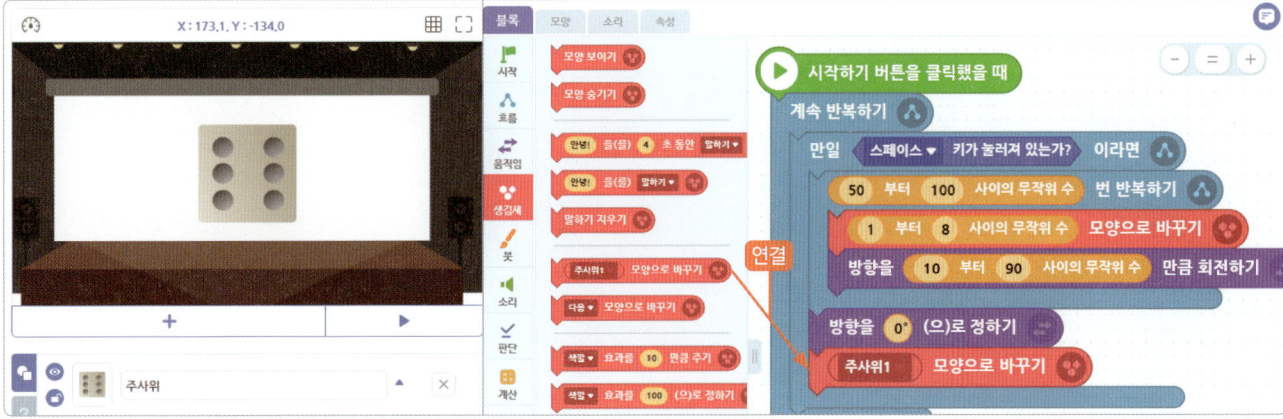

CHAPTER 13 주사위 굴리기 **083**

❼ 계산 블록꾸러미에서 를 '주사위1'의 위치에 끼워 넣습니다. 이어서, '0'을 '1'로, '10'을 '6'으로 각각 수정합니다.

코딩풀이

[주사위] 오브젝트의 움직임이 끝나면 오브젝트의 방향을 처음 방향으로 바꾸고, [주사위] 오브젝트의 모양을 '1' 부터 '6' 사이의 무작위 모양으로 바꿔 최종적으로 나올 주사위의 눈을 결정합니다.

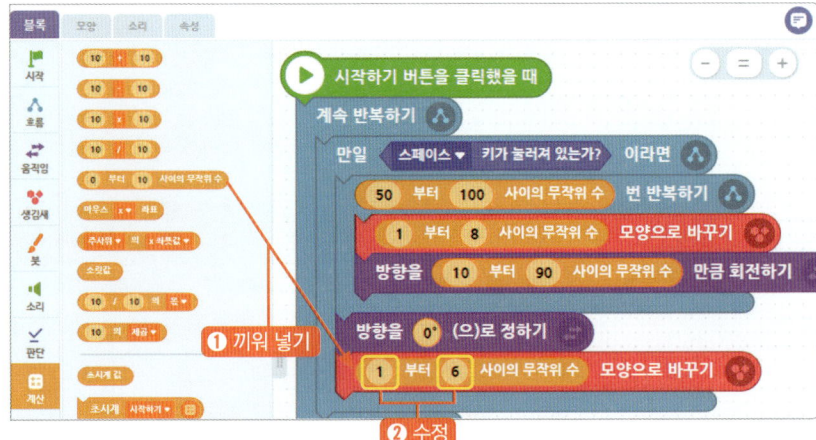

❽ 코드가 완성되면 시작하기(▶)를 클릭하여 작품을 실행한 후 Space Bar 키를 눌러 주사위를 굴려 봅시다.

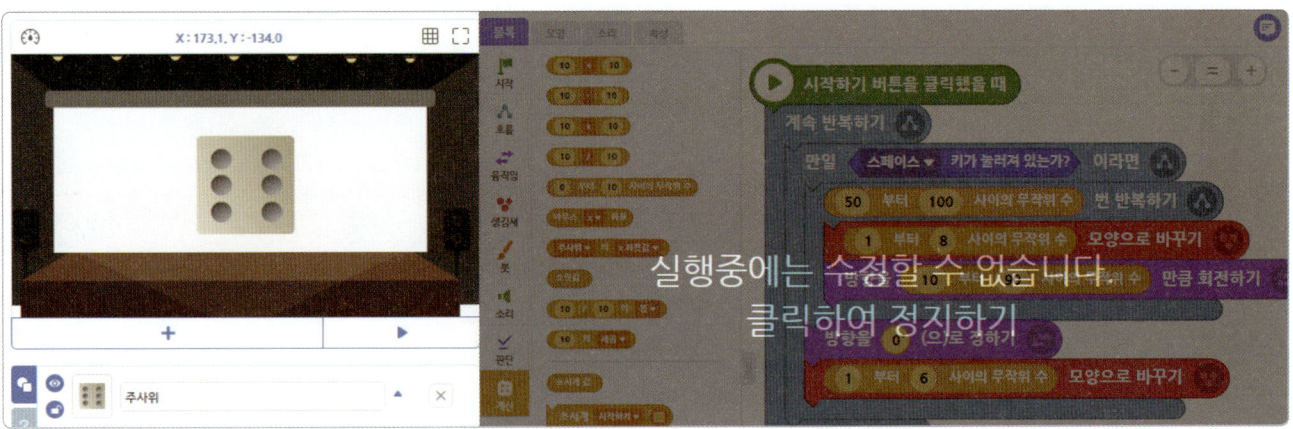

084 게임으로 배우는 엔트리

CHAPTER 13 혼자서 해결하기

01 [가위바위보] 오브젝트가 Space Bar 키를 누르면 무작위로 '가위, 바위, 보' 중 하나의 모양으로 바뀌도록 코드를 조립해봅시다.

📂 **불러올 파일** : 13차시 연습문제 불러올 파일-1.ent   💾 **완성된 파일** : 13차시 연습문제 완성된 파일-1.ent

02 아래 그림들을 참고하여 '13차시 연습문제 불러올 파일-2.ent' 파일을 불러와 코드를 조립해봅시다.

📂 **불러올 파일** : 13차시 연습문제 불러올 파일-2.ent   💾 **완성된 파일** : 13차시 연습문제 완성된 파일-2.ent

< 시작하기 버튼을 클릭했을 때 >   < Space Bar 키를 눌렀을 때 >

< Space Bar 키를 눌렀을 때 나올 수 있는 음식들 >

CHAPTER 14
오브젝트를 따라다니는 글상자

학습목표
- 글상자를 배경색과 글자색을 설정한 후 추가할 수 있습니다.
- 글상자 오브젝트를 항상 [남자] 오브젝트 머리위에 위치시킬 수 있습니다.

📁 **불러올 파일** : 14차시 불러올 파일.ent, 14차시 미리 해보기.ent   💾 **완성된 파일** : 14차시 완성된 파일.ent

오늘 배울 코딩 확인하기

◎ '14차시 미리 해보기.ent' 파일을 불러와 시작하기(▶)를 클릭하여 작품을 실행한 후 오브젝트가 어떻게 움직였는지 아래 OX퀴즈를 풀어봅시다.

<OX퀴즈>	
1. [남자] 오브젝트는 마우스 포인터를 따라다닌다.	(O | X)
2. [남자] 오브젝트는 모양이 바뀌지 않는다.	(O | X)
3. 글상자는 [남자] 오브젝트가 움직여도 계속 머리 위쪽에 있다.	(O | X)
4. 글상자의 배경색과 글자색이 계속 변한다.	(O | X)

순서도 능력 키우기

① 순서도 종류

이번 차시에서는 선택구조와 반복구조를 같이 사용하는 방법을 배울 겁니다.

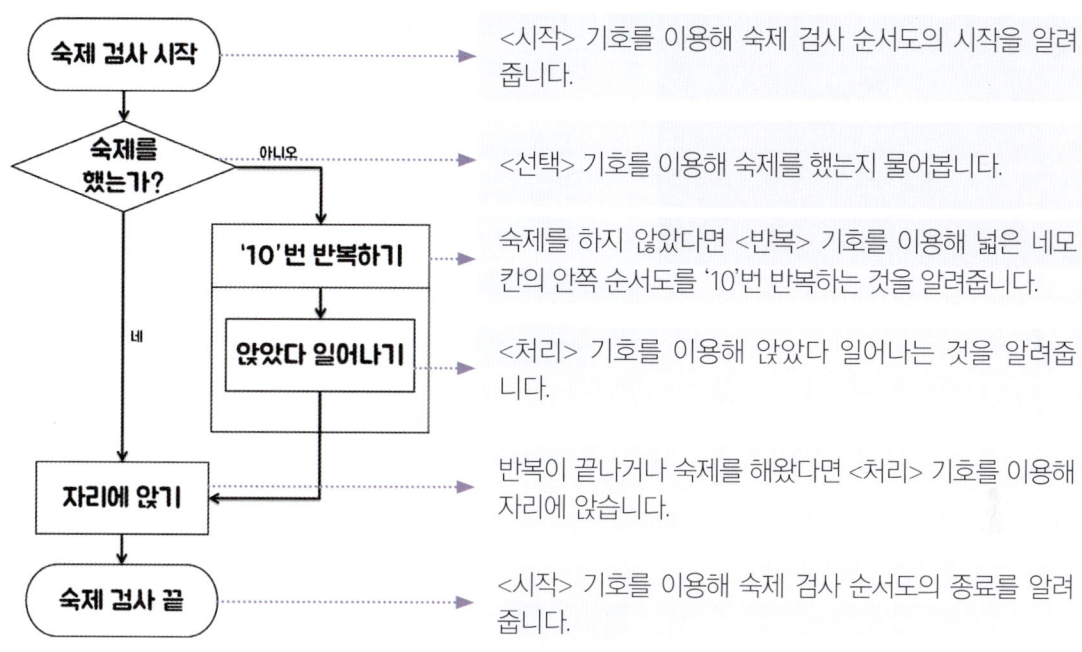

- <시작> 기호를 이용해 숙제 검사 순서도의 시작을 알려줍니다.
- <선택> 기호를 이용해 숙제를 했는지 물어봅니다.
- 숙제를 하지 않았다면 <반복> 기호를 이용해 넓은 네모 칸의 안쪽 순서도를 '10'번 반복하는 것을 알려줍니다.
- <처리> 기호를 이용해 앉았다 일어나는 것을 알려줍니다.
- 반복이 끝나거나 숙제를 해왔다면 <처리> 기호를 이용해 자리에 앉습니다.
- <시작> 기호를 이용해 숙제 검사 순서도의 종료를 알려줍니다.

② 순서도 학습

다음 그림을 보고 내용에 맞는 순서도 기호를 그려봅시다.

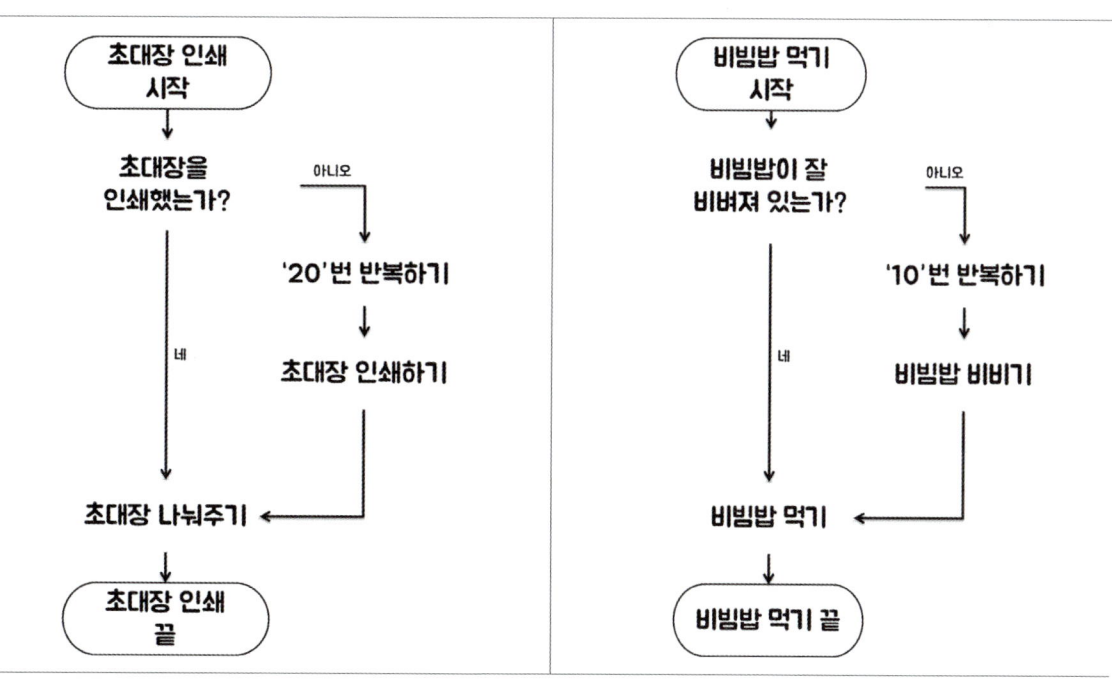

01 글상자 추가하기

❶ '14차시 불러올 파일.ent' 파일을 불러온 후 [+] 를 클릭합니다.
  ※ [남자] 오브젝트에는 마우스포인터를 계속 따라다니면서 모양을 바꾸는 코드가 만들어져 있습니다.

❷ 오브젝트 추가하기 화면이 나오면 [글상자]를 클릭한 후 자신의 이름을 입력합니다.

❸ 채우기 색상( )을 클릭한 후 색 미리보기 칸을 클릭하여 배경색을 없애줍니다.

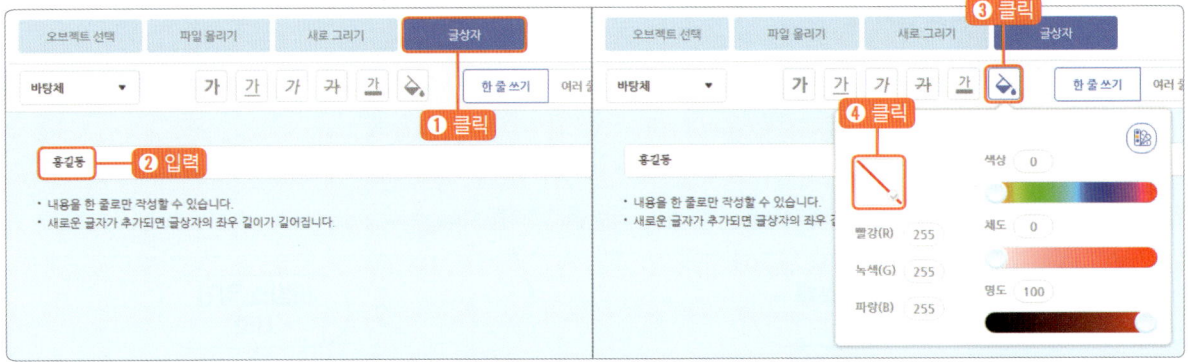

❹ 글꼴 색상(가)을 클릭한 후 빨강(R)의 '0'을 '255'로, 녹색(G)의 '0'을 '255'로 각각 수정해줍니다.

❺ 글상자 오브젝트의 설정이 끝나면 화면 아래 <적용하기> 버튼을 클릭합니다.

088 게임로 배우는 엔트리

02 글상자 오브젝트가 [남자] 오브젝트를 따라다니게 하기

❶ 글상자 오브젝트가 추가되면 시작 블록꾸러미에서 `시작하기 버튼을 클릭했을 때` 를 [블록 조립소]로 가져다 놓습니다.

※ [오브젝트 목록]에서 [글상자] 오브젝트가 선택되어 있어야 합니다.

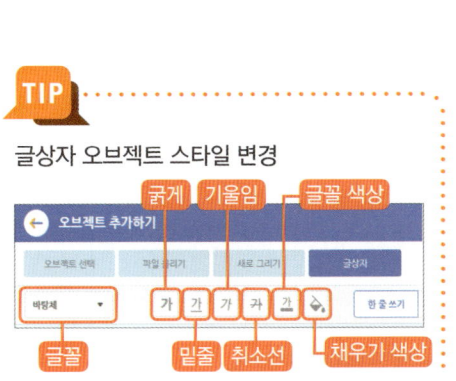
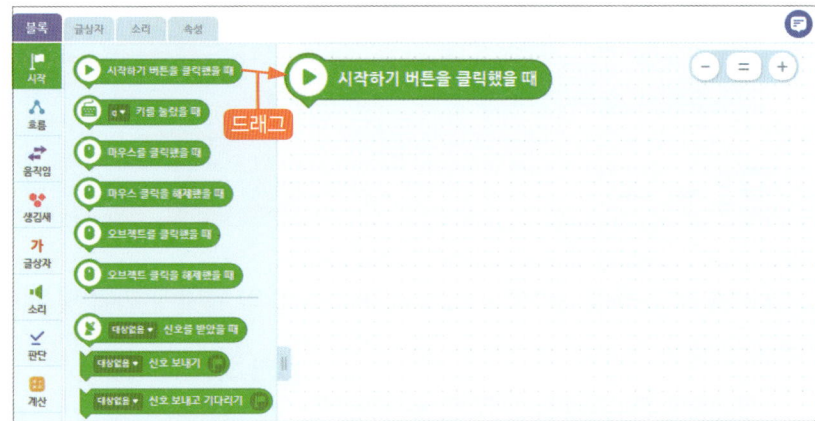

❷ 흐름 블록꾸러미에서 `계속 반복하기` 를 아래쪽에 연결합니다.

❸ 움직임 블록꾸러미에서 `x: 0 y: 0 위치로 이동하기` 를 안쪽에 연결합니다.

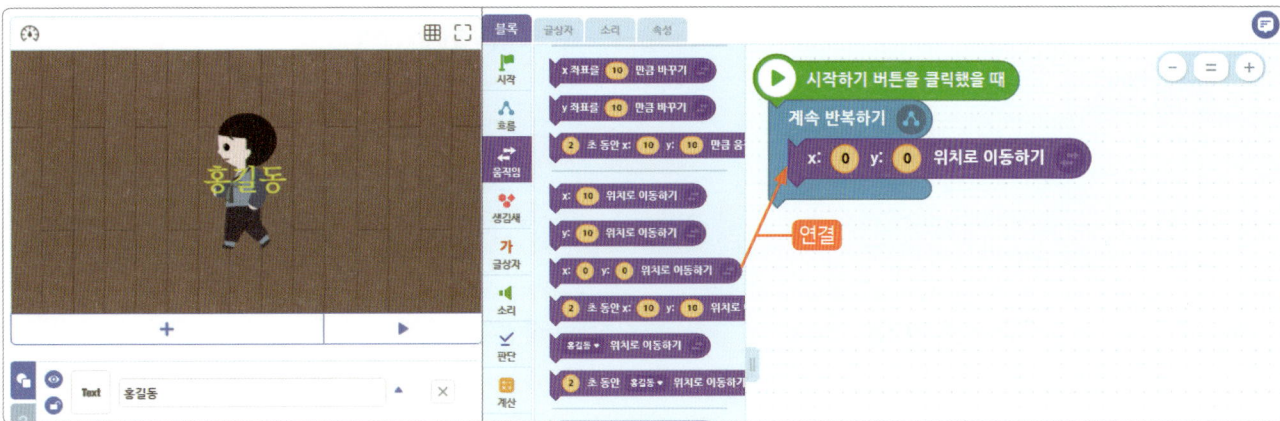

④ 계산 블록꾸러미에서 `홍길동▼ 의 x좌푯값▼`을 첫 번째 '0'의 위치에 끼워 넣은 후 '홍길동(자신의 이름)'을 '남자'로 변경합니다.

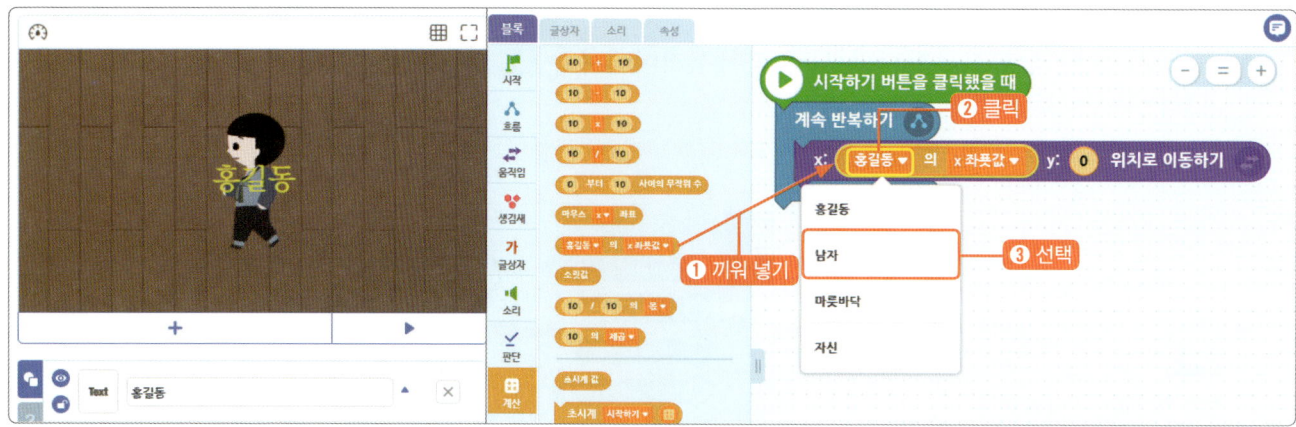

⑤ 계산 블록꾸러미에서 `10 + 10`을 '0'의 위치에 끼워 넣은 후 두 번째 '10'을 '100'으로 수정합니다.

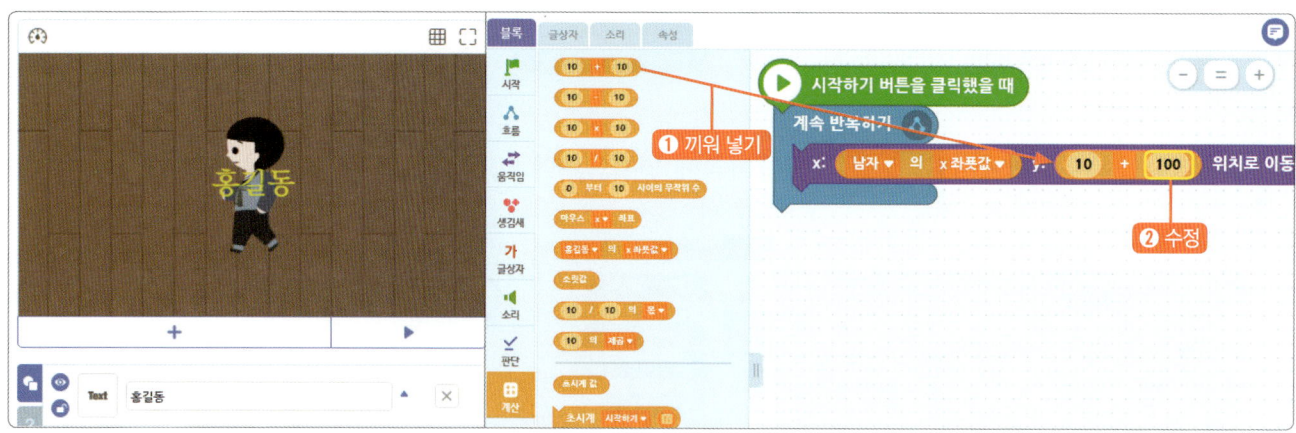

⑥ 계산 블록꾸러미에서 `홍길동▼ 의 x좌푯값▼`을 '10'의 위치에 끼워 넣습니다. 이어서, '홍길동(자신의 이름)'을 '남자'로, 'x 좌푯값'은 'y 좌푯값'으로 각각 변경합니다.

코딩풀이
글상자 오브젝트는 [남자] 오브젝트와 같은 x좌표, [남자] 오브젝트보다 위로 '100' 만큼 이동한 y좌표로 계속 반복하며 이동합니다.

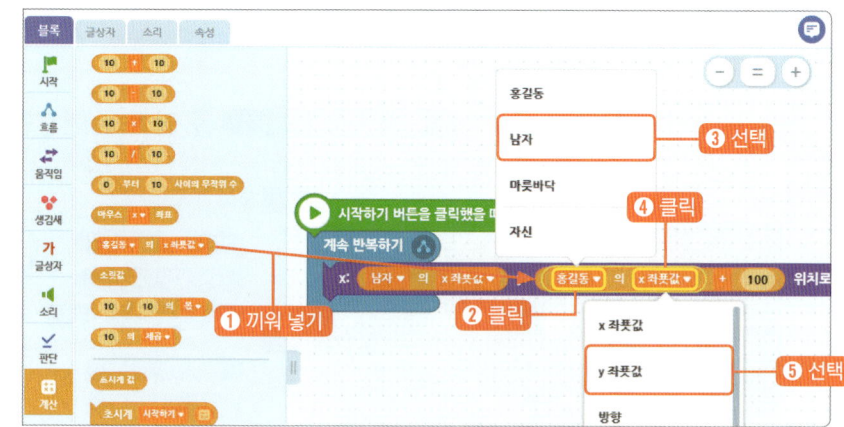

⑦ 코드가 완성되면 시작하기(▶)를 클릭하여 작품을 실행합니다. 이어서, 글상자 오브젝트가 [남자] 오브젝트 머리 위로 계속 이동하는지 확인해봅시다.

PLAY  마불마불 해보기

01 '14차시 마불마불.ent' 파일을 불러와 친구와 마불마불을 플레이해봅시다.

📁 **불러올 파일 :** 14차시 마불마불.ent

놀이방법

① 게임을 실행한 후 타이틀 화면은 클릭하면 사라집니다.
② 순서를 정하고 순서가 빠른 사람부터 캐릭터를 클릭하여 선택합니다.
③ 화면이 말판으로 바뀌면 순서대로 Space Bar 키를 눌러 주사위로 게임을 진행합니다.
④ 캐릭터가 멈춘 말판에 적혀있는 벌칙을 수행합니다.
⑤ 말판 한 바퀴를 먼저 도는 사람이 승리합니다.
⑥ 누구라도 먼저 한 바퀴를 돌면 순위가 가려집니다.

프로그래머 한마디

마불마불 게임는 13차시와 14차시에서 배운 기능을 중심으로 실제 게임과 비슷하게 플레이할 수 있도록 많은 기능들이 추가되어 있습니다. 매우 복잡한 코드로 만들어져 있으니 블록을 고치거나 지우지 말고 게임을 플레이해봅시다.

💬 게임을 플레이한 후 어떤 기능들이 추가되어 있는지 생각해봅시다.

CHAPTER 15
한글을 입력하면 영어로 번역하기

학습목표
- 번역 확장 블록을 이용할 수 있습니다.
- 한글을 입력받아 영어로 번역할 수 있습니다.

📂 **불러올 파일** : 15차시 불러올 파일.ent, 15차시 미리 해보기.ent   💾 **완성된 파일** : 15차시 완성된 파일.ent

오늘 배울 코딩 확인하기

 '15차시 미리 해보기.ent' 파일을 불러와 시작하기(▶)를 클릭하여 작품을 실행한 후 다음 단어들을 번역해봅시다.

입력할 단어	번역된 단어	입력할 단어	번역된 단어
안녕하세요	Hello.	책상	
선생님		학생	
과일		공부	
아빠		엄마	
전화기		ㅋㅋㅋ	

092 게임으로 배우는 엔트리

❶ 순서도 종류

이번 차시에서는 반복구조와 선택구조를 같이 사용하는 방법을 배울 겁니다.

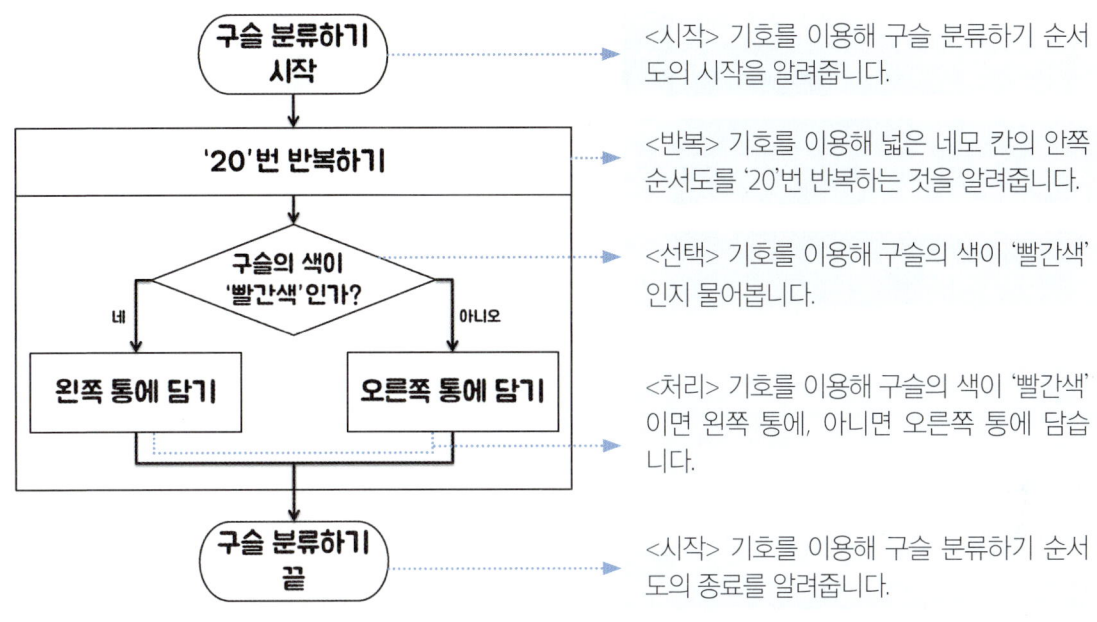

<시작> 기호를 이용해 구슬 분류하기 순서도의 시작을 알려줍니다.

<반복> 기호를 이용해 넓은 네모 칸의 안쪽 순서도를 '20'번 반복하는 것을 알려줍니다.

<선택> 기호를 이용해 구슬의 색이 '빨간색'인지 물어봅니다.

<처리> 기호를 이용해 구슬의 색이 '빨간색'이면 왼쪽 통에, 아니면 오른쪽 통에 담습니다.

<시작> 기호를 이용해 구슬 분류하기 순서도의 종료를 알려줍니다.

❷ 순서도 학습

다음 그림을 보고 내용에 맞는 순서도 기호를 그려봅시다.

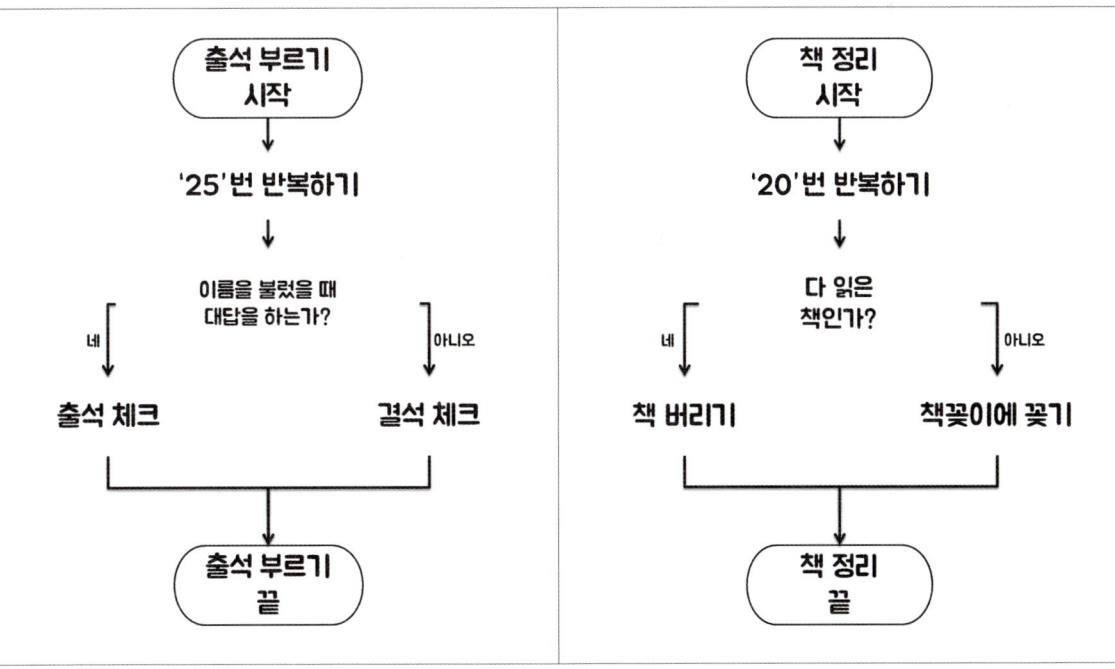

[번역봇] 오브젝트가 묻고 대답을 기다리기

① '15차시 불러올 파일.ent' 파일을 불러온 후 [번역] 확장 블록을 추가합니다. 이어서, 시작 블록꾸러미에서 `시작하기 버튼을 클릭했을 때` 를 [블록 조립소]로 가져다 놓습니다.

※ 확장 블록을 추가하는 방법은 48p를 참고합니다.

② 생김새 블록꾸러미에서 `안녕! 을(를) 4 초 동안 말하기` 를 아래쪽에 연결한 후 '4'를 '2'로 수정합니다.

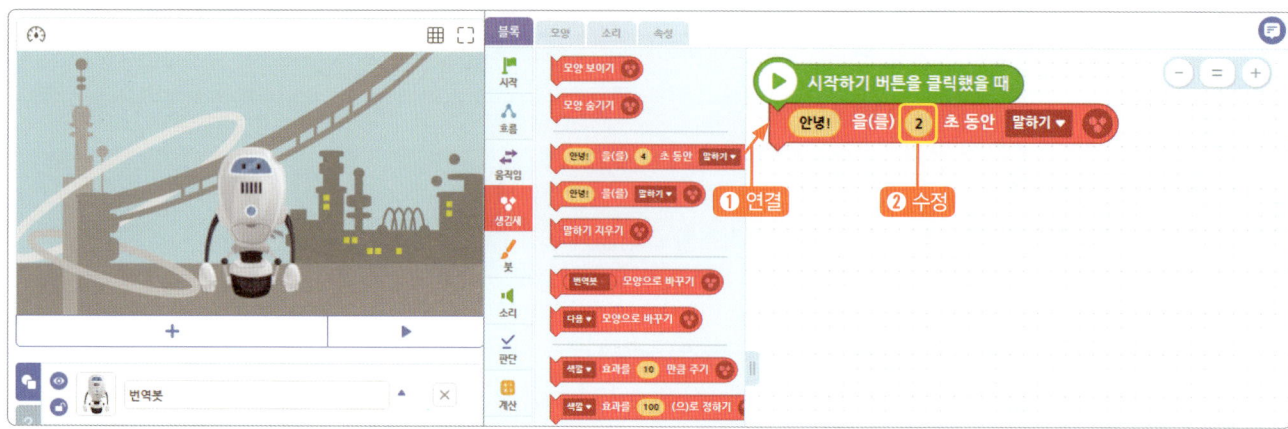

③ 생김새 블록꾸러미에서 `안녕! 을(를) 4 초 동안 말하기` 를 아래쪽에 한개 더 연결한 후 '안녕!'을 '한글을 입력하면 영어로 번역해 줄게'로, '4'를 '2'로 각각 수정합니다.

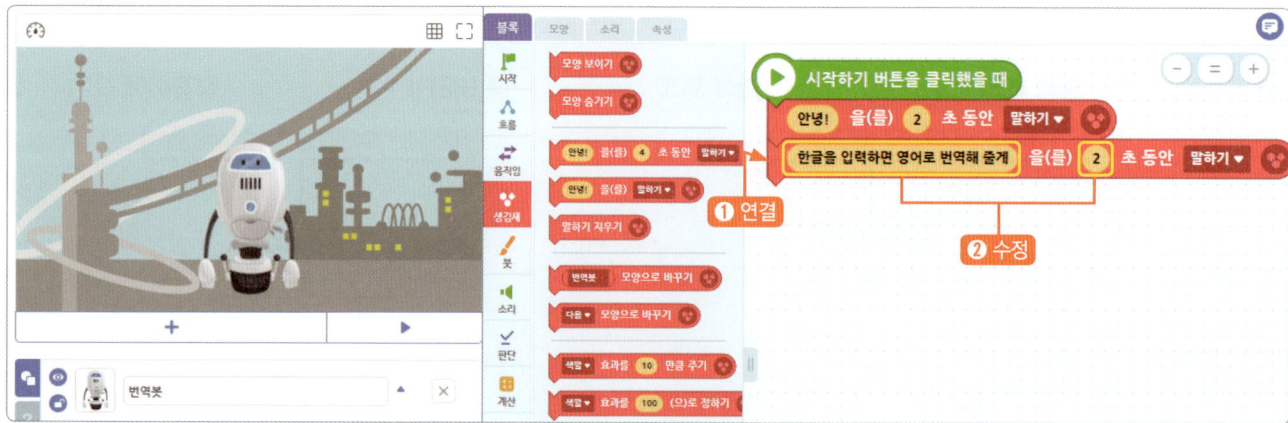

④ 흐름 블록꾸러미에서 `계속 반복하기` 를 아래쪽에 연결합니다.

⑤ 자료 블록꾸러미에서 `안녕1 을(를) 묻고 대답 기다리기` 를 안쪽에 연결한 후 '안녕!'을 '한글을 입력하세요'로 수정합니다.

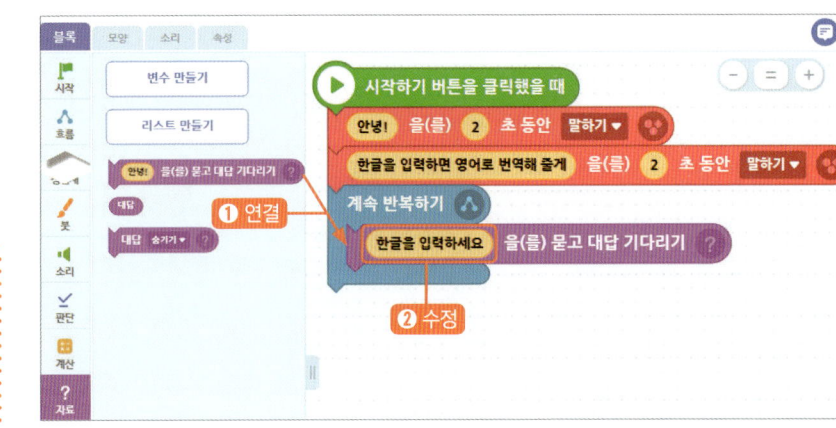

> **TIP**
> 묻고 답하기 블록에서 입력받은 값은 `대답` 블록에 저장되어 있는데 해당 대답은 가장 최근에 입력한 값만 저장되고 이전의 대답은 삭제됩니다.

02 확장 블록을 이용해 한글 번역하기

① 생김새 블록꾸러미에서 `안녕! 을(를) 4 초 동안 말하기` 를 안쪽에 연결한 후 '안녕!'을 '번역중...'으로, '4'를 '1'로 각각 수정합니다.

CHAPTER 15 한글을 입력하면 영어로 번역하기 **095**

❷ 생김새 블록꾸러미에서 `안녕! 을(를) 4 초 동안 말하기`를 안쪽에 연결한 후 '4'를 '2'로 수정합니다.

❸ 확장 블록꾸러미에서 `한국어 엔트리 을(를) 영어 로 번역하기`를 '안녕!'의 위치에 끼워 넣습니다.

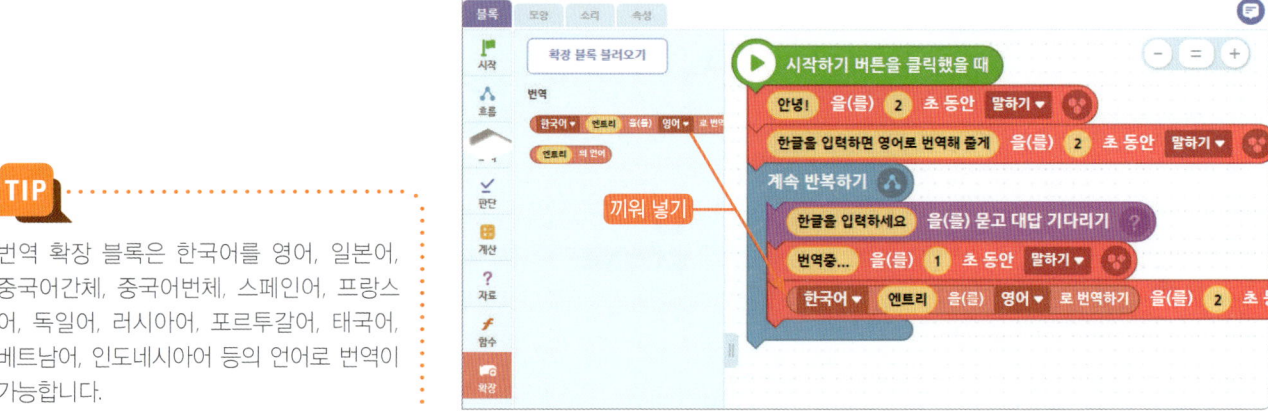

TIP

번역 확장 블록은 한국어를 영어, 일본어, 중국어간체, 중국어번체, 스페인어, 프랑스어, 독일어, 러시아어, 포르투갈어, 태국어, 베트남어, 인도네시아어 등의 언어로 번역이 가능합니다.

❹ 자료 블록꾸러미에서 `대답`을 '엔트리'의 위치에 끼워 넣습니다.

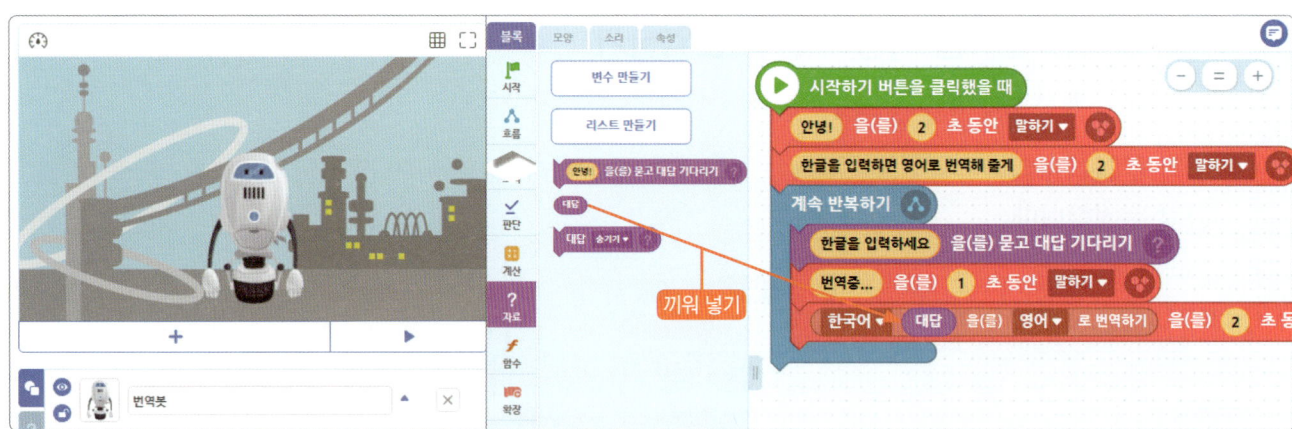

❺ 코드가 완성되면 시작하기(▶)를 클릭하여 작품을 실행합니다. 이어서, 한글을 입력하여 영어로 번역이 되는지 확인해봅시다.

CHAPTER 15 혼자서 해결하기

01 [번역봇] 오브젝트가 한글을 입력하면 영어를 번역한 후 일본어로도 번역하도록 코드를 조립해봅시다.

📁 **불러올 파일** : 15차시 연습문제 불러올 파일-1.ent   📄 **완성된 파일** : 15차시 연습문제 완성된 파일-1.ent

02 아래 그림들을 참고하여 '15차시 연습문제 불러올 파일-2.ent' 파일을 불러와 코드를 조립해봅시다.

📁 **불러올 파일** : 15차시 연습문제 불러올 파일-2.ent   📄 **완성된 파일** : 15차시 연습문제 완성된 파일-2.ent

①

②

③

④

⑤

⑥

CHAPTER 16 단원 종합 평가 문제

01 다음 블록 중에서 오브젝트의 모양을 '3'부터 '4'사이의 무작위 수로 바꾸는 코드를 골라봅시다.

① 5 부터 6 사이의 무작위 수 모양으로 바꾸기
② 7 부터 8 사이의 무작위 수 모양으로 바꾸기
③ 1 부터 2 사이의 무작위 수 모양으로 바꾸기
④ 3 부터 4 사이의 무작위 수 모양으로 바꾸기

02 다음 중 글상자 오브젝트의 [글상자] 탭에서 수정할 수 없는 것을 골라봅시다.

① 채우기 색상 ② 글꼴 색상 ③ 글상자 크기 ④ 글자 정렬

03 다음 코드 중에서 '스페이스' 키를 눌렀을 때 자신의 복제본을 만드는 코드를 골라봅시다.

① 시작하기 버튼을 클릭했을 때 / 계속 반복하기 / 만일 스페이스 키가 눌러져 있는가? 이라면 / 자신 의 복제본 만들기
② 시작하기 버튼을 클릭했을 때 / 계속 반복하기 / 만일 스페이스 키가 눌러져 있는가? 이라면 / 엔트리봇 의 복제본 만들기
③ 스페이스 키를 눌렀을 때 / 엔트리봇 의 복제본 만들기
④ q 키를 눌렀을 때 / 자신 의 복제본 만들기

04 다음 <보기>의 내용대로 올바르게 만든 코드를 골라봅시다.

〈보기〉
시작하기 버튼을 클릭했을 때 '안녕!'을 물어보고 입력받은 대답을 말한 후 마우스의 위치로 이동하는 것을 계속 반복합니다.

① 시작하기 버튼을 클릭했을 때 / 계속 반복하기 / 안녕! 을(를) 묻고 대답 기다리기 / 대답 을(를) 말하기 / x 좌표를 마우스 x 좌표 만큼 바꾸기 / y 좌표를 마우스 y 좌표 만큼 바꾸기
② 시작하기 버튼을 클릭했을 때 / 안녕! 을(를) 묻고 대답 기다리기 / 대답 을(를) 말하기 / 계속 반복하기 / x: 마우스 x 좌표 위치로 이동하기 / y: 마우스 y 좌표 위치로 이동하기
③ 시작하기 버튼을 클릭했을 때 / 계속 반복하기 / 안녕! 을(를) 묻고 대답 기다리기 / 대답 을(를) 말하기 / x: 마우스 x 좌표 위치로 이동하기 / y: 마우스 y 좌표 위치로 이동하기
④ 시작하기 버튼을 클릭했을 때 / 안녕! 을(를) 묻고 대답 기다리기 / 대답 을(를) 말하기 / 계속 반복하기 / x 좌표를 마우스 x 좌표 만큼 바꾸기 / y 좌표를 마우스 y 좌표 만큼 바꾸기

05 다음 순서도들을 보고 어떤 구조인지 적어봅시다.

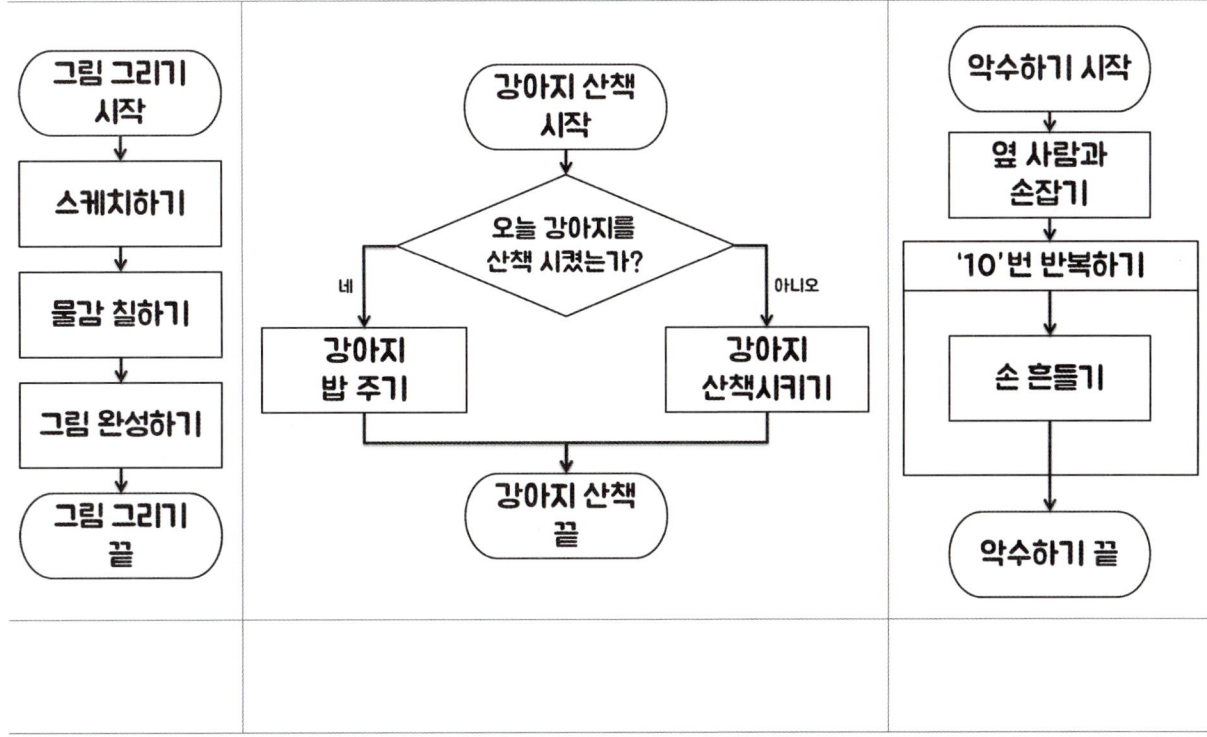

06 <사용할 기호>를 참고하여 아래 순서도를 완성해봅시다.

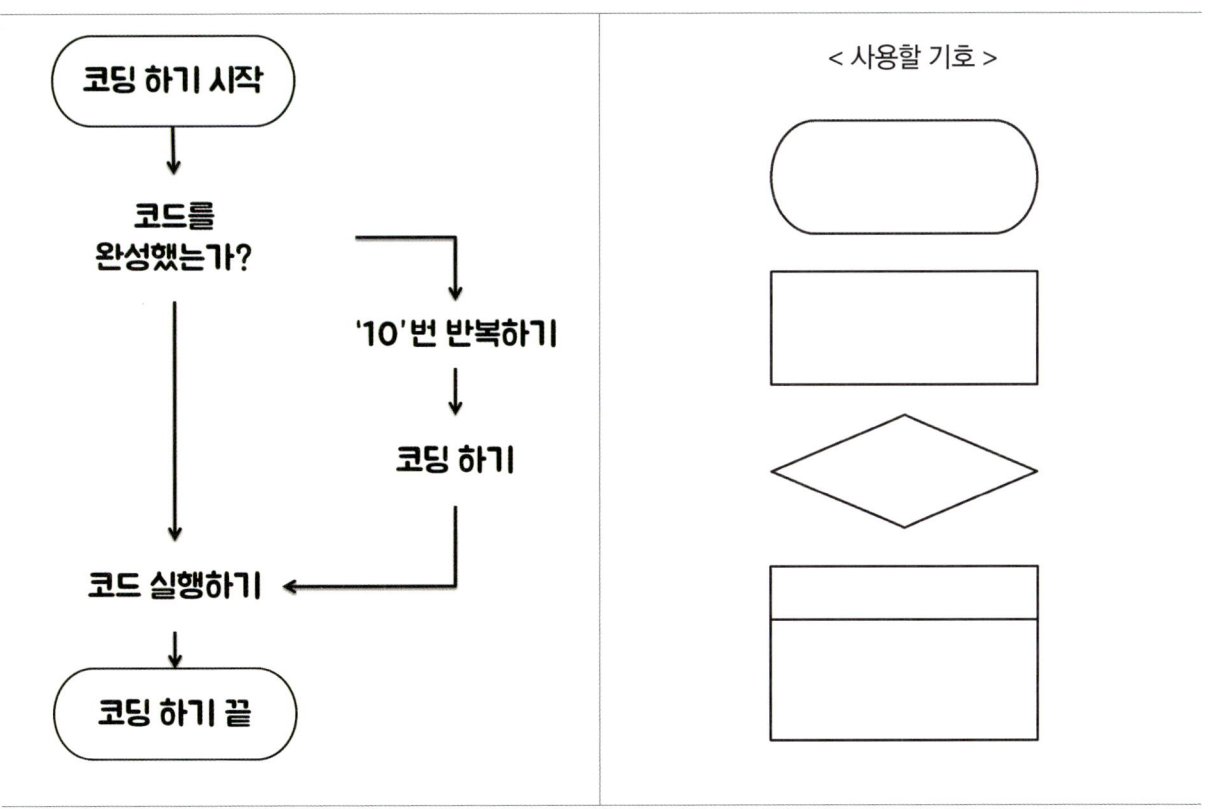

CHAPTER 17

날아가는 복제본 만들기

학습목표
- 여러 개의 복제본을 만들 수 있습니다.
- 만들어진 복제본들을 회전하며 이동시킬 수 있습니다.

📁 **불러올 파일 :** 17차시 불러올 파일.ent, 17차시 미리 해보기.ent   📄 **완성된 파일 :** 17차시 완성된 파일.ent

오늘 배울 코딩 확인하기

◎ '17차시 미리 해보기.ent' 파일을 불러와 시작하기(▶)를 클릭하여 작품을 실행한 후 다음 아래 OX퀴즈를 풀어봅시다.

<OX퀴즈>	
1. 시작하기 버튼을 클릭했을 때 카드들이 위로 날아갑니다.	(O | X)
2. [오브젝트 목록]에 여러 개의 [카드] 오브젝트가 있습니다.	(O | X)
3. 카드들은 항상 똑같은 위치와 방향으로 날아갑니다.	(O | X)
4. 카드의 개수는 무제한으로 계속 날아갑니다.	(O | X)

순서도 능력 키우기

❶ 순서도 적용하기

왼쪽의 순서도는 마트에서 과자를 고르는 순서도입니다. 다음 <보기>에서 <순서도>의 빈 곳에 들어갈 알맞은 것을 골라봅시다.

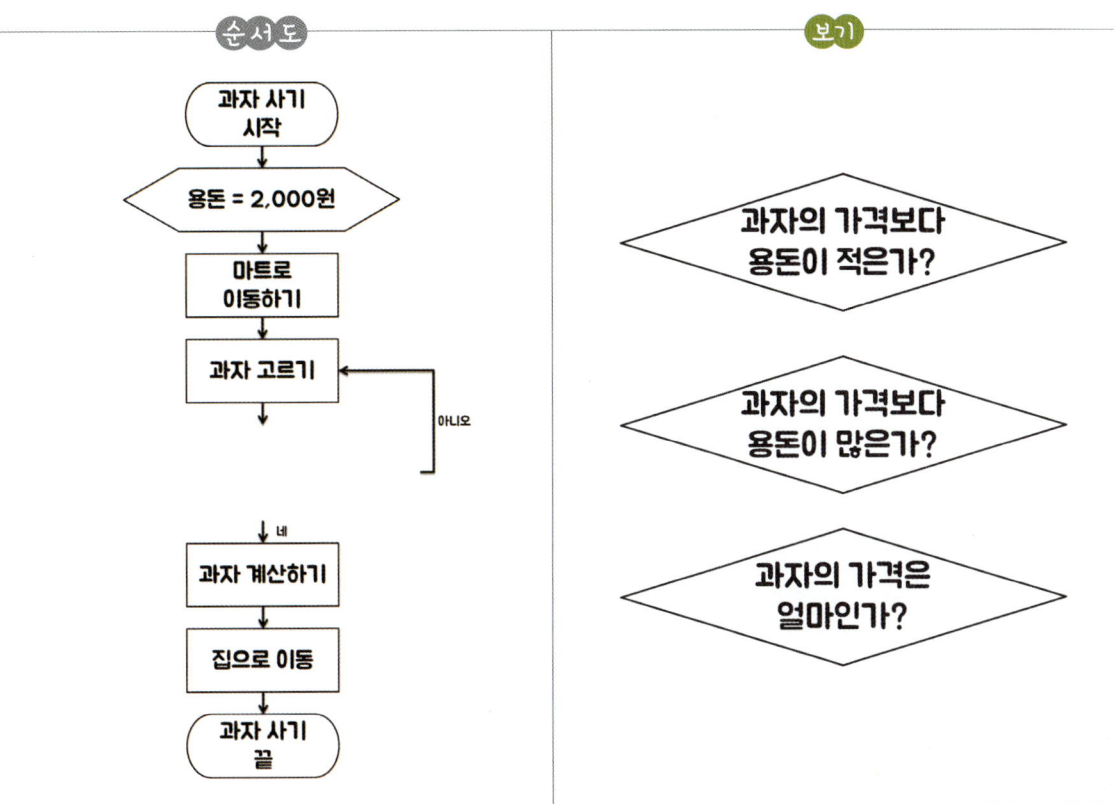

❷ 순서도 학습

다음 순서도의 빈 곳에 알맞은 순서도 기호와 내용을 직접 적어봅시다.

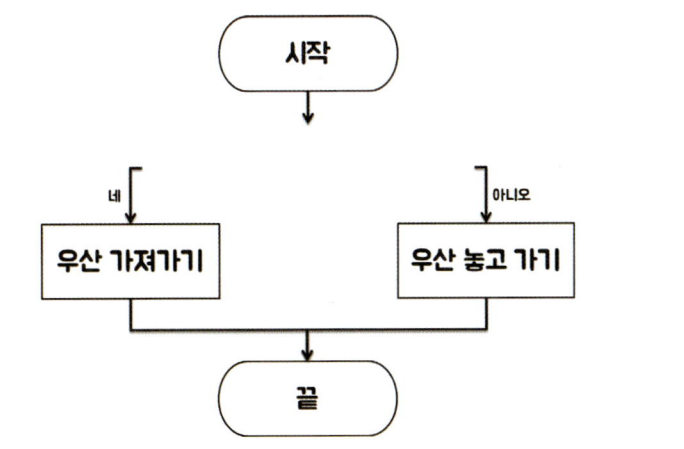

01 [카드] 오브젝트의 복제본 100개 만들기

❶ '17차시 불러올 파일.ent' 파일을 불러온 후 시작 블록꾸러미에서 시작하기 버튼을 클릭했을 때 를 [블록 조립소]로 가져다 놓습니다.

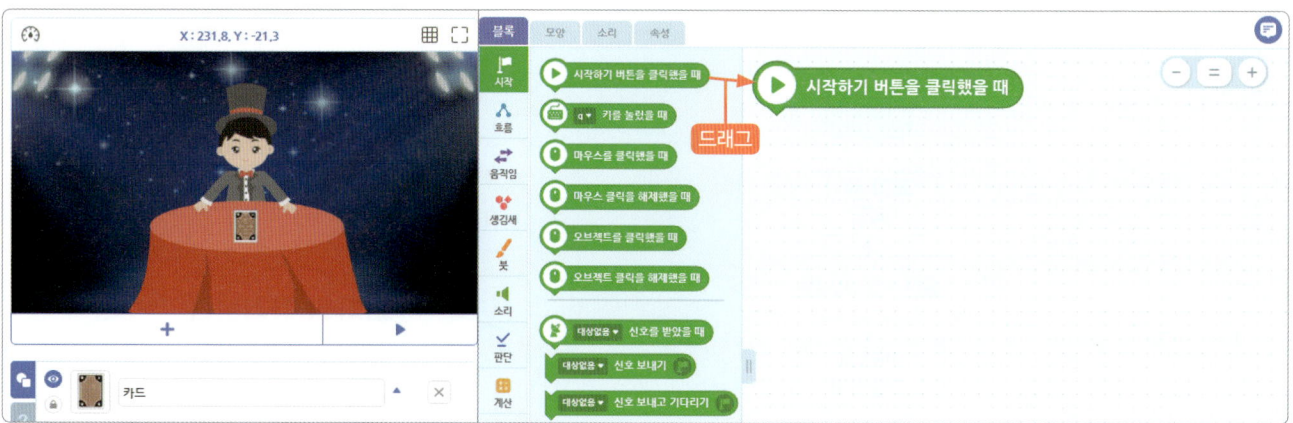

❷ 흐름 블록꾸러미에서 10 번 반복하기 를 아래쪽에 연결한 후 '10'을 '100'으로 수정합니다.

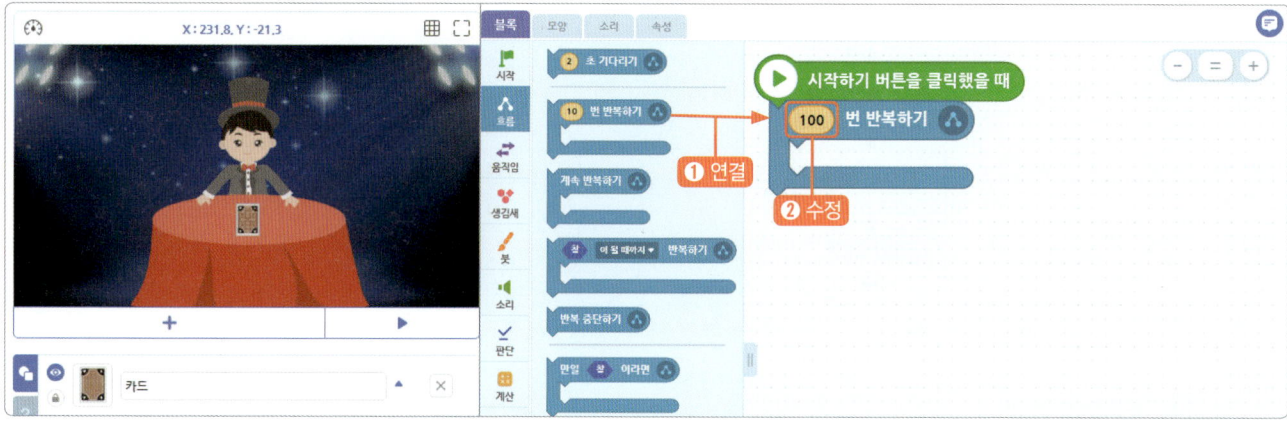

❸ 흐름 블록꾸러미에서 자신의 복제본 만들기 를 안쪽에 연결합니다.

💡 코딩풀이
시작하기를 클릭했을 때 [카드] 오브젝트의 복제본이 총 '100'개가 만들어집니다.
단, 아직 복제본을 움직이는 코드를 만들지 않았기 때문에 만들어진 복제본들이 겹쳐있어서 하나의 오브젝트만 존재하는 것처럼 보입니다.

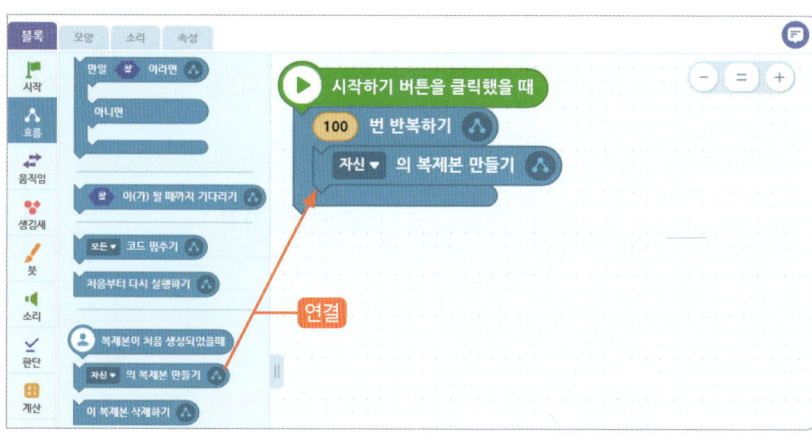

02 복제본들을 위쪽 방향으로 이동시키기

❶ 흐름 블록꾸러미에서 `복제본이 처음 생성되었을때`을 [블록 조립소]로 가져다 놓습니다.

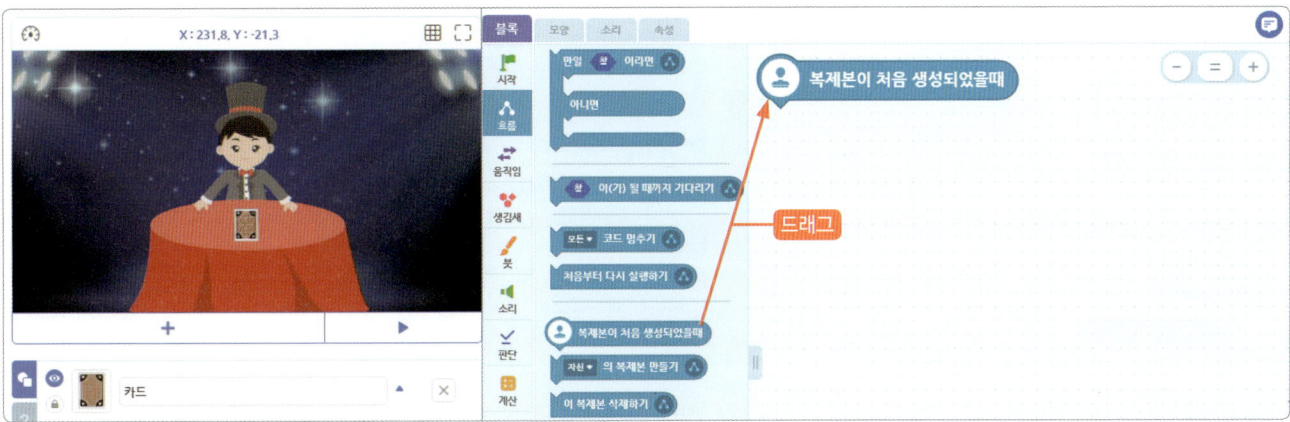

❷ 움직임 블록꾸러미에서 `2초 동안 x: 10 y: 10 위치로 이동하기`를 아래쪽에 연결한 후 '2'를 '0.5'로, 두 번째 '10'을 '180'으로 각각 수정합니다.

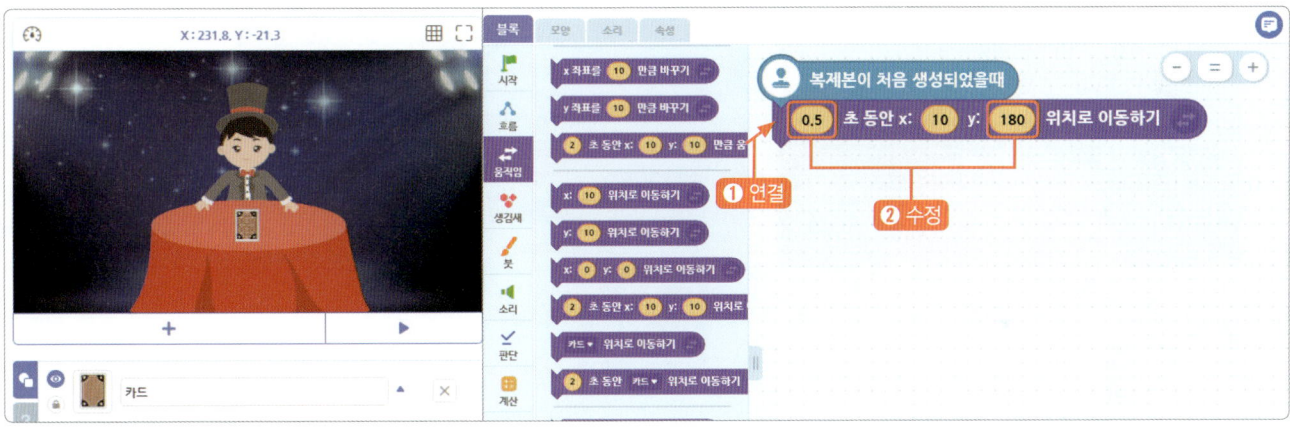

❸ 계산 블록꾸러미에서 `0 부터 10 사이의 무작위 수`를 '10'의 위치에 끼워 넣습니다. 이어서, '0'을 '-110'으로, '10'을 '110'으로 각각 수정합니다.

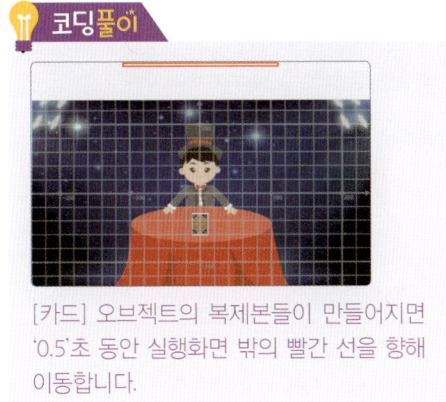

[카드] 오브젝트의 복제본들이 만들어지면 '0.5'초 동안 실행화면 밖의 빨간 선을 향해 이동합니다.

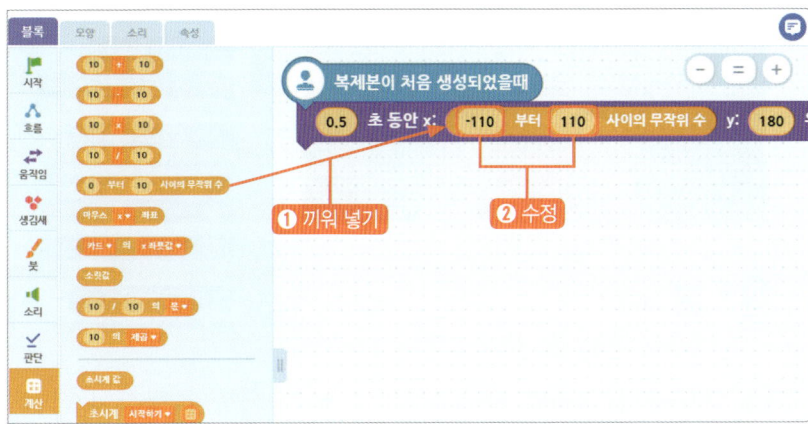

03 이동하는 복제본들을 회전시키기

❶ 흐름 블록꾸러미에서 `복제본이 처음 생성되었을때` 를 [블록 조립소]로 가져다 놓습니다.

TIP `복제본이 처음 생성되었을때` 블록을 두 개 사용하는 이유는 복제본이 만들어진 후의 코드를 동시에 실행하기 위해서입니다.

❷ 흐름 블록꾸러미에서 `계속 반복하기` 를 아래쪽에 연결합니다.

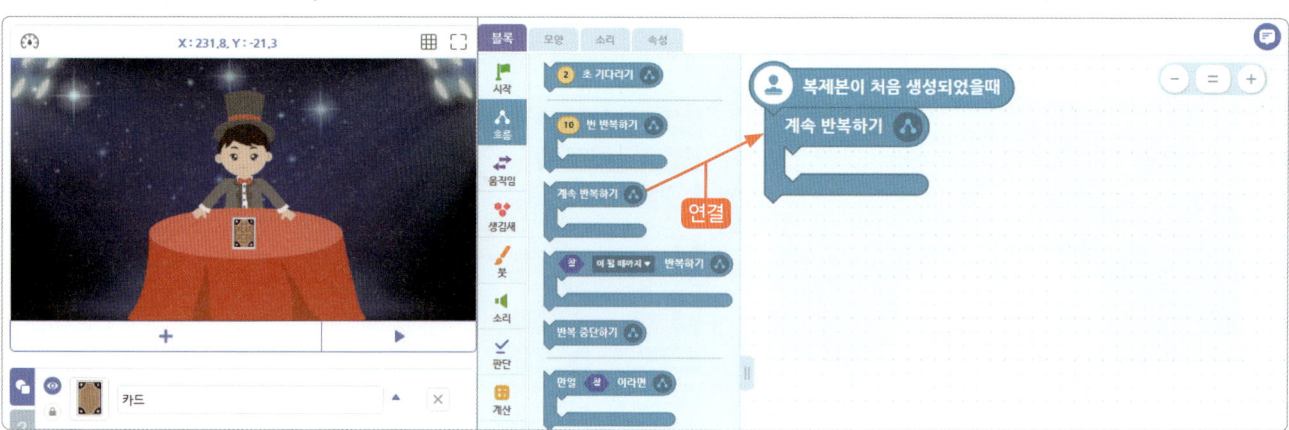

❸ 움직임 블록꾸러미에서 `방향을 90° 만큼 회전하기` 를 안쪽에 연결한 후 '90°'를 '25°'로 수정합니다.

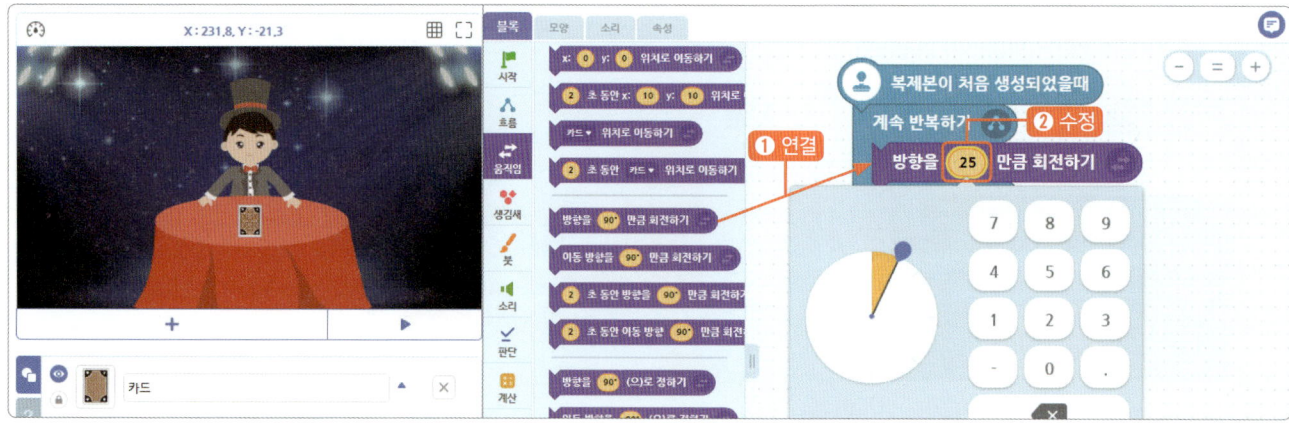

❹ 코드가 완성되면 시작하기(▶)를 클릭하여 작품을 실행한 후 [카드] 오브젝트의 복제본이 위로 올라가며 회전하는 것을 확인해봅시다.

104 게임으로 배우는 엔트리

CHAPTER 17 혼자서 해결하기

01 [카드] 오브젝트의 복제본 '100'개를 계속 회전하며 오른쪽 방향('0.5'초 동안 X:260 Y:-60~60)으로 이동하도록 코드를 수정하고 조립해봅시다.

불러올 파일 : 17차시 연습문제 불러올 파일-1.ent   **완성된 파일 :** 17차시 연습문제 완성된 파일-1.ent

02 아래 그림들을 참고하여 '17차시 연습문제 불러올 파일-2.ent' 파일을 불러와 코드를 조립해봅시다.

불러올 파일 : 17차시 연습문제 불러올 파일-2.ent   **완성된 파일 :** 17차시 연습문제 완성된 파일-2.ent

①

②

③

CHAPTER 18
같은 카드인지 확인해보기

학습목표
- 두 개의 오브젝트가 같은 모양인지 판단할 수 있습니다.
- 두 개의 오브젝트의 모양을 판단하여 결과를 말할 수 있습니다.

📂 **불러올 파일 :** 18차시 불러올 파일.ent, 18차시 미리 해보기.ent   📋 **완성된 파일 :** 18차시 완성된 파일.ent

오늘 배울 코딩 확인하기

◎ '18차시 미리 해보기.ent' 파일을 불러와 시작하기(▶)를 클릭한 후 아래 세 개의 카드를 뒤집으면 어떤 모양인지 각각 적어봅시다.

106 게임으로 배우는 엔트리

순서도 능력 키우기

❶ 순서도 적용하기

왼쪽의 순서도는 친구들과 음료수를 뽑는 순서도입니다. 다음 <보기>에서 <순서도>의 빈 곳에 들어갈 알맞은 것을 골라봅시다.

❷ 순서도 학습

다음 순서도의 빈 곳에 알맞은 순서도 기호와 내용을 직접 적어봅시다.

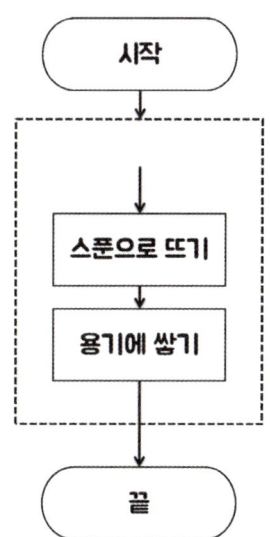

01 [카드4] 오브젝트의 모양을 무작위로 바꾸기

❶ '18차시 불러올 파일.ent' 파일을 불러온 후 시작 블록꾸러미에서 시작하기 버튼을 클릭했을 때 를 [블록 조립소]로 가져다 놓습니다.

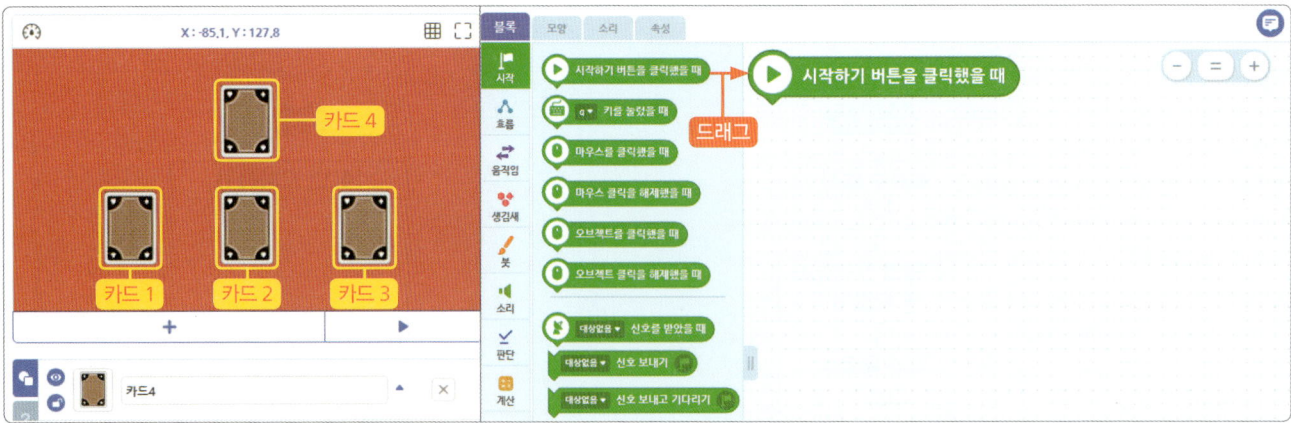

❷ 생김새 블록꾸러미에서 뒷면 모양으로 바꾸기 를 아래쪽에 연결합니다.

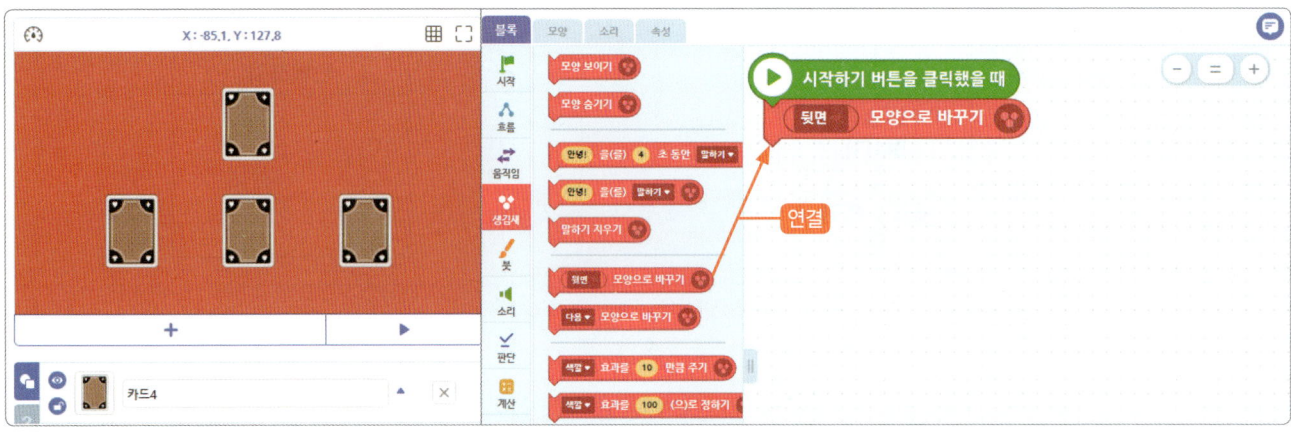

❸ 계산 블록꾸러미에서 0 부터 10 사이의 무작위 수 를 '뒷면'의 위치에 끼워 넣습니다. 이어서, '0'을 '2'로, '10'을 '4'로 각각 수정합니다.

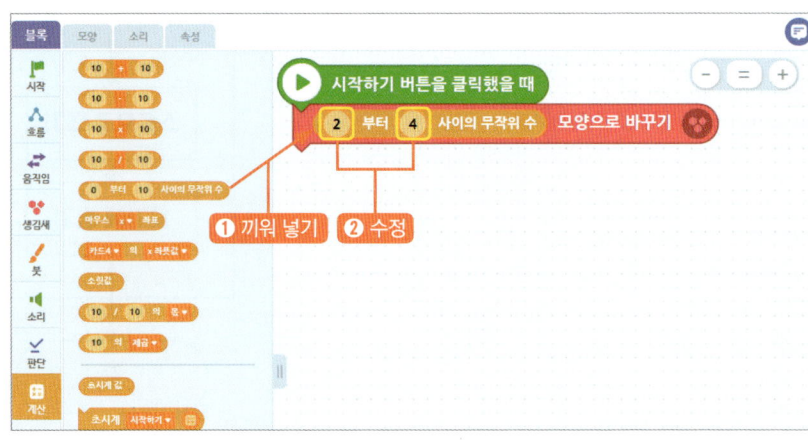

> **코딩풀이**
> 작품이 시작되면 '1'번 모양(카드 뒷면)을 제외한 세 개의 모양 중 하나로 오브젝트의 모양을 바꿉니다.

108 게임으로 배우는 엔트리

02 [카드3] 오브젝트를 클릭했을 때 [카드4]의 모양과 같은지 확인하기

❶ [오브젝트 목록]에서 [카드3] 오브젝트를 클릭한 후 시작 블록꾸러미에서 오브젝트를 클릭했을 때 를 [블록 조립소]로 가져다 놓습니다.

❷ 생김새 블록꾸러미에서 다음▼ 모양으로 바꾸기 를 아래쪽에 연결합니다.

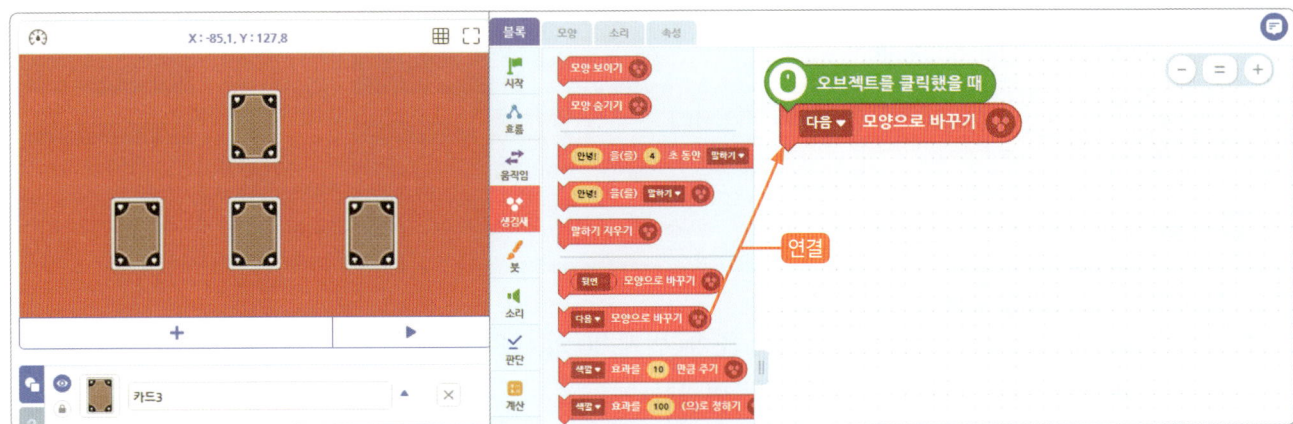

❸ 흐름 블록꾸러미에서 만일 참 이라면 아니면 을 아래쪽에 연결합니다.

CHAPTER 18 같은 카드인지 확인해보기 **109**

❹ 판단 블록꾸러미에서 `10 = 10`을 '참'의 위치에 끼워 넣습니다.

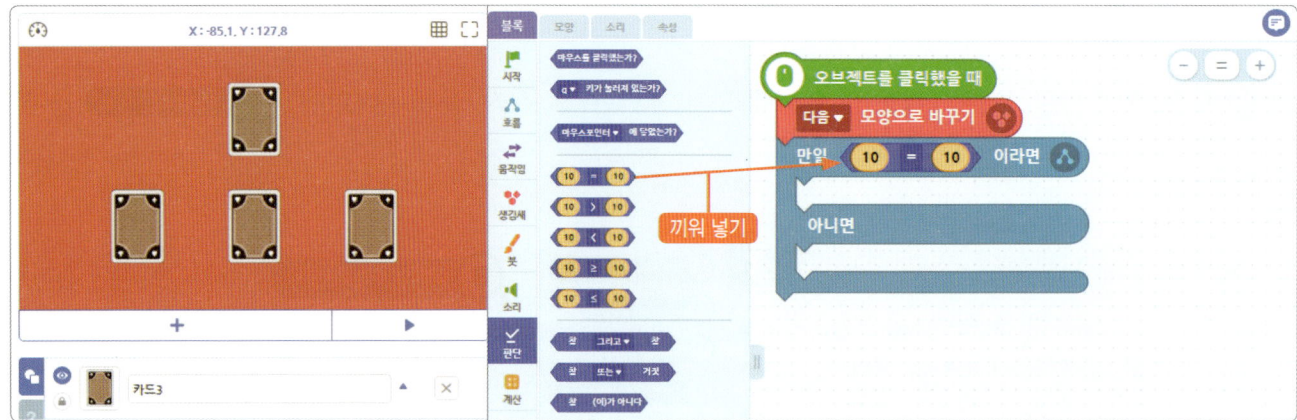

❺ 계산 블록꾸러미에서 `카드4▼ 의 x좌푯값▼`을 첫 번째 '10'의 위치에 끼워 넣습니다. 이어서, 'x 좌푯값'을 '모양 이름'으로 변경합니다.

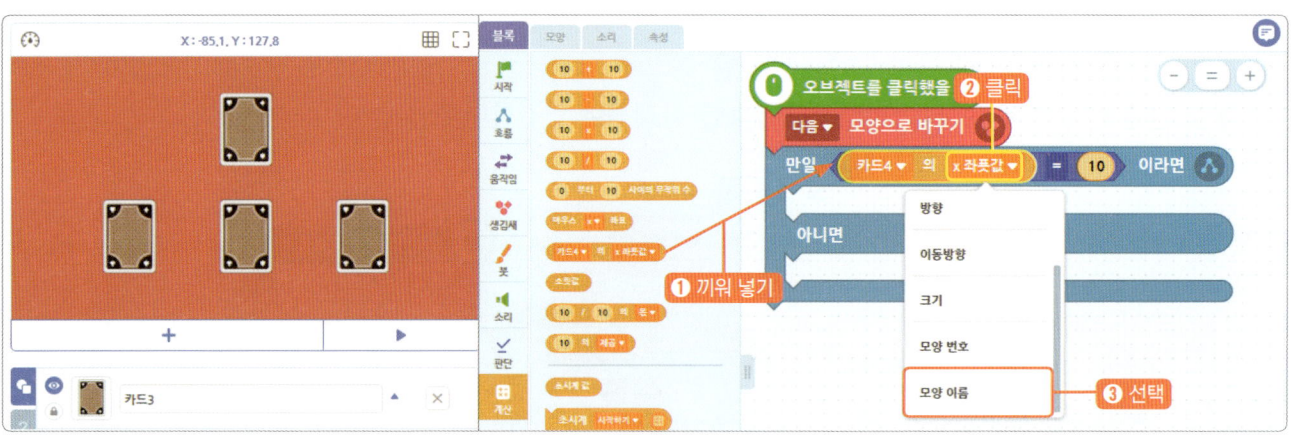

❻ 계산 블록꾸러미에서 `카드4▼ 의 x좌푯값▼`을 두 번째 '10'의 위치에 끼워 넣습니다. 이어서, '카드4'를 '카드3'으로, 'x 좌푯값'을 '모양 이름'으로 각각 변경합니다.

💡 **코딩풀이**

[카드3] 오브젝트를 클릭했을 때 [카드4] 오브젝트와 [카드3] 오브젝트의 모양 이름이 같은지 확인합니다.

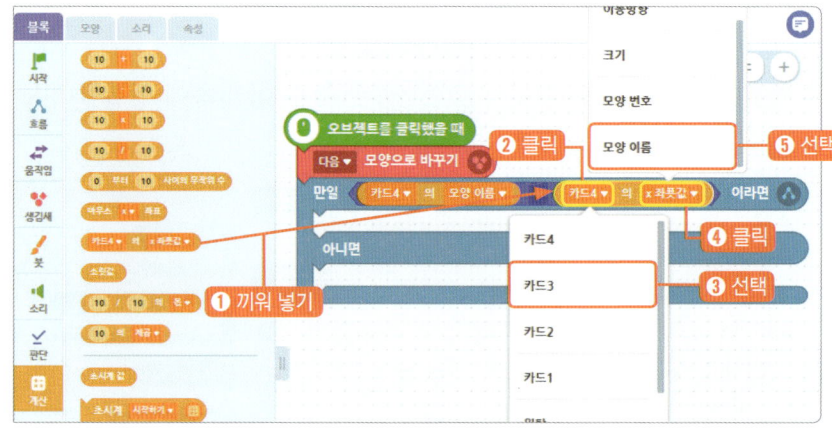

110 게임으로 배우는 엔트리

7 생김새 블록꾸러미에서 를 안쪽에 연결한 후 '안녕!'을 '같은 모양입니다!'로, '4'를 '2'로 각각 수정합니다.

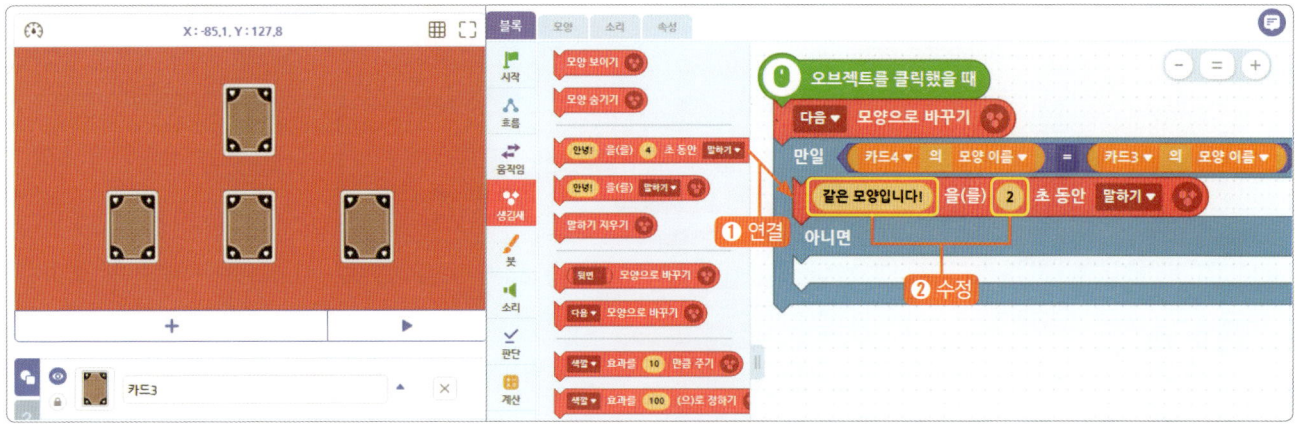

8 생김새 블록꾸러미에서 를 안쪽에 연결한 후 '안녕!'을 '다른 모양입니다!'로, '4'를 '2'로 각각 수정합니다.

코딩풀이
[카드3] 오브젝트를 클릭하면 카드의 모양이 바뀌고 위쪽에 있는 [카드4] 오브젝트와 모양이 같다면 '같은 모양입니다!'를, 아니라면 '다른 모양입니다!'를 말합니다.

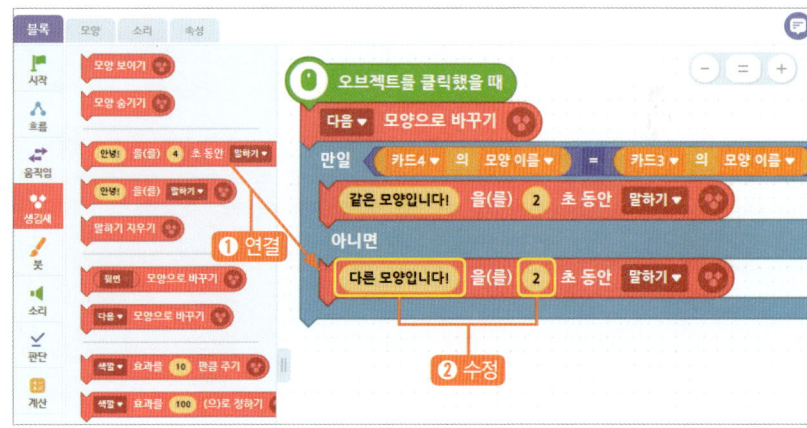

03 [카드2], [카드1] 오브젝트에 코드를 붙여 넣은 후 수정하기

1 `오브젝트를 클릭했을 때` 위에서 마우스 오른쪽 버튼을 클릭한 후 [코드 복사]를 선택합니다.

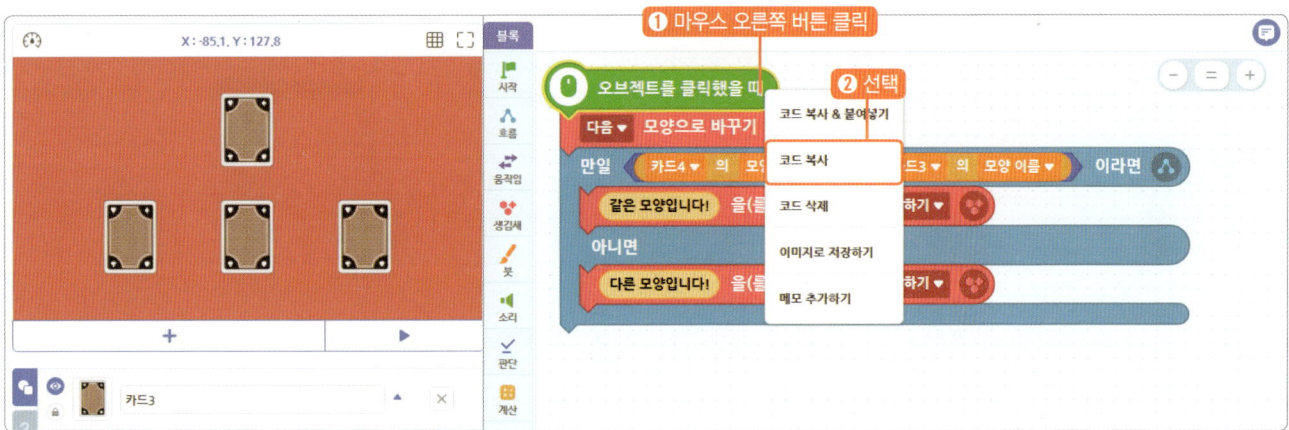

CHAPTER 18 같은 카드인지 확인해보기 **111**

❷ [오브젝트 목록]에서 [카드2] 오브젝트를 클릭합니다. 이어서, [블록 조립소]의 빈 곳에서 마우스 오른쪽 버튼을 클릭한 후 [붙여넣기]를 선택합니다.

❸ 복사된 코드에서 '카드3'을 '카드2'로 변경합니다.

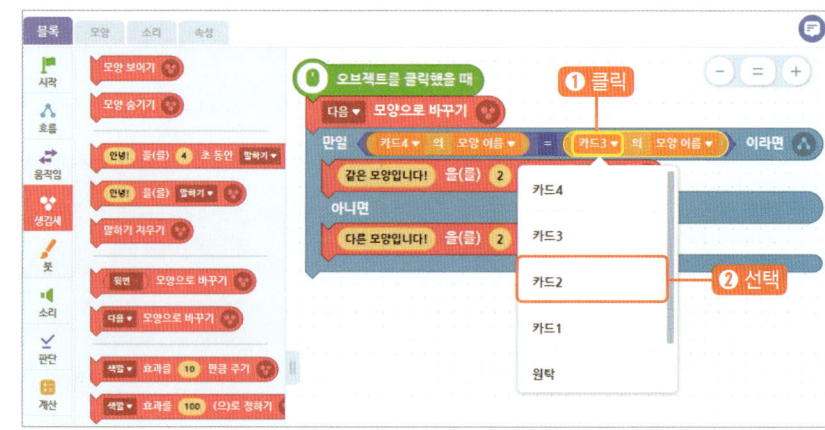

코딩풀이
[카드2], [카드1] 오브젝트에도 [카드3] 오브젝트의 코드를 복사한 후 붙여 넣어 [카드4] 오브젝트와 같은 모양인지 판단합니다.

❹ [카드1] 오브젝트에도 코드를 붙여 넣은 후 '카드3'을 '카드1'로 변경합니다.

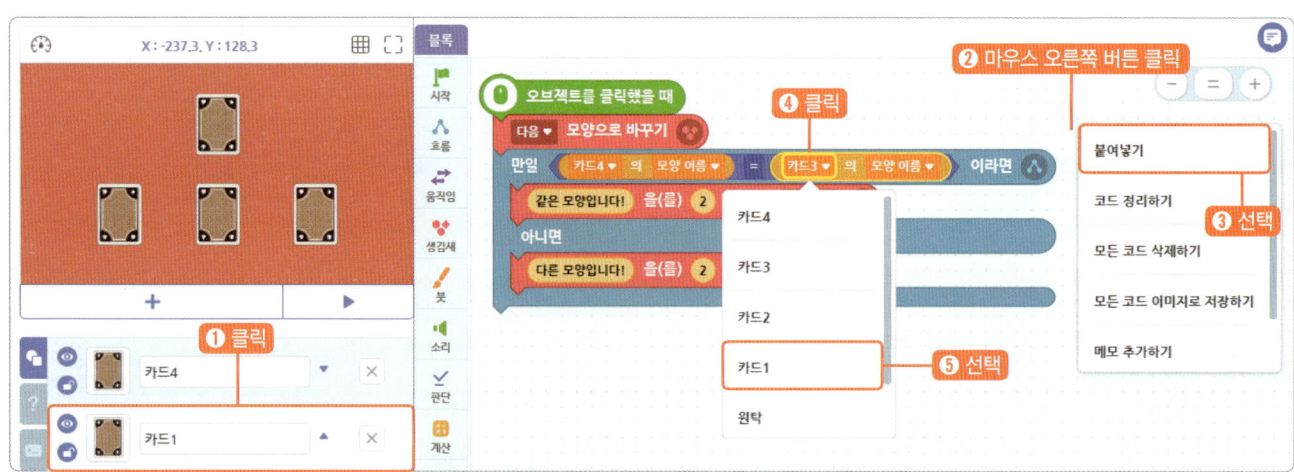

❺ 코드가 완성되면 시작하기(▶)를 클릭하여 작품을 실행한 후 [카드4] 오브젝트와 같은 모양의 오브젝트를 찾아봅시다.

PLAY 트럼프 짝 맞추기 해보기

01 '18차시 트럼프 짝 맞추기.ent' 파일을 불러와 트럼프 짝 맞추기 게임을 플레이해봅시다.

📂 **불러올 파일** : 18차시 트럼프 짝 맞추기.ent

놀이방법

① 시작하기를 클릭한 후 카드가 배치될 때까지 기다립니다.
② 배치가 끝나면 초시계가 시작되어 시간을 잽니다.
③ 카드를 마우스로 클릭하여 뒤집었을 때 같은 모양이면 사라지고, 다른 모양이면 다시 뒤집힙니다.
④ 카드의 짝을 모두 맞추면 마술사가 얼마나 시간이 걸렸는지 말해줍니다.
⑤ 가장 빠른 시간에 카드의 짝을 모두 맞춘 사람이 승리합니다.

프로그래머 한마디

트럼프 짝 맞추기 게임은 17차시와 18차시에서 배운 기능을 중심으로 실제 게임과 비슷하게 플레이할 수 있도록 많은 기능들이 추가되어 있습니다. 매우 복잡한 코드로 만들어져 있으니 블록을 고치거나 지우지 말고 게임을 플레이해봅시다.

🎈 게임을 플레이한 후 어떤 기능들이 추가되어 있는지 생각해봅시다.

CHAPTER 19

신호를 이용해 오브젝트 움직이기

학습목표
- 신호를 만들 수 있습니다.
- 신호를 보내 다른 오브젝트를 움직일 수 있습니다.

📁 **불러올 파일** : 19차시 불러올 파일.ent, 19차시 미리 해보기.ent 📄 **완성된 파일** : 19차시 완성된 파일.ent

오늘 배울 코딩 확인하기

◎ '19차시 미리 해보기.ent' 파일을 불러와 시작하기(▶)를 클릭한 후 Space Bar 눌러봅니다. 이어서, [백기] 오브젝트가 움직이는 순서를 괄호 안에 적어봅시다.

(   ) [백기] 오브젝트가 처음 위치로 돌아옵니다.

(   ) [백기] 오브젝트가 어깨를 중심으로 위쪽으로 회전합니다.

(01) 작품이 시작되었을 때 Space Bar 키를 누릅니다.

(   ) [백기] 오브젝트가 어깨를 중심으로 아래쪽으로 회전합니다.

114 게임으로 배우는 엔트리

순서도 능력 키우기

❶ 순서도 적용하기

왼쪽의 순서도는 친구들과 음료수를 뽑는 순서도입니다. 다음 <보기>에서 <순서도>의 빈 곳에 들어갈 알맞은 것을 골라봅시다.

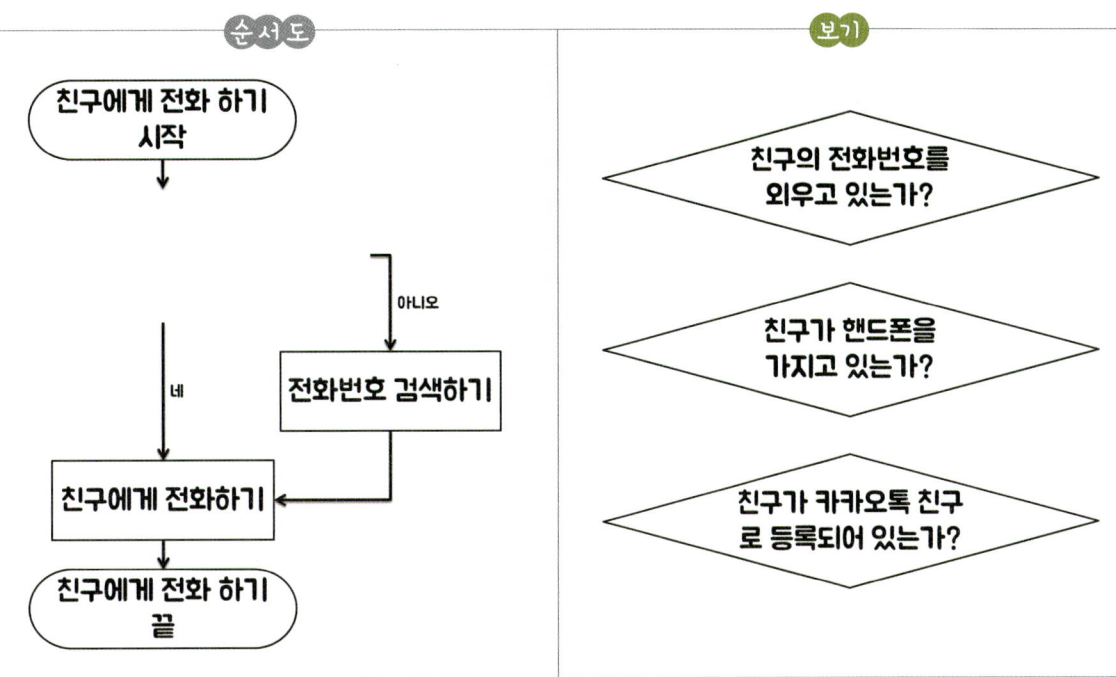

❷ 순서도 학습

다음 순서도의 빈 곳에 알맞은 순서도 기호와 내용을 직접 적어봅시다.

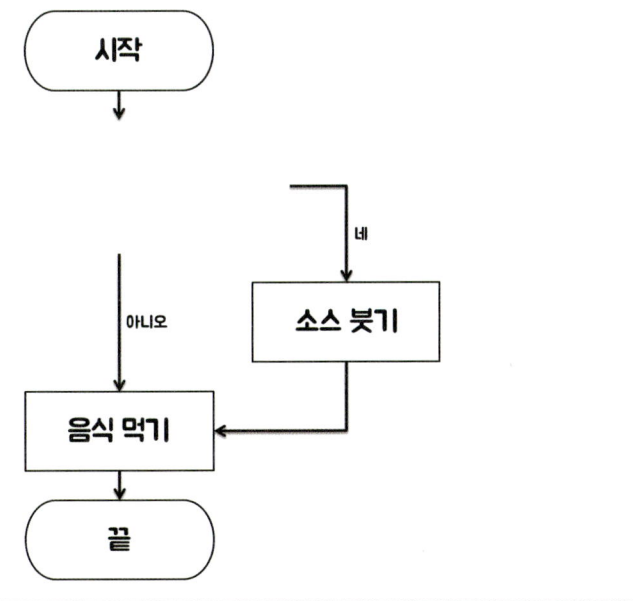

01 신호 추가하기

1. '19차시 불러올 파일.ent' 파일을 불러온 후 [속성] - [신호]를 클릭합니다.

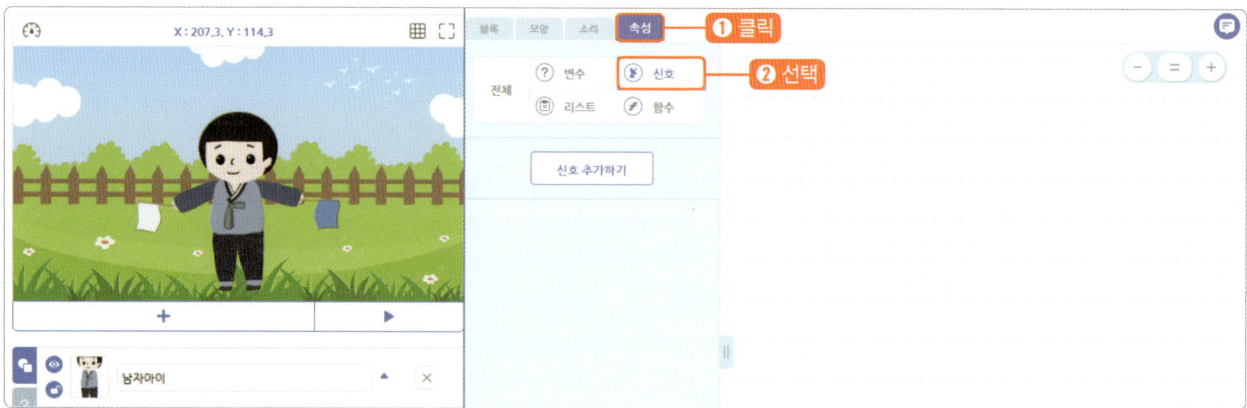

2. <신호 추가하기>를 클릭합니다. 이어서, '백기 올려'를 입력한 후 <확인>을 클릭합니다.

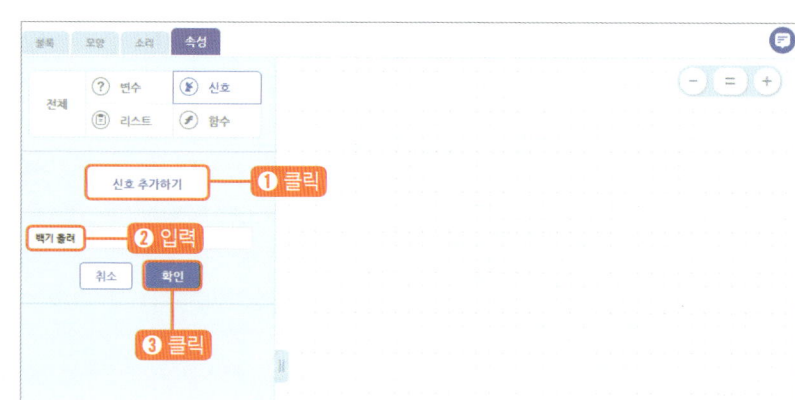

TIP
오브젝트들은 서로 언제 어떤 코드를 사용하는지 알 수 없습니다. 그렇기 때문에 신호를 만들고 그 신호를 이용해 필요할 때 다른 오브젝트의 코드를 실행시킬 수 있습니다.

02 Space Bar 키를 눌렀을 때 '백기 올려' 신호 보내기

1. 신호가 추가되면 [블록] 탭을 클릭한 후 시작 블록꾸러미에서 ▶시작하기 버튼을 클릭했을 때 를 [블록 조립소]로 가져다 놓습니다.

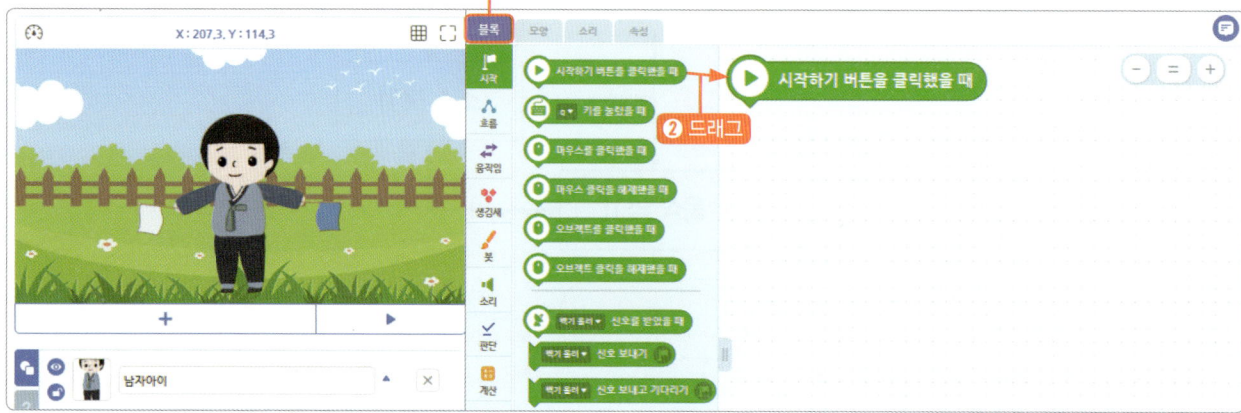

❷ 흐름 블록꾸러미에서 [계속 반복하기] 를 아래쪽에 연결합니다.

❸ 흐름 블록꾸러미에서 [만일 참 이라면] 을 안쪽에 연결합니다.

❹ 판단 블록꾸러미에서 [q▼ 키가 눌러져 있는가?] 를 '참'의 위치에 끼워 넣은 후 'q'를 '스페이스'로 변경합니다.

CHAPTER 19 신호를 이용해 오브젝트 움직이기

❺ 생김새 블록꾸러미에서 [안녕! 을(를) 말하기]를 안쪽에 연결한 후 '안녕!'을 '백기 들어'로 수정합니다.

❻ 시작 블록꾸러미에서 [백기 올려 신호 보내고 기다리기]를 안쪽에 연결합니다.

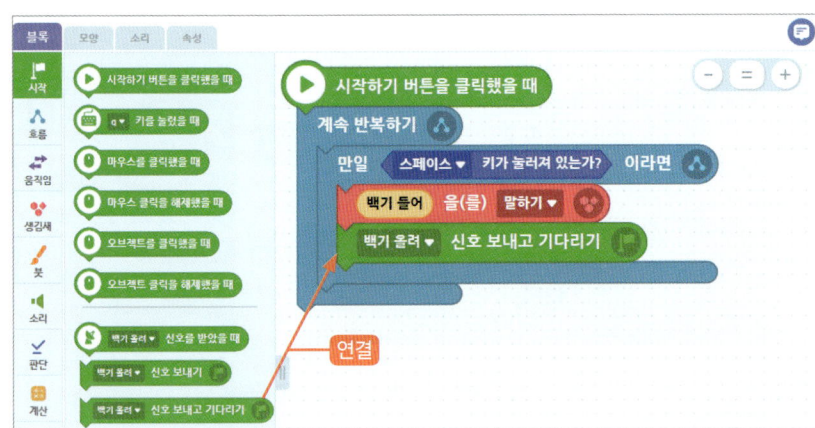

코딩풀이

Space Bar 키를 눌렀을 때 [남자아이] 오브젝트가 '백기 들어'라고 말한 후 '백기 올려' 신호를 보냅니다. 이후 신호를 받는 [백기] 오브젝트에서 [백기 올려 신호를 받았을 때] 블록 아래쪽에 연결된 블록들의 실행이 끝날 때까지 기다립니다.

❼ 생김새 블록꾸러미에서 [말하기 지우기]를 안쪽에 연결합니다.

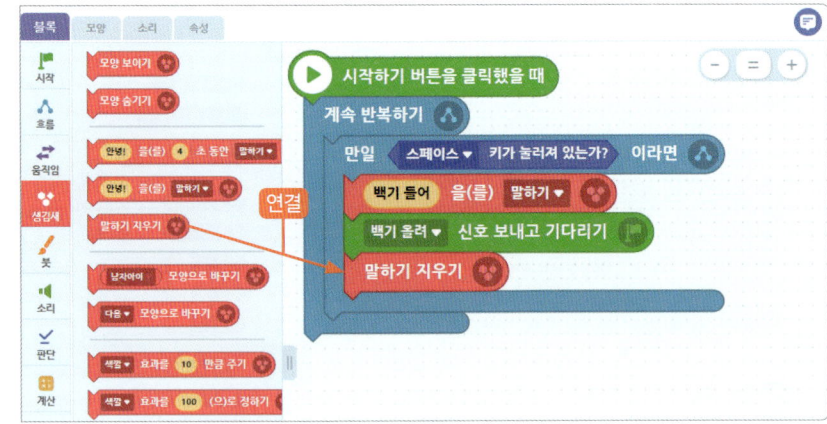

TIP

[안녕! 을(를) 말하기] 블록을 사용하면 [말하기 지우기] 블록을 사용하기 전까지 계속 '안녕!'을 말합니다.

118 게임로 배우는 엔트리

03 신호를 받으면 [백기] 오브젝트를 움직이기

① [오브젝트 목록]에서 [백기] 오브젝트를 클릭한 후 시작 블록꾸러미에서 ![백기 올려 신호를 받았을 때] 를 [블록 조립소]로 가져다 놓습니다.

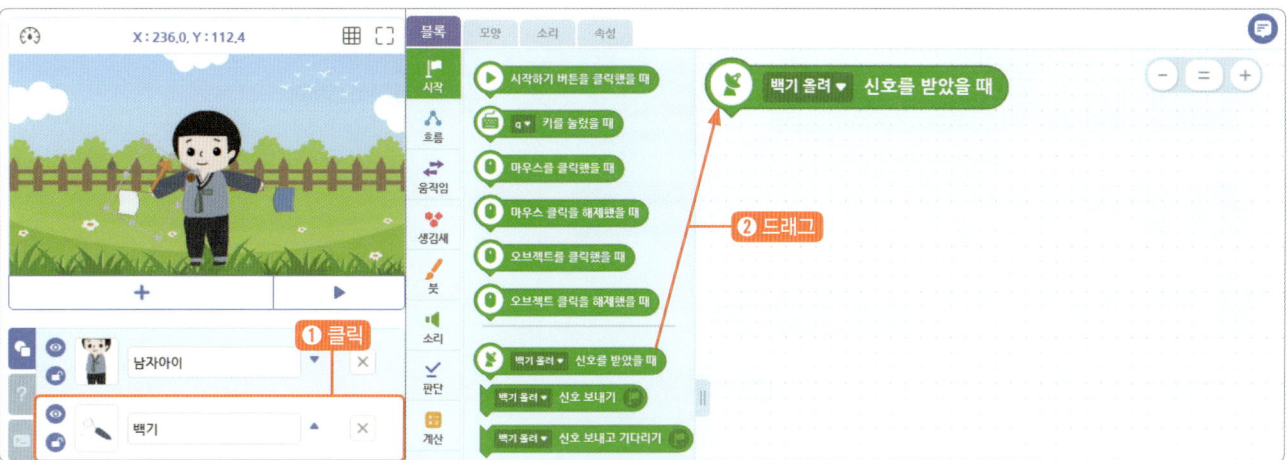

② 흐름 블록꾸러미에서 ![10 번 반복하기] 를 안쪽에 연결합니다.

③ 움직임 블록꾸러미에서 ![방향을 90° 만큼 회전하기] 를 안쪽에 연결한 후 '90°'를 '5°'로 수정합니다.

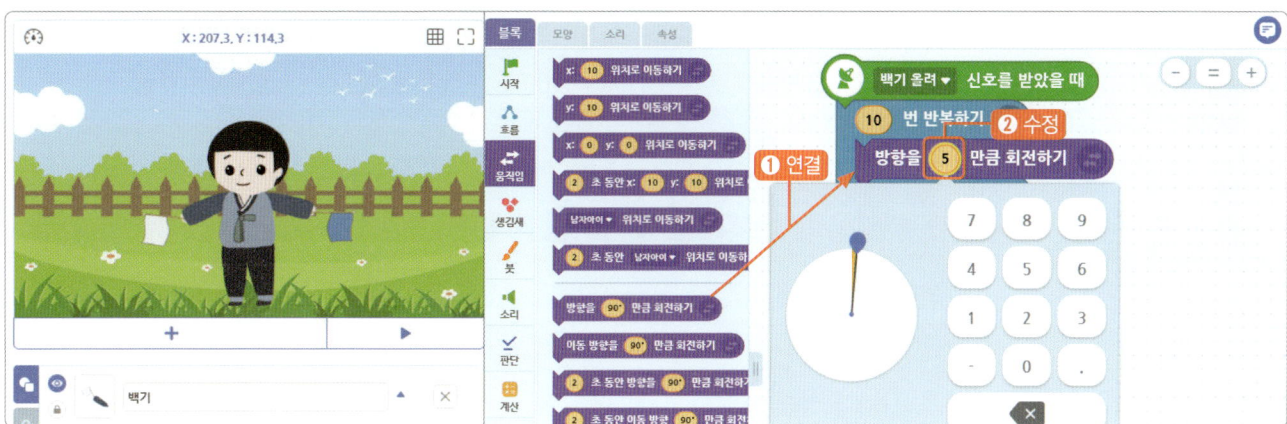

CHAPTER 19 신호를 이용해 오브젝트 움직이기 **119**

❹ 흐름 블록꾸러미에서 [10번 반복하기]를 아래쪽에 연결합니다.

❺ 움직임 블록꾸러미에서 [방향을 90° 만큼 회전하기]를 안쪽에 연결한 후 '90°'를 '-5°'로 수정합니다.

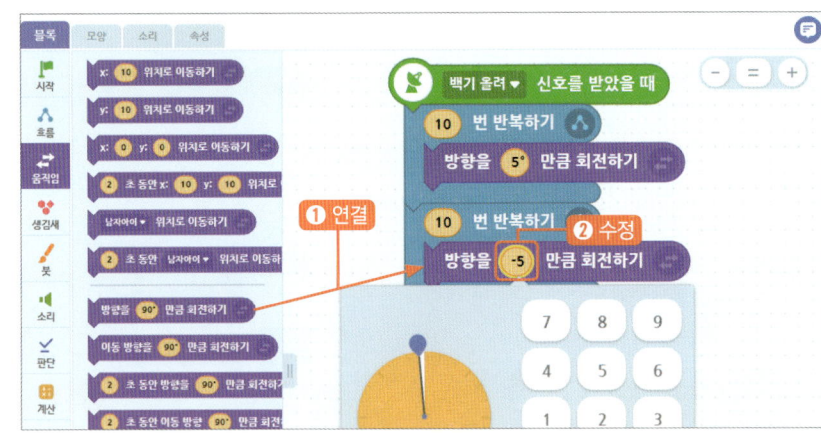

코딩풀이

'백기 올려' 신호를 받았을 때 [백기] 오브젝트는 중심점(어깨)을 기준으로 '5°' 만큼 '10'번 반복하여 팔을 올리고, 반복이 끝나면 '-5°' 만큼 '10'번 반복하여 팔을 내립니다.

❻ 코드가 완성되면 시작하기(▶)를 클릭하여 작품을 실행한 후 Space Bar 키를 눌러 [백기] 오브젝트가 움직이는지 확인해봅시다.

CHAPTER 19 혼자서 해결하기

01 [청기] 오브젝트도 [백기] 오브젝트처럼 움직이도록 신호를 추가한 후 코드를 수정하고 조립해봅시다.

📁 **불러올 파일** : 19차시 연습문제 불러올 파일-1.ent   📁 **완성된 파일** : 19차시 연습문제 완성된 파일-1.ent

※ 신호를 추가한 후 [남자아이] 오브젝트와 [청기] 오브젝트 두 곳의 코드를 수정하고 조립해야 합니다.

02 아래 그림들을 참고하여 '19차시 연습문제 불러올 파일-2.ent' 파일을 불러와 코드를 조립해봅시다.

📁 **불러올 파일** : 19차시 연습문제 불러올 파일-2.ent   📁 **완성된 파일** : 19차시 연습문제 완성된 파일-2.ent

※ 신호를 추가한 후 [남자아이] 오브젝트와 [백기] 오브젝트 두 곳의 코드를 수정하고 조립해야합니다.

< ↑ 키를 눌렀을 때 >   < ↓ 키를 눌렀을 때 >

CHAPTER 20
리스트를 이용해 무작위 명령 출력하기

학습목표
- 리스트를 만들고 값을 저장할 수 있습니다.
- 리스트의 값을 무작위로 화면에 출력할 수 있습니다.

📂 **불러올 파일** : 20차시 불러올 파일.ent, 20차시 미리 해보기.ent   📄 **완성된 파일** : 20차시 완성된 파일.ent

오늘 배울 코딩 확인하기

◎ '20차시 미리 해보기.ent' 파일을 불러와 시작하기(▶)를 클릭한 후 화면에 출력되는 명령문을 적어봅시다.

<화면에 출력되는 명령>

순서도 능력 키우기

❶ 순서도 적용하기

왼쪽의 순서도는 핸드폰에서 인터넷을 사용하기 위해 네트워크를 연결하는 순서도입니다. 다음 <보기>에서 <순서도>의 빈 곳에 들어갈 알맞은 것을 골라봅시다.

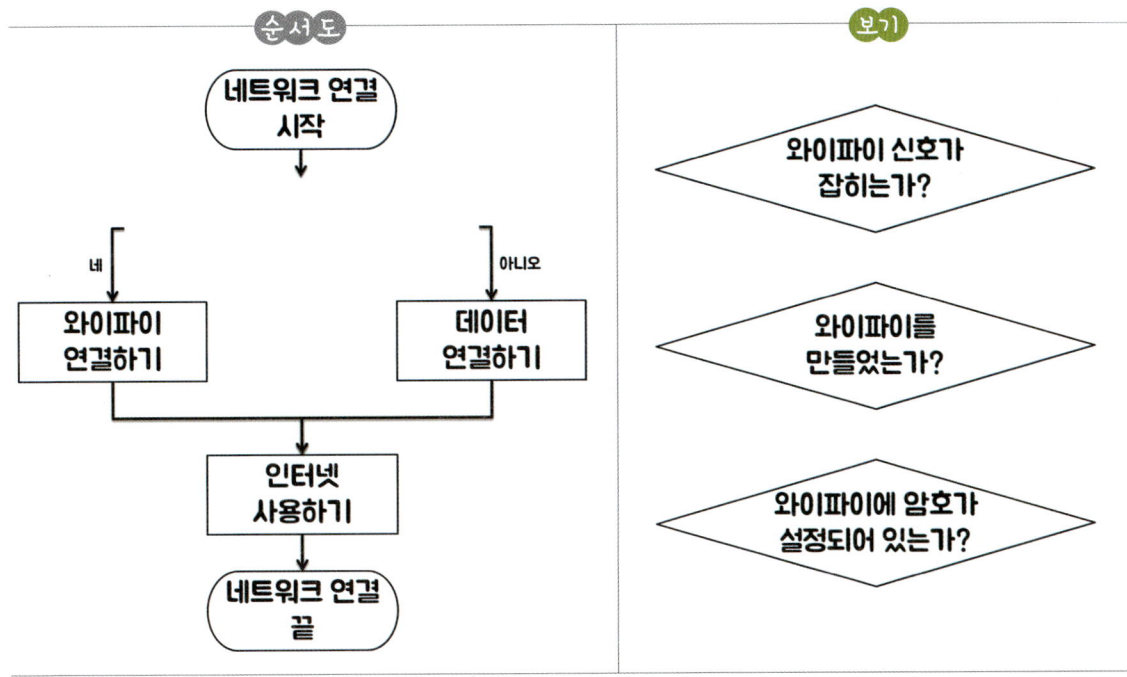

❷ 순서도 학습

다음 순서도의 빈 곳에 알맞은 순서도 기호와 내용을 직접 적어봅시다.

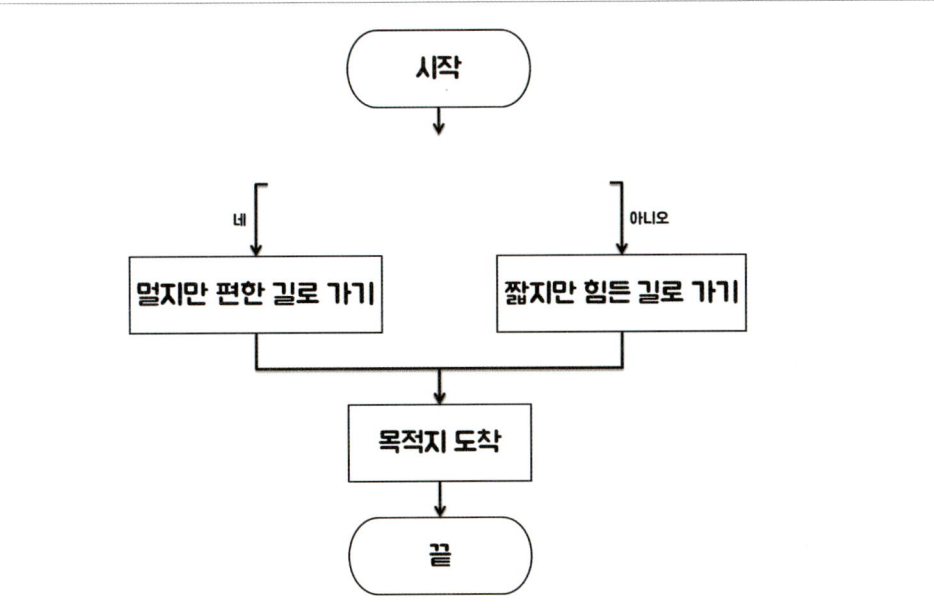

CHAPTER 20 리스트를 이용해 무작위 명령 출력하기

리스트 추가하고 값 저장하기

① '20차시 불러올 파일.ent' 파일을 불러온 후 [속성] - [리스트]를 클릭합니다.

② <리스트 추가하기>를 클릭합니다. 이어서, '문제'를 입력한 후 <확인>을 클릭합니다.

③ 리스트 항목 수의 오른쪽에 있는 플러스 단추를 두 번 눌러 리스트의 항목을 증가시킵니다.

④ 리스트의 첫 번째 항목에 '백기 올려', 두 번째 항목에 '청기 올려'를 각각 입력합니다.

 TIP

리스트는 여러 개의 문자/숫자값을 저장한 후 필요할 때 저장한 값을 가져와 사용할 수 있습니다.
리스트에서 값을 가져올 때는 리스트에 입력한 순서에 따라 번호를 입력하여 값을 가져올 수 있습니다. 그러나 만약 리스트의 순서가 바뀌면 엉뚱한 값을 가져올 수도 있으니 사용할 때는 주의가 필요합니다.
리스트에서 사용할 수 있는 기능들은 '저장된 항목 가져오기, 리스트에 항목 추가하기, 특정 항목을 리스트에서 삭제하기, 특정 위치에 항목 추가하기, 특정 항목을 변경하기, 리스트의 전체 항목 개수, 리스트에 특정 값이 포함되어 있는지 판단하기'가 있습니다.

02 리스트 추가하고 값 저장하기

① 리스트가 추가되면 [블록] 탭을 클릭한 후 시작 블록꾸러미에서 `시작하기 버튼을 클릭했을 때`를 [블록 조립소]로 가져다 놓습니다.

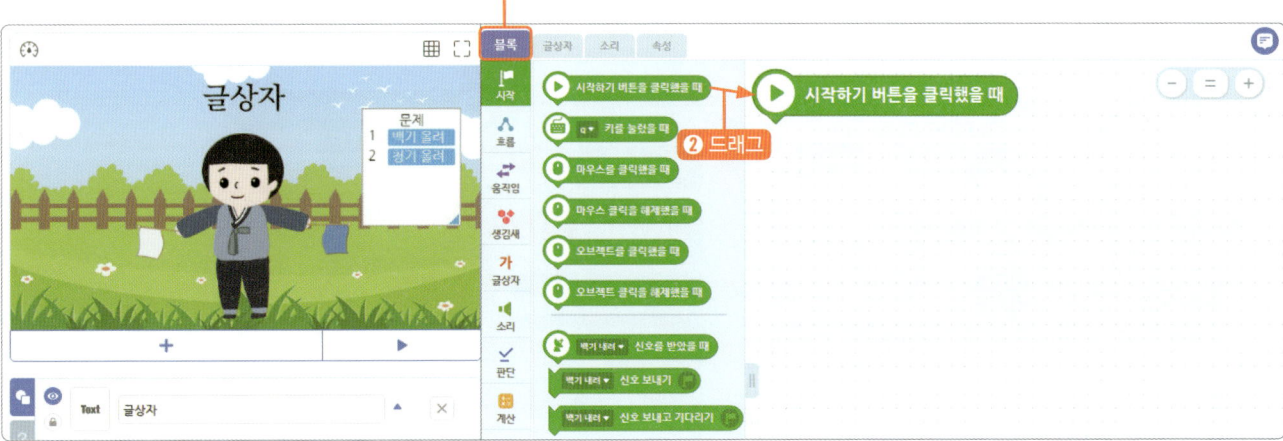

CHAPTER 20 리스트를 이용해 무작위 명령 출력하기 **125**

❷ 흐름 블록꾸러미에서 계속 반복하기를 아래쪽에 연결합니다.

❸ 글상자 블록꾸러미에서 텍스트 모두 지우기를 안쪽에 연결합니다.

💡 **코딩풀이**
처음 작품이 시작될 때 [글상자] 오브젝트의 내용을 모두 삭제하기 위해 텍스트 모두 지우기 블록을 사용합니다.

❹ 흐름 블록꾸러미에서 2초 기다리기를 안쪽에 연결한 후 '2'를 '1'로 수정합니다.

❺ 글상자 블록꾸러미에서 [엔트리 라고 글쓰기 가] 를 안쪽에 연결합니다.

❻ 자료 블록꾸러미에서 [문제▼ 의 1 번째 항목] 을 '엔트리'의 위치에 끼워 넣습니다.

❼ 계산 블록꾸러미에서 [0 부터 10 사이의 무작위 수] 를 '1'의 위치에 끼워 넣은 후 '0'을 '1'로, '10'을 '2'로 각각 수정합니다.

코딩풀이
'문제' 리스트의 '1'번과 '2'번 항목 중에서 무작위 항목을 [글상자] 오브젝트를 이용해 실행화면에 나타냅니다.

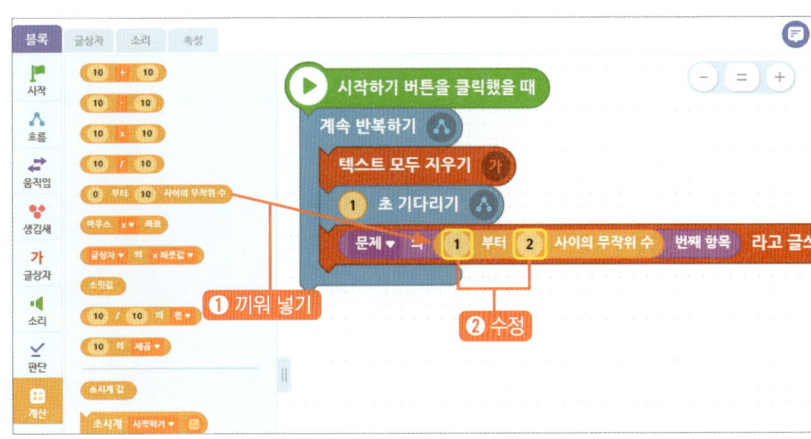

CHAPTER 20 리스트를 이용해 무작위 명령 출력하기 **127**

❽ 흐름 블록꾸러미에서 2초 기다리기 를 안쪽에 연결합니다.

❾ 코드가 완성되면 시작하기(▶)를 클릭하여 작품을 실행한 후 화면에 리스트의 항목이 무작위로 출력되는지 확인해봅시다.

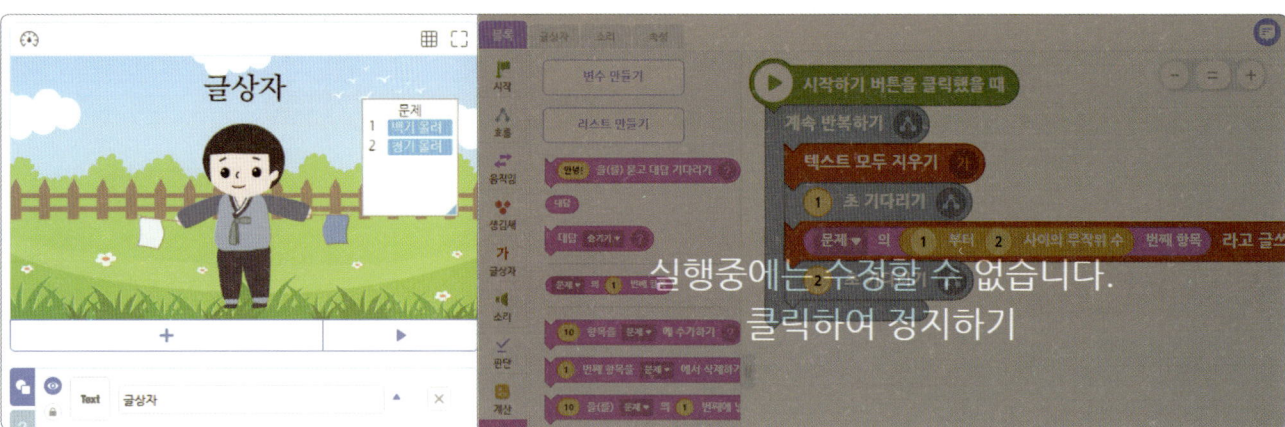

PLAY 청기백기 해보기

01 '20차시 청기백기.ent' 파일을 불러와 청기백기 게임을 플레이해봅시다.

📁 **불러올 파일** : 20차시 청기백기.ent

놀이방법

① <시작하기> 버튼을 클릭한 후 보통과 어려움 중 하나를 선택합니다.

② 명령에 맞춰 깃발을 움직입니다.

조작키	
< A 키 > 백기 올리기	< D 키 > 청기 올리기
< Z 키 > 백기 내리기	< C 키 > 청기 내리기

③ 총 '10'번의 명령 중에서 성공 횟수가 많은 사람이 승리합니다.

프로그래머 한마디

청기백기 게임은 19차시와 20차시에서 배운 기능을 중심으로 실제 게임과 비슷하게 플레이할 수 있도록 많은 기능들이 추가되어 있습니다. 매우 복잡한 코드로 만들어져 있으니 블록을 고치거나 지우지 말고 게임을 플레이해봅시다.

게임을 플레이한 후 어떤 기능들이 추가되어 있는지 생각해봅시다.

입력한 값을 변수에 저장하기

학습목표
- 변수를 만들 수 있습니다.
- 입력한 값을 변수에 저장할 수 있습니다.

📁 **불러올 파일** : 21차시 불러올 파일.ent, 21차시 미리 해보기.ent 📄 **완성된 파일** : 21차시 완성된 파일.ent

오늘 배울 코딩 확인하기

◎ '21차시 미리 해보기.ent' 파일을 불러와 시작하기()를 클릭한 후 다음 설명들을 순서에 맞추어 화살표로 연결해봅시다.

| 왼쪽에서 자동차가 등장하고 슈퍼마켓 앞에서 멈춥니다. | 남자아이가 소지금을 입력하라고 말합니다. |

| 소지금을 입력하면 남자아이가 입력한 금액을 말해줍니다. | 남자아이가 차에서 내려 슈퍼마켓 앞으로 걸어갑니다. |

순서도 능력 키우기

❶ 순서도 적용하기

왼쪽의 순서도는 여행 전 안전 점검 순서도입니다. 다음 <보기>에서 <순서도>의 빈 곳에 들어갈 알맞은 것을 골라봅시다.

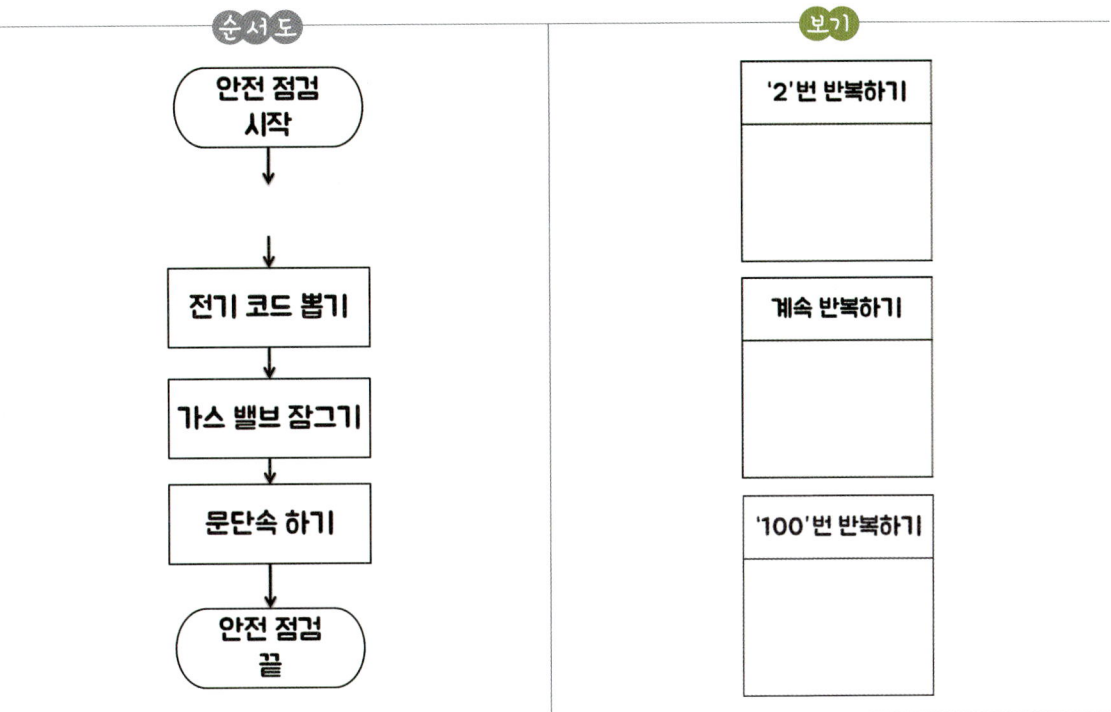

❷ 순서도 학습

다음 순서도의 빈 곳에 알맞은 순서도 기호와 내용을 직접 적어봅시다.

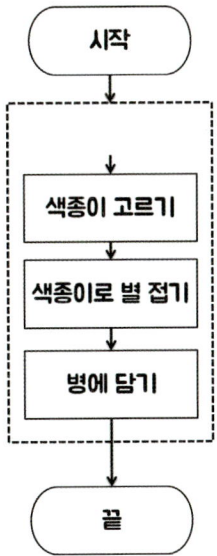

01 소지금액을 입력받을 변수 만들기

① '21차시 불러올 파일.ent' 파일을 불러온 후 [속성] - [변수]를 클릭합니다.

② <변수 추가하기>를 클릭합니다. 이어서, '남자아이 소지금액'을 입력한 후 <확인>을 클릭합니다.

02 [자동차] 오브젝트가 지정한 위치에 도착하면 [남자아이] 오브젝트 내리기

① 변수가 추가되면 [블록] 탭을 클릭한 후 시작 블록꾸러미에서 [남자아이 등장 ▼ 신호를 받았을 때] 를 [블록 조립소]로 가져다 놓습니다.

※ [자동차] 오브젝트에는 화면의 왼쪽에서 등장해 슈퍼마켓 앞까지 이동한 후 '남자아이 등장' 신호를 보내도록 미리 코딩되어 있습니다.

② 움직임 블록꾸러미에서 `x: 0 y: 0 위치로 이동하기` 를 아래쪽에 연결합니다.

③ 계산 블록꾸러미에서 `남자아이 의 x좌푯값` 을 첫 번째 '0'의 위치에 끼워 넣은 후 '남자아이'를 '자동차'로 변경합니다.

④ 계산 블록꾸러미에서 `10 + 10` 을 두 번째 '0'의 위치에 끼워 넣은 후 두 번째 '10'을 '20'으로 수정합니다.

❺ 계산 블록꾸러미에서 ![남자아이의 x좌푯값] 을 첫 번째 '10'의 위치에 끼워 넣은 후 '남자아이'를 '자동차'로, 'x 좌푯값'은 'y 좌푯값'으로 각각 변경합니다.

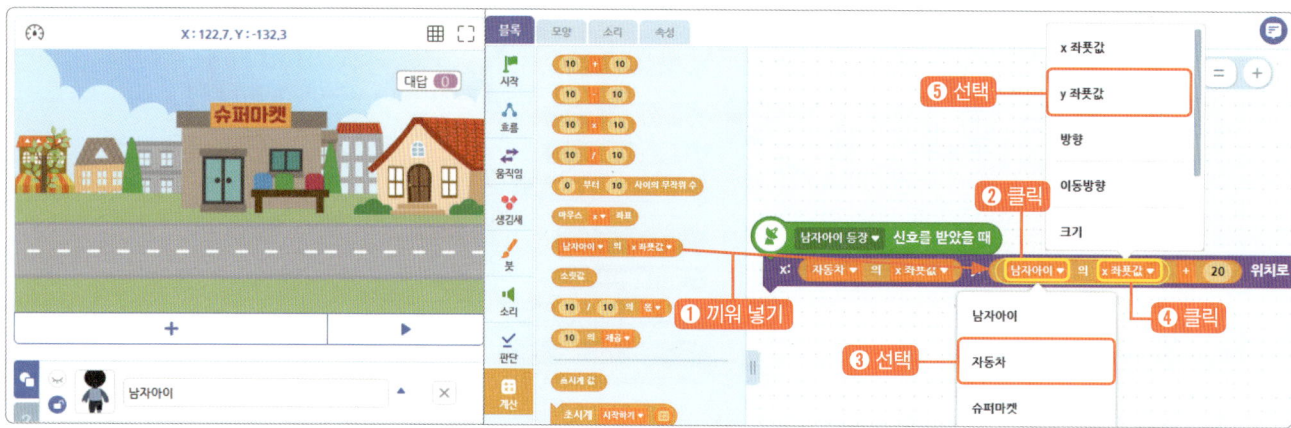

❻ 생김새 블록꾸러미에서 ![모양 보이기] 를 아래쪽에 연결합니다.

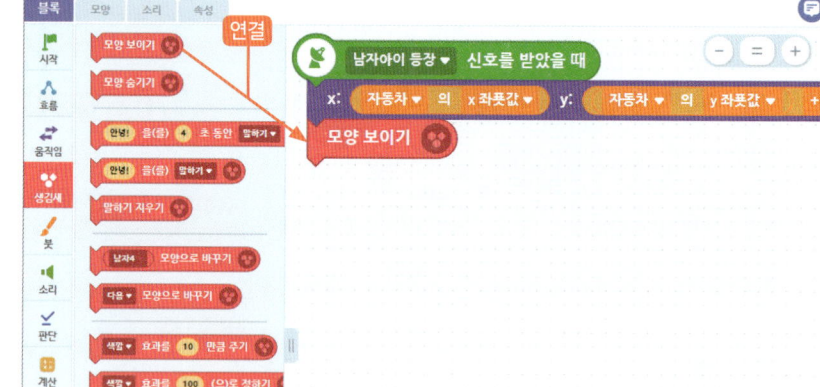

코딩풀이

'남자아이 등장' 신호를 받으면 [남자아이] 오브젝트는 [자동차] 오브젝트의 위치에서 y 좌푯값만 '20'을 더한 위치로 이동한 후 모습을 나타냅니다.

03 슈퍼마켓 앞으로 이동한 후 소지금액을 입력받아 저장하기

❶ 움직임 블록꾸러미에서 ![2 초 동안 x: 10 y: 10 만큼 움직이기] 를 아래쪽에 연결합니다. 이어서, 첫 번째 '10'을 '-30'으로, 두 번째 '10'을 '5'로 각각 수정합니다.

❷ 자료 블록꾸러미에서 ![안녕! 을(를) 묻고 대답 기다리기] 를 아래쪽에 연결한 후 '안녕!'을 '소지금액을 입력하세요'로 수정합니다.

❸ 자료 블록꾸러미에서 ![남자아이 소지금액 을 10 로 정하기] 를 아래쪽에 연결합니다.

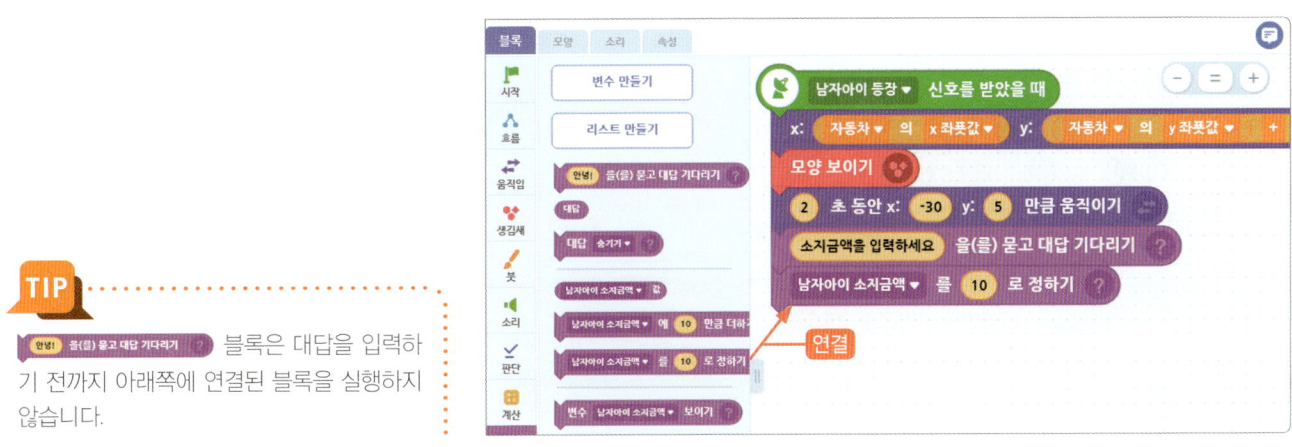

TIP
![안녕! 을(를) 묻고 대답 기다리기] 블록은 대답을 입력하기 전까지 아래쪽에 연결된 블록을 실행하지 않습니다.

❹ 자료 블록꾸러미에서 ![대답] 을 '10'의 위치에 끼워 넣습니다.

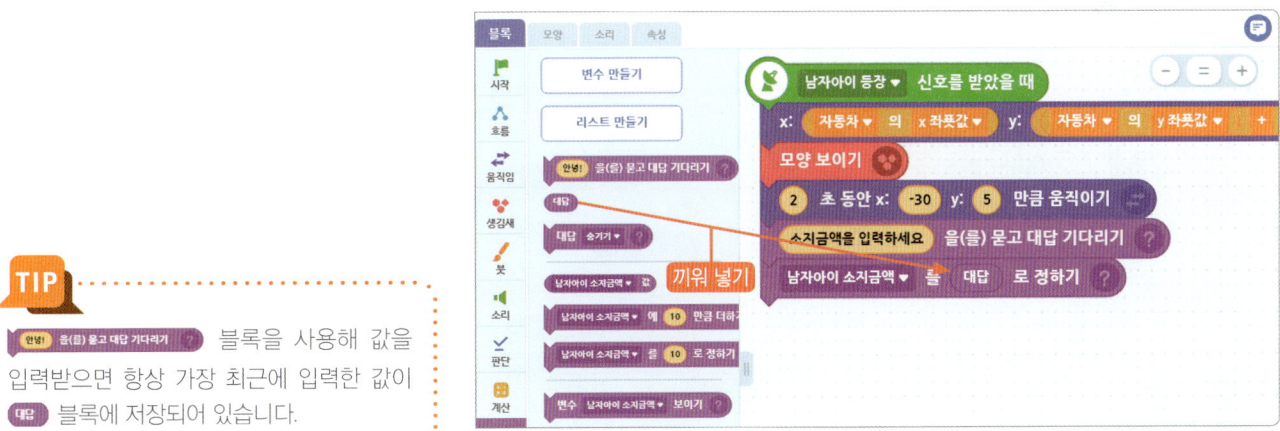

TIP
![안녕! 을(를) 묻고 대답 기다리기] 블록을 사용해 값을 입력받으면 항상 가장 최근에 입력한 값이 ![대답] 블록에 저장되어 있습니다.

❺ 생김새 블록꾸러미에서 를 아래쪽에 연결한 후 '4'를 '2'로 수정합니다.

❻ 계산 블록꾸러미에서 를 '안녕!'의 위치에 끼워 넣습니다. 이어서, 끼워 넣은 블록의 '안녕!'을 '입력한 소지금액은'으로 수정합니다.

❼ 자료 블록꾸러미에서 을 '엔트리'의 위치에 끼워 넣습니다.

❽ 코드가 완성되면 시작하기(▶)를 클릭하여 작품을 실행한 후 소지금액을 입력해봅시다.

CHAPTER 21 혼자서 해결하기

01 '이름' 변수를 추가한 후 [남자아이] 오브젝트가 질문에 대한 답변을 입력받으면 해당 답변으로 이름을 말하도록 코드를 수정하고 조립해 봅시다.

📁 **불러올 파일** : 21차시 연습문제 불러올 파일-1.ent   💾 **완성된 파일** : 21차시 연습문제 완성된 파일-1.ent

02 아래 그림들을 참고하여 '21차시 연습문제 불러올 파일-2.ent' 파일을 불러와 코드를 조립해봅시다.

📁 **불러올 파일** : 21차시 연습문제 불러올 파일-2.ent   💾 **완성된 파일** : 21차시 연습문제 완성된 파일-2.ent

①    ②

③    ④

CHAPTER 21 입력한 값을 변수에 저장하기 **137**

CHAPTER 22
물건과 닿았을 때 리스트에 항목 추가하기

학습목표
- 물건에 닿았을 때 Space Bar 키를 눌렀는지 판단할 수 있습니다.
- 리스트에 항목을 추가할 수 있습니다.

📂 **불러올 파일** : 22차시 불러올 파일.ent, 22차시 미리 해보기.ent   📄 **완성된 파일** : 22차시 완성된 파일.ent

오늘 배울 코딩 확인하기

◎ '22차시 미리 해보기.ent' 파일을 불러와 시작하기(▶)를 클릭한 후 'W, S, A, D' 키를 이용해 움직이며, Space Bar 키를 눌러 리스트에 항목을 추가해봅시다. 이어서, 아래 OX퀴즈를 풀어봅시다.

<OX퀴즈>	
1. 건전지 진열대에 닿으면 리스트에 '건전지' 항목이 추가됩니다.	(O | X)
2. 칫솔이 항목에 추가되면 다시 추가할 수 없습니다.	(O | X)
3. 동시에 두 개의 항목을 추가할 수 있습니다.	(O | X)
4. 칫솔 진열대에 닿은 후 Space Bar 키를 누르면 '칫솔' 항목이 추가됩니다.	(O | X)

138 게임으로 배우는 엔트리

순서도 능력 키우기

❶ 순서도 적용하기

왼쪽의 순서도는 시험지를 채점하는 순서도입니다. 다음 <보기>에서 <순서도>의 빈 곳에 들어갈 알맞은 것을 골라봅시다.

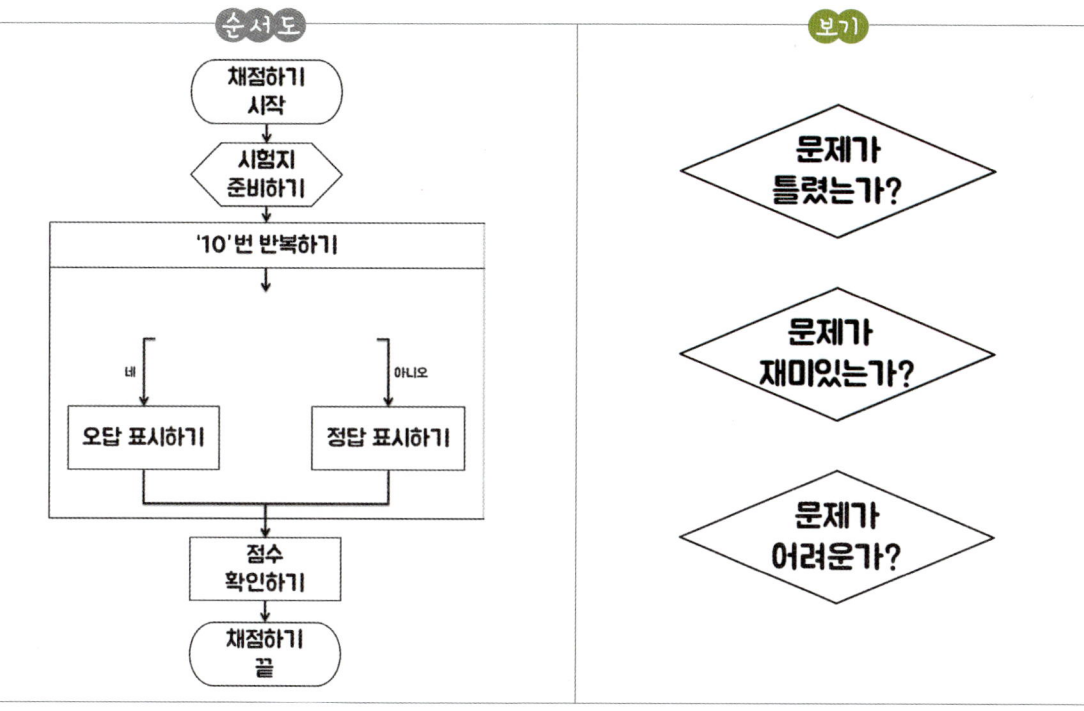

❷ 순서도 학습

다음 순서도의 빈 곳에 알맞은 순서도 기호와 내용을 직접 적어봅시다.

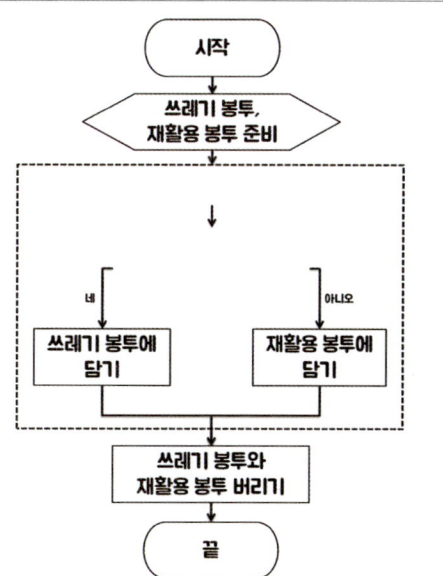

01 '사려는 물건' 리스트 만들기

① '22차시 불러올 파일.ent' 파일을 불러온 후 [속성] - [리스트]를 클릭합니다.

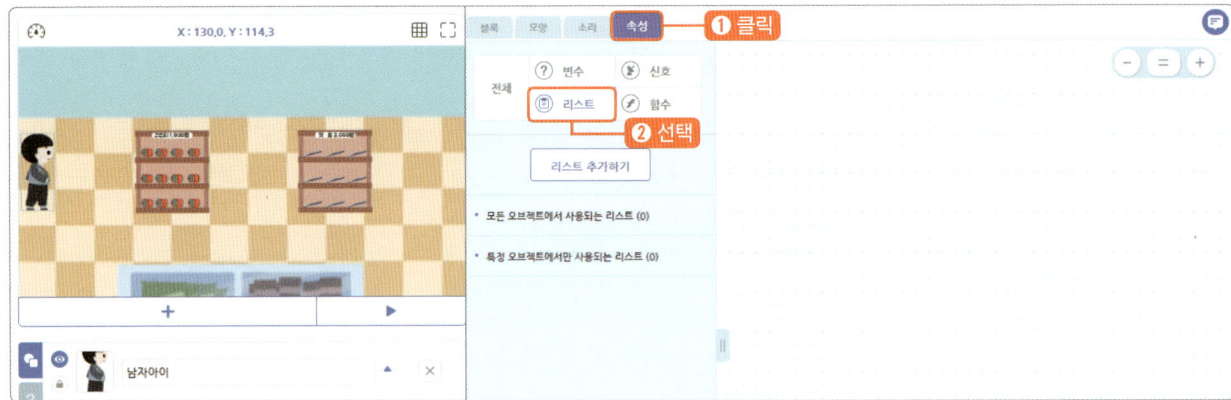

② <리스트 추가하기>를 클릭합니다. 이어서, '사려는 물건'을 입력한 후 <확인>을 클릭합니다.

02 [칫솔_진열대]에 닿았을 때 SpaceBar 키를 눌러 리스트에 항목 추가하기

① 리스트가 추가되면 [블록] 탭을 클릭한 후 시작 블록꾸러미에서 시작하기 버튼을 클릭했을 때 를 [블록 조립소]로 가져다 놓습니다.

※ [남자아이] 오브젝트에는 'W, S, A, D' 키로 이동하는 코드가 미리 만들어져 있습니다.

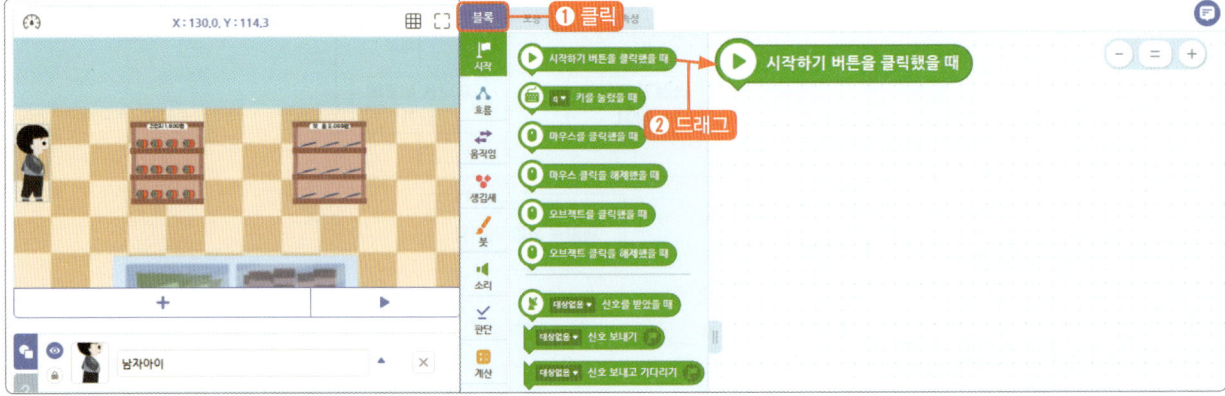

❷ 흐름 블록꾸러미에서 [계속 반복하기] 를 아래쪽에 연결합니다.

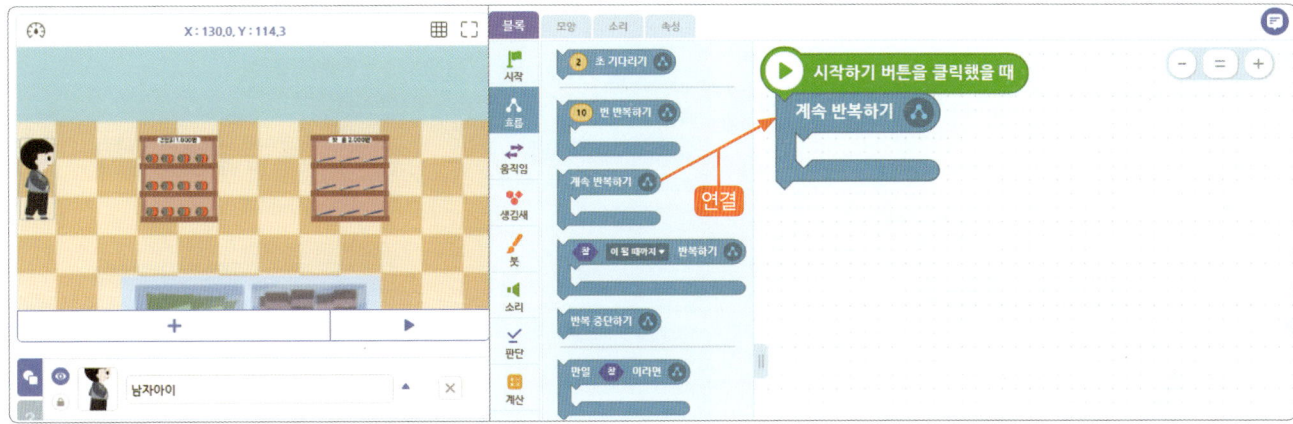

❸ 흐름 블록꾸러미에서 [만일 참 이라면] 을 안쪽에 연결합니다.

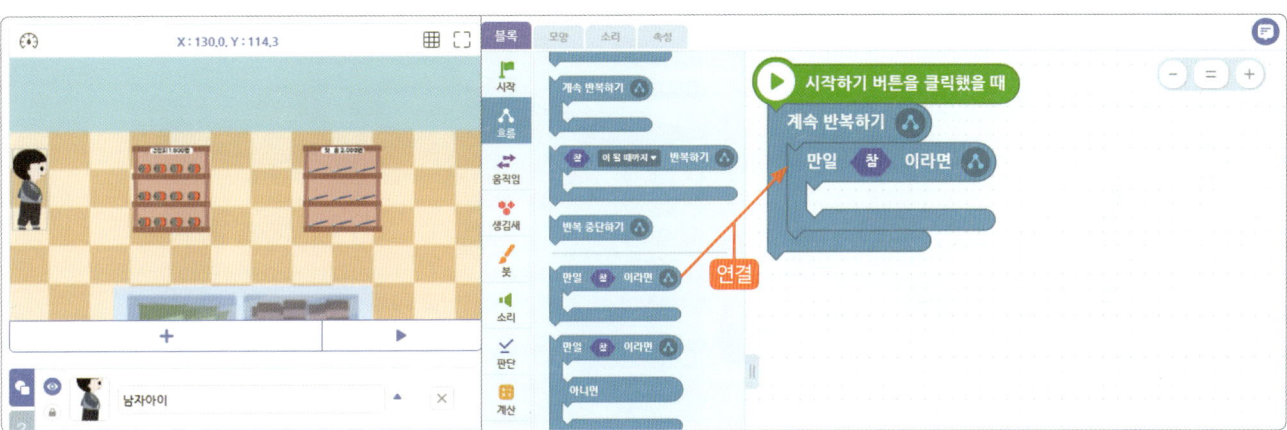

❹ 판단 블록꾸러미에서 [마우스포인터 에 닿았는가?] 를 '참'의 위치에 끼워 넣은 후 '마우스포인터'를 '칫솔_진열대'로 변경합니다.

CHAPTER 22 물건과 닿았을 때 리스트에 항목 추가하기 **141**

❺ 흐름 블록꾸러미에서 을 안쪽에 연결합니다.

❻ 판단 블록꾸러미에서 를 '참'의 위치에 끼워 넣은 후 'q'를 '스페이스'로 변경합니다.

❼ 자료 블록꾸러미에서 를 안쪽에 연결한 후 '10'을 '칫솔'로 수정합니다.

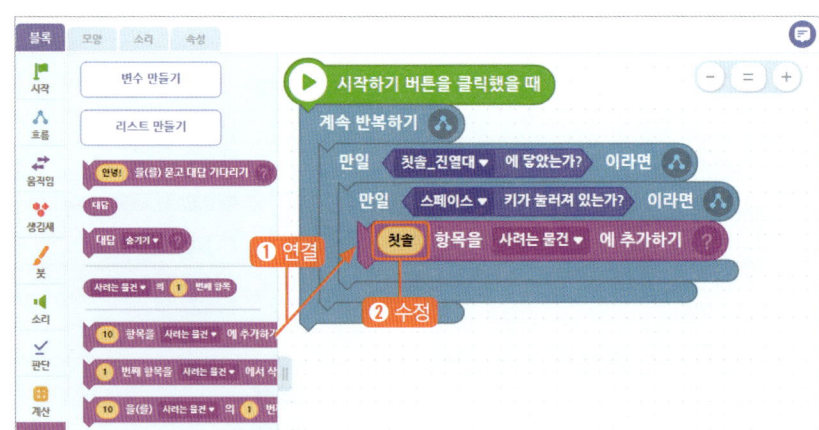

코딩풀이

[칫솔_진열대] 오브젝트에 닿았을 때 Space Bar 키를 눌러야 '사려는 물건' 리스트에 '칫솔' 항목이 추가됩니다.

❽ 생김새 블록꾸러미에서 [안녕! 을(를) 4 초 동안 말하기] 를 안쪽에 연결합니다. 이어서, '안녕!'을 '칫솔을 추가한다'로, '4'를 '1'로 각각 수정합니다.

03 코드를 복사하여 건전지를 리스트에 항목 추가하기

❶ [시작하기 버튼을 클릭했을 때] 위에서 마우스 오른쪽 버튼을 클릭한 후 [코드 복사 & 붙여넣기]를 선택합니다.

❷ 복사된 코드에서 '칫솔_진열대'를 '건전지_진열대'로 변경합니다.

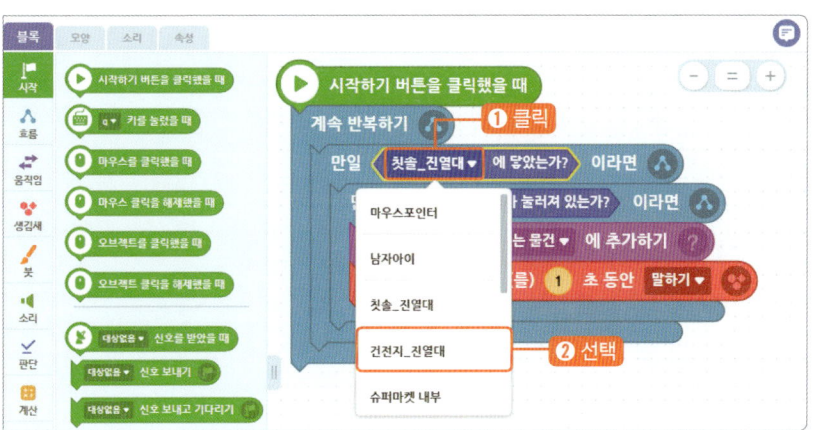

코딩풀이

[칫솔_진열대] 오브젝트와 마찬가지로 [건전지_진열대] 오브젝트에 닿았을 때  키를 눌러야 '사려는 물건' 리스트에 '건전지' 항목이 추가됩니다.

CHAPTER 22 물건과 닿았을 때 리스트에 항목 추가하기

❸ 이어서, '칫솔'을 '건전지'로, '칫솔을 추가한다'를 '건전지를 추가한다'로 각각 수정합니다.

❹ 코드가 완성되면 시작하기(▶)를 클릭하여 작품을 실행한 후 'W, S, A, D, Space Bar' 키를 이용해 칫솔과 건전지를 리스트에 추가해봅시다.

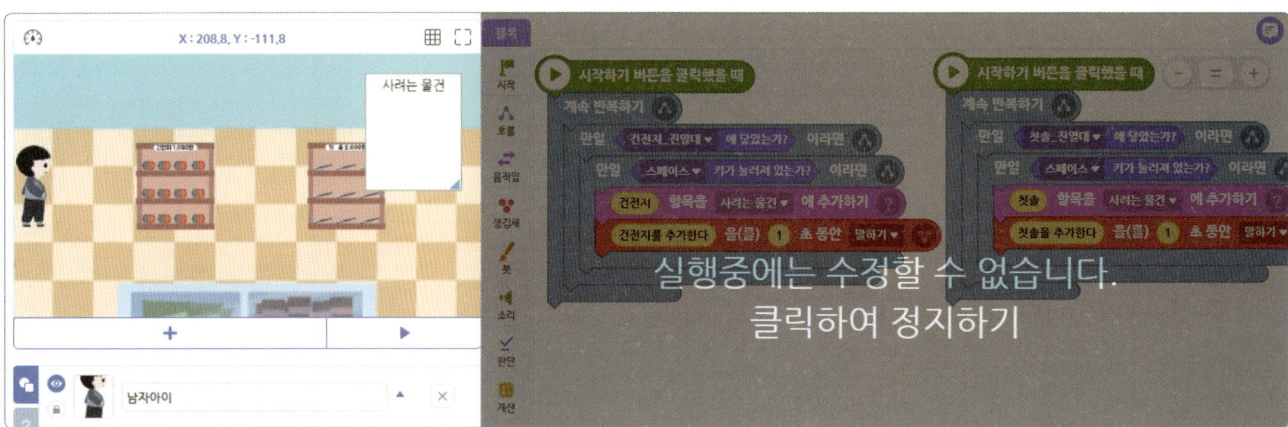

PLAY 슈퍼마켓 장보기 해보기

01 '22차시 슈퍼마켓 장보기.ent' 파일을 불러와 슈퍼마켓 장보기 게임을 플레이해봅시다.

📂 **불러올 파일 :** 22차시 슈퍼마켓 장보기.ent

놀이방법

① 작품이 시작된 후 소지 금액을 입력합니다.
② 슈퍼마켓 내부를 돌아다니면서 소지금을 넘지 않도록 물건을 구매합니다.

조작키	
↑ 키를 누르면 위로 이동	← 키를 누르면 왼쪽으로 이동
↓ 키를 누르면 아래로 이동	→ 키를 누르면 오른쪽으로 이동
Space Bar 키를 누르면 계산을 하거나 물건을 리스트에 추가	

③ 물건을 전부 샀으면 입구의 계산대로 이동하여 계산합니다.
④ 고른 물건들 가격의 합이 소지금액보다 적어야합니다.
⑤ 구매한 물건의 종류가 많으면서 소지 금액이 적은 사람이 승리합니다.

프로그래머 한마디

슈퍼마켓 장보기 게임은 21차시와 22차시에서 배운 기능을 중심으로 실제 게임과 비슷하게 플레이할 수 있도록 많은 기능들이 추가되어 있습니다. 매우 복잡한 코드로 만들어져 있으니 블록을 고치거나 지우지 말고 게임을 플레이해봅시다.

 게임을 플레이한 후 어떤 기능들이 추가되어 있는지 생각해봅시다.

화상에 대한 응급처치 알아보기

학습목표
- 화상에 대한 응급처치 확장 블록을 추가할 수 있습니다.
- 변수를 이용해 응급처치 항목을 화면에 출력할 수 있습니다.

📁 **불러올 파일 :** 23차시 불러올 파일.ent, 23차시 미리 해보기.ent   📄 **완성된 파일 :** 23차시 완성된 파일.ent

오늘 배울 코딩 확인하기

'23차시 미리 해보기.ent' 파일을 불러와 시작하기(▶)를 클릭한 후 화상에 대한 응급처치 방법을 확인합니다. 그리고 아래 보기 중에서 응급처치 방법이 아닌 것을 골라봅시다.

보기

① 화상부위를 흐르는 찬물 속에 적어도 '10'분은 담가야 합니다.

② 상처부위는 빨리 아무 거즈로 덮습니다.

③ 물집은 터뜨리지 않습니다.

④ 로션이나 연고, 기름 같은 것을 바르지 않습니다.

순서도 능력 키우기

❶ 순서도 적용하기

왼쪽의 순서도는 생일 축하 순서도입니다. 다음 <보기>에서 <순서도>의 빈 곳에 들어갈 알맞은 것을 골라봅시다.

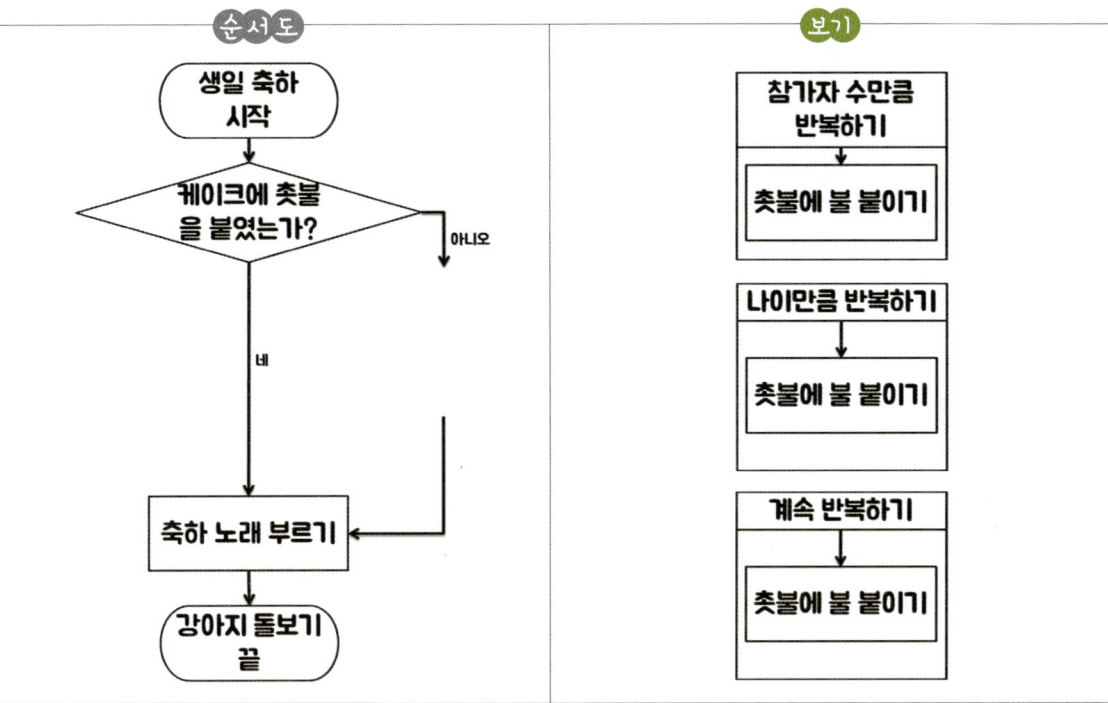

❷ 순서도 학습

다음 순서도의 빈 곳에 알맞은 순서도 기호와 내용을 직접 적어봅시다.

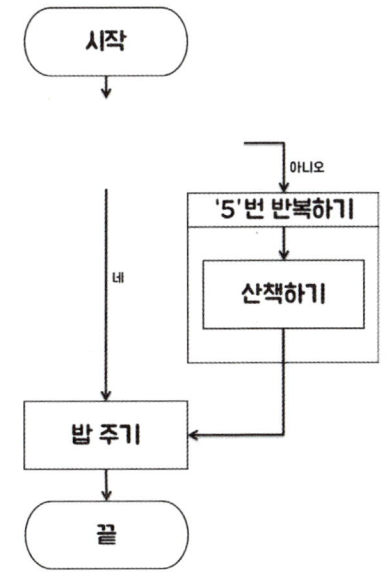

 **확장 블록을 추가하고 변수 만들기**

① '23차시 불러올 파일.ent' 파일을 불러온 후 [생활안전 국민행동요령] 확장 블록을 추가합니다.
   ※ 확장 블록을 추가하는 방법은 48p를 참고합니다.

② 확장블록을 추가했다면 [속성] - [변수]를 클릭합니다.

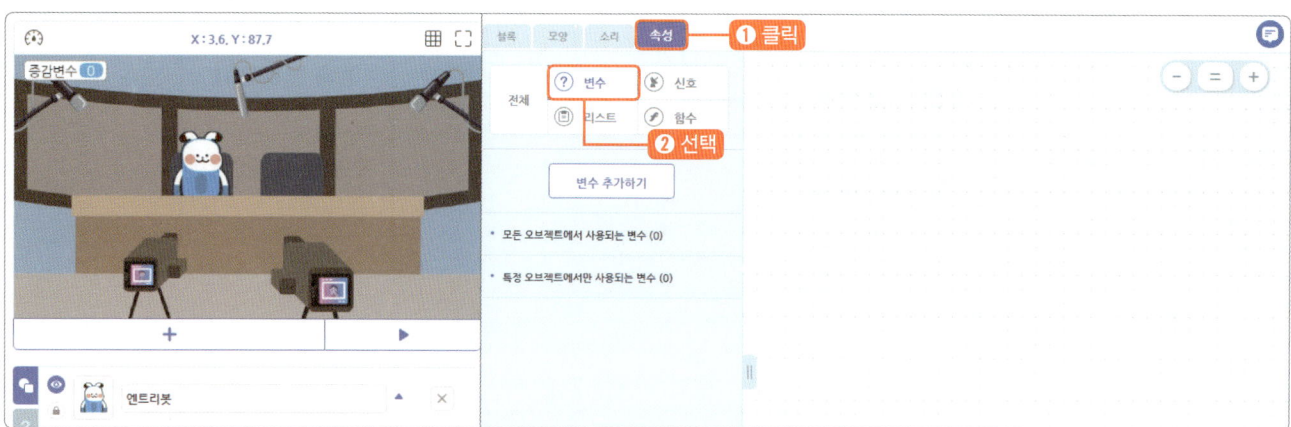

③ <변수 추가하기>를 클릭합니다. 이어서, '증감변수'를 입력한 후 <확인>을 클릭합니다.

02 화상 응급 처치의 항목 수만큼 반복하기

❶ 변수가 추가되면 [블록] 탭을 클릭한 후 시작 블록꾸러미에서 `시작하기 버튼을 클릭했을 때`를 [블록 조립소]로 가져다 놓습니다.

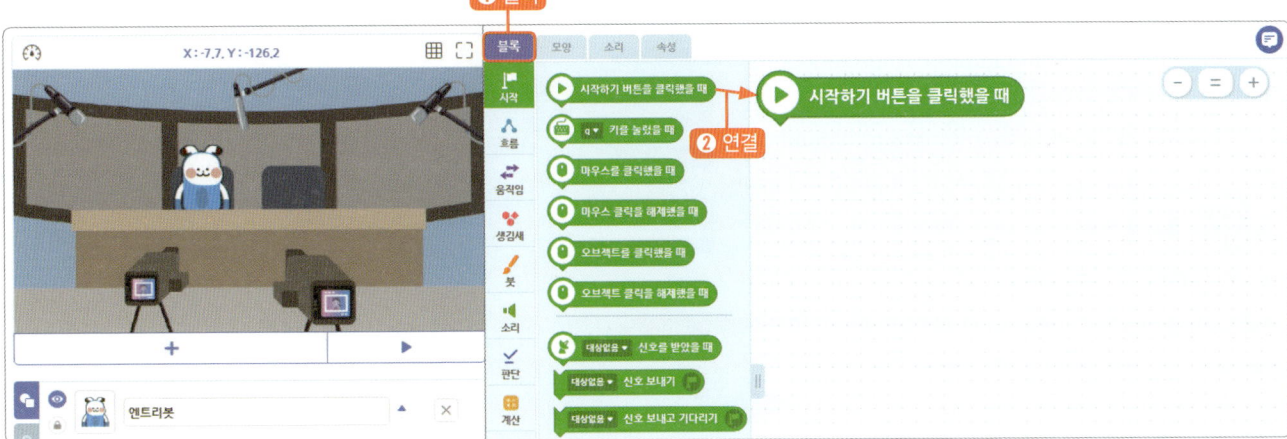

❷ 생김새 블록꾸러미에서 `안녕! 을(를) 4 초 동안 말하기`를 아래쪽에 연결한 후 '안녕!'을 '화상을 입었을 때 응급처치에 대해 알려줄 엔트리봇입니다'로, '4'를 '2'로 각각 수정합니다.

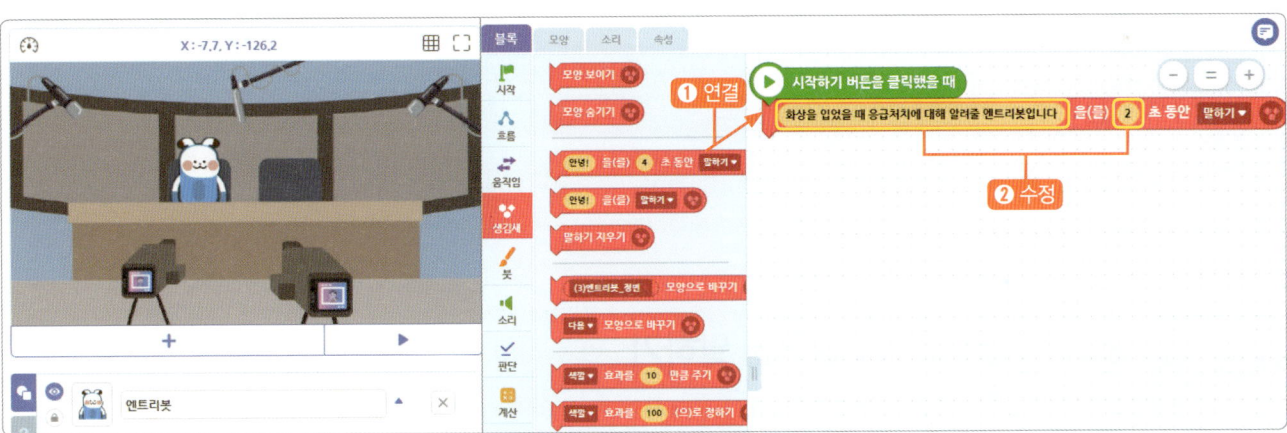

❸ 자료 블록꾸러미에서 `증감변수 를 10 로 정하기`를 아래쪽에 연결한 후 '10'을 '0'으로 수정합니다.

CHAPTER 23 화상에 대한 응급처치 알아보기 **149**

④ 흐름 블록꾸러미에서 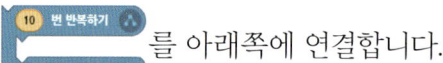 를 아래쪽에 연결합니다.

⑤ 확장 블록꾸러미에서 `응급처치 ▼ 에서 화상 처치 ▼ 방법의 수` 를 '10'의 위치에 끼워 넣습니다.

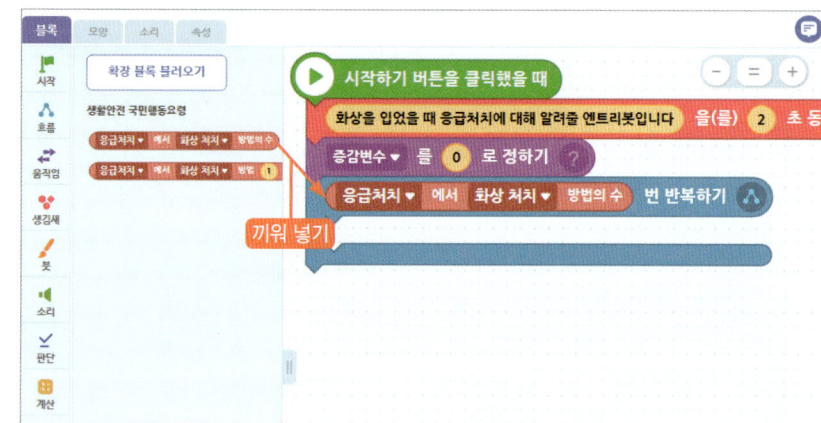

코딩풀이

`응급처치 ▼ 에서 화상 처치 ▼ 방법의 수` 블록을 사용하여 화상 처치 방법의 개수만큼 반복합니다.

03 화상 응급 처치의 항목을 말하기

① 자료 블록꾸러미에서 `증감변수 ▼ 에 10 만큼 더하기` 를 안쪽에 연결한 후 '10'을 '1'로 수정합니다.

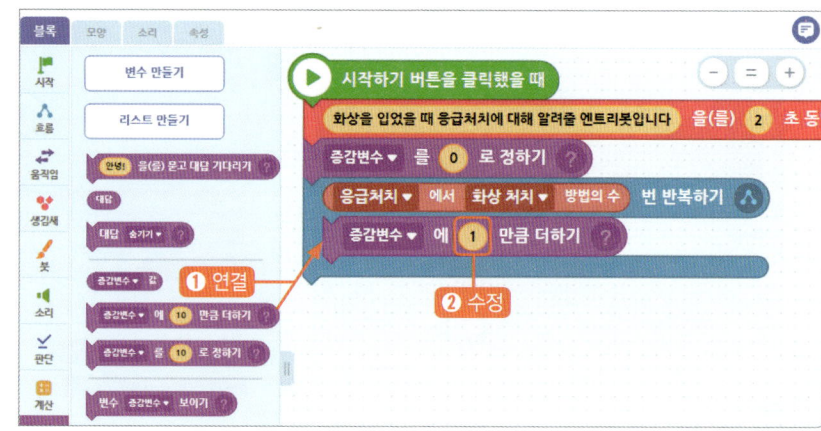

코딩풀이

응급처치의 방법 수만큼 반복할 때마다 '증감변수'를 '1'씩 증가시켜 몇 번을 반복했는지 알 수 있습니다.

❷ 생김새 블록꾸러미에서 [안녕! 을(를) 4 초 동안 말하기]를 안쪽에 연결한 후 '4'를 '1'로 수정합니다.

❸ 계산 블록꾸러미에서 [안녕! 과(와) 엔트리 를 합치기]를 '안녕!'의 위치에 끼워 넣은 후 '엔트리'를 '번'으로 수정합니다.

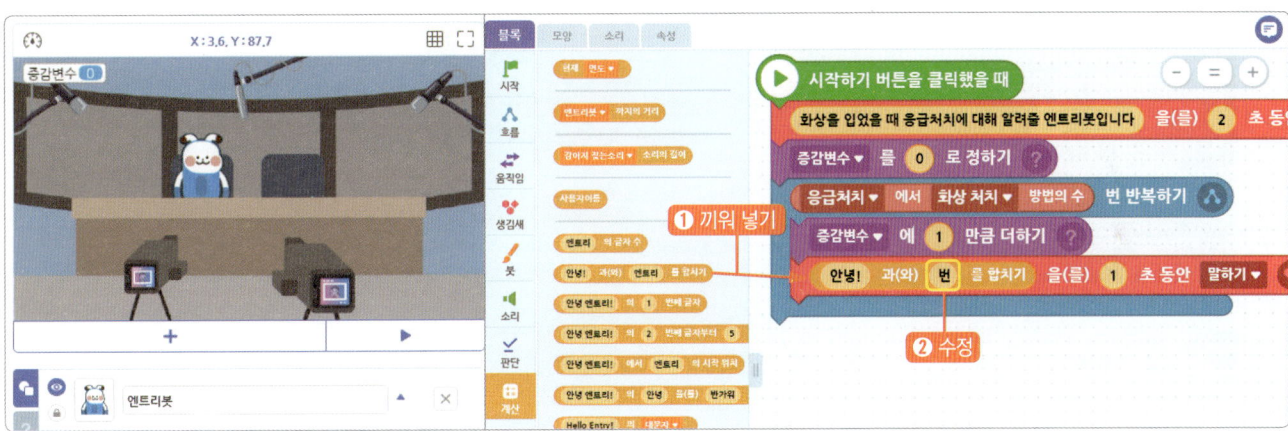

❹ 자료 블록꾸러미에서 [증감변수▼ 값]을 '안녕!'의 위치에 끼워 넣습니다.

※ 여러 개의 블록을 끼워 넣어 사용하기 때문에 완성 이미지를 참고하여 정확한 위치에 끼워 넣도록 합니다.

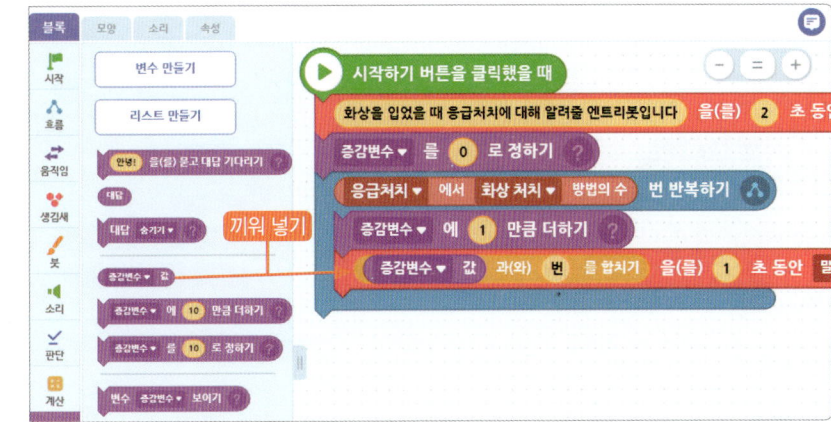

💡 코딩풀이

[증감변수▼ 값]을 이용하여 화상 처치에 대해 몇 번째 응급처치 방법인지 표시합니다.

❺ 생김새 블록꾸러미에서 `안녕! 을(를) 4 초 동안 말하기`를 안쪽에 연결한 후 '4'를 '3'으로 수정합니다.

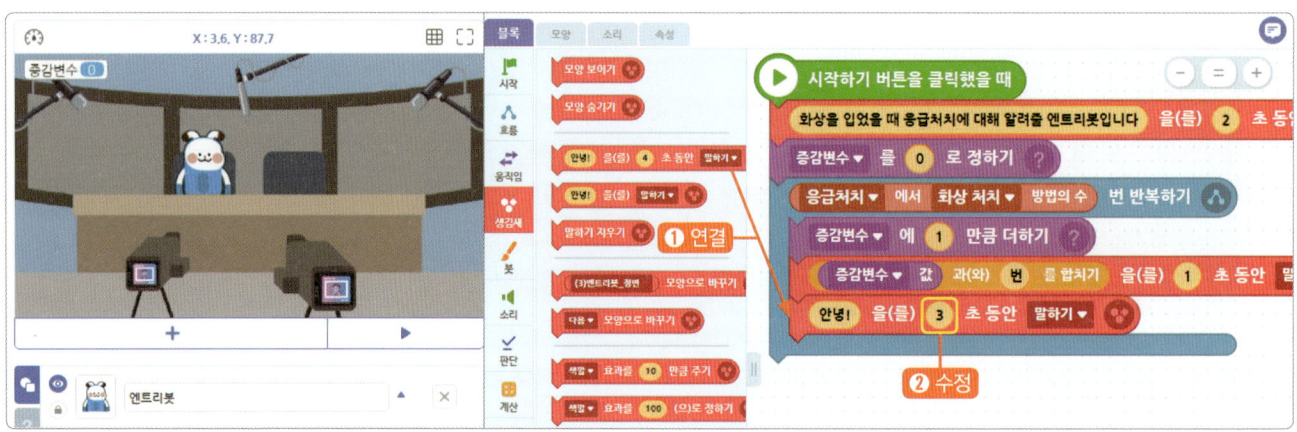

❻ 확장 블록꾸러미에서 `응급처치 에서 화상 처치 방법 1 번째 항목`를 '안녕!'의 위치에 끼워 넣습니다.

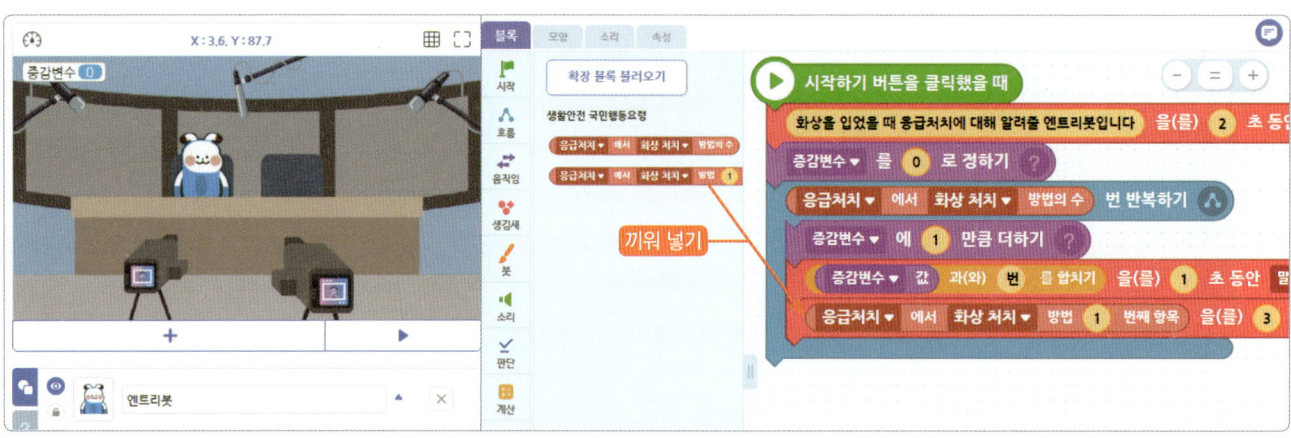

❼ 자료 블록꾸러미에서 `증감변수 값`을 '1'의 위치에 끼워 넣습니다.

코딩풀이
화상에 대한 응급처치 방법의 수만큼 반복하며 '증감변수'의 값에 따라 응급처치 방법들을 하나하나 [엔트리봇] 오브젝트가 말해 줍니다.

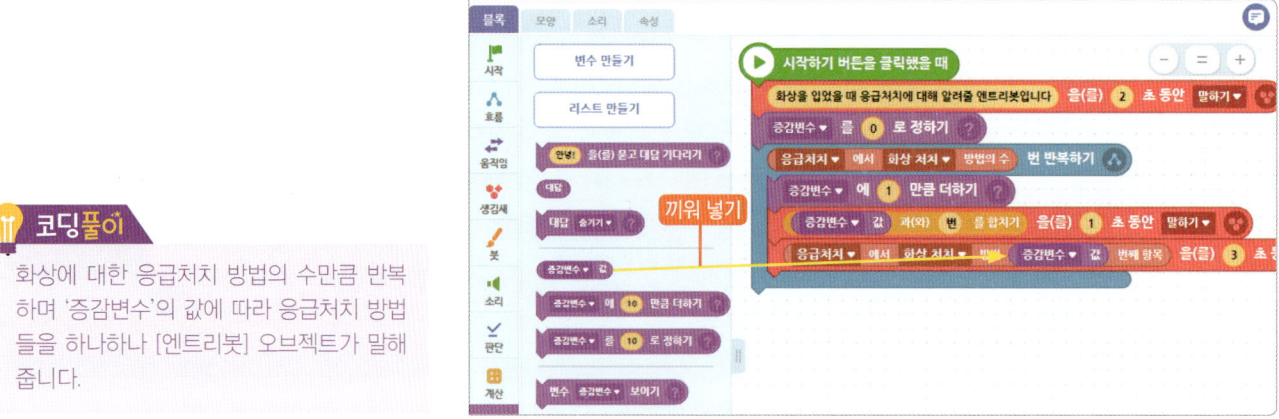

❽ 코드가 완성되면 시작하기(▶)를 클릭하여 작품을 실행한 후 화상 응급 대처 요령을 알아봅시다.

CHAPTER 23 혼자서 해결하기

01 [엔트리봇] 오브젝트가 미세먼지가 많은 날에 대해 말하도록 조립해봅시다.

📁 **불러올 파일** : 23차시 연습문제 불러올 파일-1.ent   📗 **완성된 파일** : 23차시 연습문제 완성된 파일-1.ent

02 아래 그림들을 참고하여 '23차시 연습문제 불러올 파일-2.ent' 파일을 불러와 직접 변수를 만들고 블록들을 추가하여 '1'부터 숫자들을 순서대로 계속 말하도록 코딩해봅시다.

📁 **불러올 파일** : 23차시 연습문제 불러올 파일-2.ent   📗 **완성된 파일** : 23차시 연습문제 완성된 파일-2.ent

①    ②

③    ④

CHAPTER 24

단원 종합 평가 문제

01 다음 블록 중에서 `안녕! 을(를) 묻고 대답 기다리기` 를 사용하면 입력한 값이 저장되는 블록을 골라봅시다.

① `엔트리봇 의 x좌푯값`   ② `대답`   ③ `변수 값`   ④ `0 부터 10 사이의 무작위 수`

02 다음 중 리스트의 항목에서 값을 가져오는 블록을 골라봅시다.

① `리스트 의 1 번째 항목`   ② `10 항목을 리스트 에 추가하기`
③ `리스트 1 번째 항목을 10 (으)로 바꾸기`   ④ `1 번째 항목을 리스트 에서 삭제하기`

03 다음 코드 중에서 '스페이스' 키를 눌렀을 때는 '안녕하세요'라고 말하고, 누르지 않았을 때는 '안녕'이라고 말하는 코드를 골라봅시다. ※ 정답은 두 개입니다.

04 다음 <보기>의 내용대로 올바르게 만든 코드를 골라봅시다.

> 보기
> 시작하기 버튼을 클릭했을 때 '1'부터 차례대로 숫자를 '1'초 동안 말하고 리스트에 추가합니다.

05 다음 순서도들의 빈 곳에 알맞은 순서도 기호와 내용을 직접 적어봅시다.

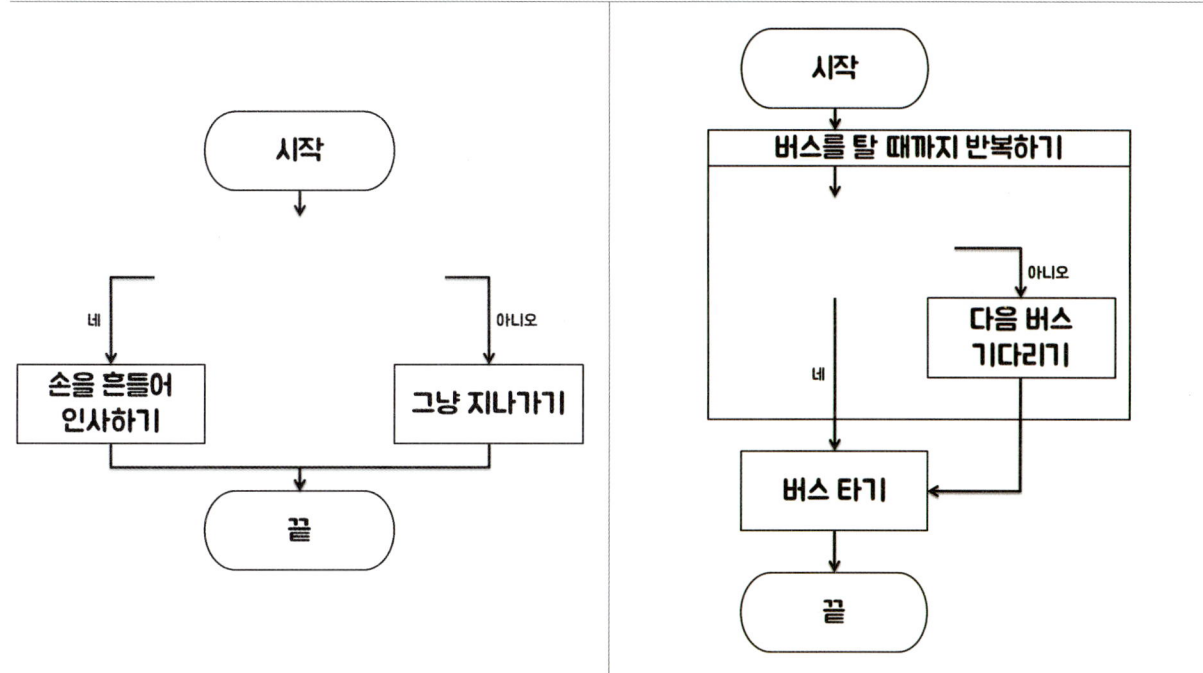

06 우리가 일상생활에서 겪을 수 있는 문제들을 순서도로 그려봅시다.

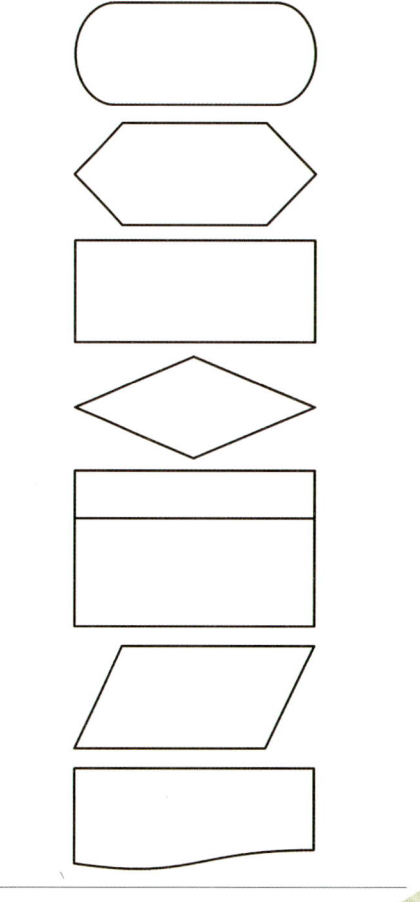

Memo